개/정/2/판

비서학개론

An Introduction to Secretarial Studies

홍순이 저

커뮤니케이션 허브(Communication Hub), 비즈니스 코디네이터 (Business Coordinator), 관리전문가(Administrative Entrepreneur).....

한올출판사

개정2판을 내면서...

'비서학개론'을 발행하여 10년이 넘는 기간동안 비서학계, 비서교육계에는 놀라운 발전이 이루어졌다. 무엇보다도 비서의 수요자인 기업을 비롯한 다방면의 조직들과 CEO 들에게 이제 비서직에는 당연히 비서과 졸업생을 충원해야 한다는 인식이 확산되어 날로 취업추천 의뢰가 쇄도하는 것을 보면서 비서교육 종사자로서 뿌듯한 보람을 느낀다.

더욱이 비서학이 학문적으로도 많은 발전을 거듭해 학술진흥재단의 등재지로 승인받게 됨으로써 사회과학의 한 분야로서 연구의 깊이를 더해가고 있다. 이 같은 발전이 있기까지 헌신적으로 기여해주신 여러 교수님들께 감사드린다.

앞으로 우리의 근무환경은 더욱 빨리, 다방면적으로 변화해갈 것이다. 보다 많은 기능이 자동화되고 mobile이 증가해 감에 따라 지난 20년간 비서가 관리전문가가 되었듯이 이분야에서의 career는 점차 더 복잡해지고 전문화되어갈 것이다. 상당히 새로운 임무를 수행하게 될 것이며 그 과정에서 스스로 알아서 일하고, 복합적인 내면적 기술을 사용하며 컴퓨터에는 결여되어있는 인간적 조치를 취해주어야 할 것이다. 이를 위해서는 계속적인 교육을 받는 것이 중요하며 비서학이 계속적으로 이러한 수요를 충족시키는데 한 몫을 담당하기를 바란다.

개정2판을 내기까지 많은 분들의 도움에 감사드린다.

항상 비서교육에 남다른 관심과 지원을 해주시는 대림대학 이정국 학장님과 제갈정웅 이사장님께 지면을 빌어 감사드린다. 부족한 본서를 교재로 사용하면서 조언을 아끼지 않은 많은 교수님들, 원고정리를 도와준 윤혜정 교수에게도 감사드린다. 학교일로 소홀해진 보살핌에도 묵묵히 참고 지켜봐주고 조언해주는 사랑하는 가족모두에게 감사드리며 본서에 각별한 성원을 해주시며 개정2판을 출간하도록 독려해주신 한올출판사 사장님과 직원모두께 진심으로 감사드리는 바이다.

2007년 1월
지은이 씀

Contents

제3편 비서와 조직관리

제4편 비서직의 주요진출분야 및 취업

부 록

1

비서의 본질

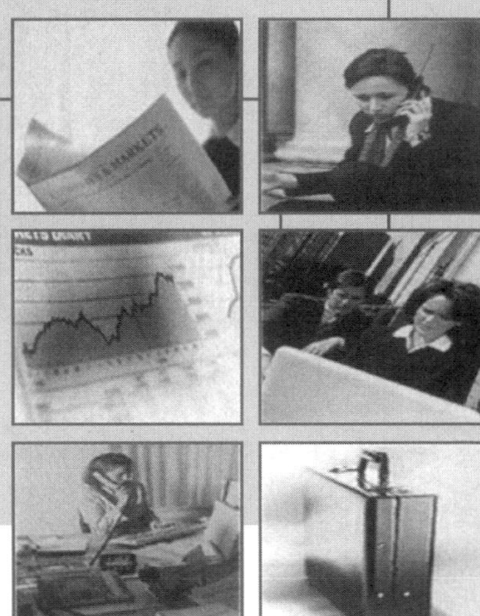

제 1 편에서는 비서의 정의 · 유형을 비롯하여 비서직의 현황 및 전망, 비서의 업무, 비서가 갖추어야 할 자세 및 자질 등에 관하여 공부하게 된다.

그러나 이상의 사항들은 가장 기본적이고 보편적으로 받아들여지고 있는 이론으로서, 일단 비서로 취업하게 되면 그 조직의 목적이나 특성, 상사의 요구(needs)에 따라 재조정되어야 할 것이다. 그것은 조직에 따라서 비서에게 기대하는 역할에 차이가 있을 수 있으며 상사에 따라서도 많은 차이가 있기 때문이다.

진정한 의미의 전문비서란 어떠한 여건에서도 자신의 역할을 찾아내어 성공적으로 수행함으로써 조직과 상사에의 기여도를 높일 수 있는 비서일 것이다.

1 총론

1.1 비서란?

(1) 비서의 유래

'비서'라 하면 과거에는 많은 사람들이 타자기를 연상했었다. 언제부터인지 정확히 알 수는 없지만 인간이 집단을 이루고, 그 집단의 우두머리가 존재하면서부터는 그 우두머리를 바로 곁에서 도와주면서 보좌하는 사람이 필요했으리라 생각된다. 그러다가 문자가 발명되면서부터는 기록을 남기게 되었고 이러한 기록을 정리하고 관리하며 기밀문서를 보관하는 역할이 주어졌을 것이다. 따라서 초기에는 남성들이 거의 담당해오던 비서역할을 사회가 분화되면서 타자기 등이 발명되고 여성의 사회진출이 이루어지면서 점차 여성의 진출분야로 발전해 왔다. 그러나 아직도 많은 남성비서들이 존재하고 있고, 특히 군대나 국회의원들에게는 필히 남성비서가 부관 역할을 담당하고 의사결정에 까지 막중한 역할을 수행하고 있다.

우리나라에서는 왕실의 '내관', '내서성'(후에 비서성)등이 비서역할을 수행해 왔다고 볼 수 있다. 오늘날 대통령 비서실을 비롯하여 행정기관, 기업 및 각종 기관의 책임자들은 거의 모두 호칭은 다소 다를지라도 비서를 두고 그들의 보좌를 받아가며 일해오고 있다.

현대사회에 들어서서 조직이 더욱 전문화, 세분화되어가고 정보의 중요성이 날로 증대되어감에 따라 어느 분야를 막론하고 치열한 경쟁 환경에 놓이게 되었으며 조직의 최고 책임자에게는 그 분야의 전문성 못지않게 고도의 관리능력이 요구되고 있다. 그 결과 조직에서 비서 역할의 중요성을 더욱 인식하게 되었으며 현대화의 추세 속에서 기대되고 부여되는 역할에도 많은 변화가 이루어졌다.

종래 비서역할의 중심이 되었던 타이핑, 속기술 등은 상당 부분이 기계로 대체되어 비서의 부수적인 역할이 되었고 그 보다는 직접 문서를 기안할 수 있고 창의성과 전문성, 정보력, 의사소통 및 인간관계의 관리, 변화를 예견하고 이에 대처하는 적응능력 등 보다 고도화된 전문적 보좌를 필요로 하기에 이르렀다.

(2) 비서의 정의

- 상사가 업무를 최상으로 처리할 수 있게 도와주는 사람이다.
- 외국어 실력이 뛰어나야 한다.
- 나(상사)에게 스트레스를 주지 않아야 한다.
- 법률 비서도 전문화가 되어야 하며 자격증 제도가 필요하다.
- 민첩하고 머리 회전이 잘 되어야 한다.
- 만능 탤런트(多才多能)여야 한다.

이상은 비서란 무엇을 하는 사람인가, 어떠해야 하는가에 대한 각계각층의 견해의 일부를 소개한 것이다.

오늘날 거의 모든 조직에는 비서(secretary)가 존재하며 그 담당하는 역할 또한 매우 다양하다. 가장 대표적으로 기업을 비롯하여 행정기관, 정치기관, 법률기관, 각종 사회단체, 학교 등 작은 개인사무실에서 전화응대, 손님응대, 사무실 정리 등 가장 기본적이며 단순하고 초보적인 보조역할을 하는 비서로부터 한 국가의 장관 혹은 대통령 비서실장에 이르기까지 그 맡은 직무나 자격요건, 업무영역 등에 있어서 매우 광범위하다

그러나 이러한 각종분야에서 직급이나 타입에 관계없이 비서들에게 있어서 공통점은 상사, 즉 조직의 책임자를 보좌한다는 점일 것이다. 장관의 경우도 궁극적으로 내각의 일원으로서 대통령이 국가를 이끌어 나가는데 있어서 각기 맡은 분야의 업무를 관장하여 국가적 정책결정, 방향제시 등으로 보좌하는 것이라고 볼 수 있다. 비서에 대한 정의를 문헌을 중심으로 살펴보면

'요직에 있는 사람의 곁에 있으면서 기밀문서나 사무를 다루는 직무 또는 그런 구실을 하는 사람' [새우리말 큰 사전(삼성출판사, 1993)]

'비서란 상사를 보좌하기 위해 고용된 사람으로 통신 업무를 담당하고 사무를 수행하는데 필요한 자료를 수집하여 정보를 제공하며 기밀에 관한 문제를 취급

한다. 또한 사회나 회사 또는 이익단체에 의해 지명된 관리로써 이들의 사무를 처리하고 통신을 담당하며 유지하는 역할을 한다.' [옥스퍼드 사전]

'비서란 어떤 조직이나 개인을 위하여 기록을 보관·관리하며, 통신문(correspondence)의 취급 및 사무(writing tasks)를 수행하기 위해 고용된 사람 혹은 위 업무를 담당하는 공무원 또는 정부기관의 부서를 책임지는 관리(예 : 장관)' [웹스터 사전] 등으로 정의하였다.

미국의 현직 비서들의 모임인 전문비서협회(International Association of Administrative Professionals-IAAP)의 정의에 의하면 비서는

"An executive assistant who possesses a mastery of office skills, demonstrates the ability to assume responsibility without direct supervision, exercises initiative and judgment, and makes decisions within the scope of assigned authority."

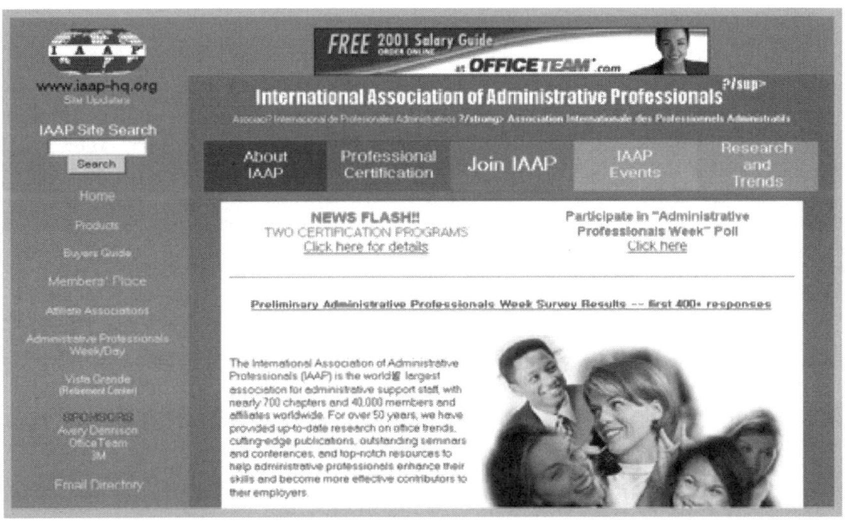

"비서는 숙달된 사무기술을 보유하고, 직접적인 감독 없이도 책임을 맡는 능력을 발휘하며, 창의력과 판단력으로 주어진 권한 내에서 의사결정을 내리는 간부적 보좌인이다."

궁극적으로 비서란 한마디로 '조직에서 상사(경영자 혹은 관리자)가 그들 본연의 업무에 전념할 수 있도록 제반 부수적인 업무를 맡아 처리하며 보좌

하는 역할' 이라 할 수 있다. 여기서 그 조직이 속한 분야 또는 조직 내에서 상사의 위치나 역할·성격 등에 따라 비서의 역할은 매우 다양해진다고 볼 수 있다.

현대사회와 같이 급변하는 정보화 사회에서 경영자 혹은 관리자들은 그들에게 주어진 한정된 시간을 최대한 활용하고 필요로 하는 가능한 많은 정보를 적기적시에 수집·처리하여 활용하고 조직을 유기적으로 이끌어 가면서 주위 환경변화에 능동적으로 대처하고 장기적으로 조직의 경쟁력을 확보하기 위한 전략적 의사결정을 해야 하는 입장에 있다. 따라서 이러한 관리자 및 경영자를 보좌하는 비서야말로 이에 필요한 각 분야의 지식, 기능 및 자질을 갖추고 상사의 시간 관리자, 정보 관리자, 인간관계 관리자로서 제반 부수적 업무를 도맡아 처리하여 그들의 가장 중요한 자산인 '시간'을 최대한 확보해 줌으로써 그들 본연의 업무에 전념할 수 있도록 보좌하는 역할이라 할 수 있겠다.

(3) 비서의 유형

비서의 유형으로는 부여받은 권한의 정도와 업무의 영역에 따라 보좌역으로서의 비서, 부관역으로서의 비서, 책임자로서의 비서로 구분할 수 있다.

보좌역으로서의 비서란 대통령 비서실장과 비서관, 국회의원 비서관, 대기업체의 비서실장 등 모든 조직체에서 참모로서의 기능을 발휘하고 의사결정에 영향을 미치고 있는 자들을 의미한다.

부관역으로서의 비서는 사회에서 일반적으로 비서라고 인식하고 있는 제반 주변적인 잡무를 처리해 주는 비서를 말한다. 즉, 상사의 스케줄 관리, 문서작성 및 발송·관리, 전화응대, 내객응대, 사무실의 정비·정돈 등 가장 보편적으로 인식되어 있는 비서가 여기에 해당된다.

책임자로서의 비서는 각종 단체, 즉 정부(미국의 경우 장관도 Secretary라 불린다), 정당의 사무총장, 각 단체의 간사 등 각 조직의 사무 및 총무업무를 총괄하고 있는 책임과 권한을 소유하고 있는 자들이다.

1) 고유 직종으로서의 분류

고유직종으로서의 비서로 미국의 경우 행정관리협회(Administrative Management Society)에서는

· Secretary Level B
· Secretary Level A
· Executive Secretary / Administrative Assistant
· Legal Secretary
등으로 구분하고 있다.

2) 비서의 서열에 따른 분류

비서의 직급 구분은 조직에 따라 다소 차이가 있으나 업무의 난이도나 중요도, 비서의 경력, 능력 등에 따라 대략 아래와 같이 구분되어진다.

· 수습비서(Junior Secretary)
· 비서(Secretary)
· 선임비서(Senior Secretary)
· 수석비서(Executive Secretary)
· 수석보좌역(Executive Assistant)

우리나라에서는 비서직에 대한 직급 구분이 조직에 따라 다소 차이가 있는 실정이나, 미국 등 선진국에서는 능력이나 경력에 따라 호칭이 다르게 주어진다.

비서의 호칭이나 직급은 조직에 따라 다르게 규정되어 있으며, 아직 공식적으로 직급이 규정되어 지지 않은 상태이나 최근 선진화된 관리기법을 구사하는 기관들에서 많이 채택되고 있는 직급체계와 연구들에서 거론되고 있는 직급체계를 기준으로 보면 다음과 같이 구분할 수 있겠다.[1)]

표 1-1 비서의 경력경로(Career Path)

직 급	머무는 기간	상사 직위
수습비서(Junior Secretary)	6개월	
비서(Secretary)	2년	
선임비서(Senior Secretary)	4년	부서장급
수석비서(Chief Secretary)	4년	이사급
수석보좌역(Executive Assistant)	관리자로 승진할 때까지	부사장급 및 그 이상

1) 조계숙, 「전문직 여성인력의 활용방안」 사회과학논집 1993.12, p 344.

3) 상사의 보좌 형태에 따른 분류

보좌 형태에 따라서는 단독 비서, 공동 비서, 그룹 비서로 분류 할 수 있다.

① 단독 비서 : 한 명의 비서가 한 명의 상사를 보좌하는 경우로서 상사의 입장에서나 비서의 입장에서나 가장 이상적인 경우라 할 수 있다. 상사 한 분에 대해 그분의 업무분야, 특성 및 개인적 성향 등을 중점적으로 연구・파악하여 보좌함으로써 일의 진행에 있어서 계획과 예측이 용이하여 더욱 효율적이고 만족스러운 보좌를 할 수 있다. 대부분 기관의 최고 책임자는 단독비서를 두고 있다.

표 2-1 보좌 형태에 따른 분류

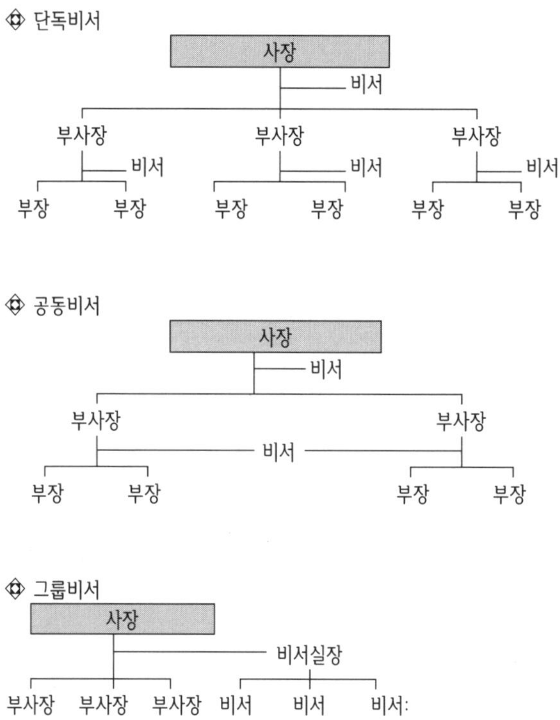

② 공동 비서 : 비서가 여러 상사를 보좌하는 경우를 말한다. 종전 1대 1의 관계에서 비용절감을 목적으로, 또 사무자동화의 영향으로 초래된 현상으로 상사의 입장에서도 완벽한 보좌를 기대 할 수 없고, 비서의 입장에

서는 여러 상사를 동시에 보좌해야 하는데서 업무의 우선순위를 둘 때 매우 신중히, 조심스럽게 해야 하며, 계획이나 예측 등 일관성 있는 보좌가 어려워지게 된다. 따라서 비서는 스트레스를 받기 쉬운 면이 있으나 반면 업무를 잘 수행했을 경우에는 여러 상사에게서 동시에 인정을 받을 수 있는 장점도 있다.

③ 그룹 비서(Group Secretary) : 주로 대기업체에서 채택하는 방식으로 비서실에 여러 명의 비서가 속해 있으면서 비서실장이나 비서과장의 지시 하에 업무를 수행한다.

여러 상사를 보좌하는 공동비서의 모습

1.2 비서학의 학문적 고찰

이제까지 비서란 무엇을 하는 사람이며 그 유형에 관하여 살펴보았다. 그러면 비서학이란 무엇을 연구하는 학문이며 그 영역은 어떠한 것인가 등에 관하여 알아보고자 한다.

(1) 비서학의 정의

1) 비서학에 있어서의 '비서'의 정의

비서학의 연구대상이 비서의 역할 및 자질, 비서업무라고 할 때 비서학을 정의하기 위해서는 우선 비서에 대한 정의가 먼저 정립되어야 하겠다. '비서'라 하면 기업체의 비서 외에 행정기관의 비서, 법률기관의 비서, 의료기관의 비서, 정치기관의 비서, 학교 비서 등 다양한 분야의 비서가 있다. 비서에 대하여는 여러 가지 정의가 내려질 수 있겠으나 앞서 정의하였듯이 일반적으로 '비서란 상사가 그들 본연의 업무에 전념할 수 있도록 제반 부수적인 업무를 맡아 처리하며 보좌하는 역할'이라고 할 수 있다. 여기에서 '부수적인 업무'란 상사가 효과적으로 업무를 수행하는데 있어서 시간을 빼앗거나 혹은 반드시 상사자신이 직접 수행하지 않아도 되는 상대적으로 부가가치가 낮은 업무 등 업무의 효율을 높이는데 장애가 되는 요인을 말한다.

2) '비서학'의 정의

위에서 '비서'에 대한 정의를 바탕으로 할 때 비서학이란 '상사의 효과적인 업무수행에 장애가 되는 부수적인 업무를 전문적으로 제거하여 상사가 그들 본연의 활동에 전념할 수 있도록 비서가 상사를 보좌하는 방법과 영역에 대해 연구하는 학문'이라고 정의할 수 있겠다.

(2) 비서학 연구의 역사

1) 우리나라의 비서학 연구

우리나라에서 비서학의 연구가 행해지기 시작한 것은 약 30여 년 전부터라고 볼 수 있다. 이화여대에서 비서학과를 설립하여 비서교육을 시키기 시작하면서부터 초기에는 비서의 기능을 중심으로 교육하여 오다가 차츰 비서학을 하나의 학문적 대상으로 발전시켜 본격적으로 연구를 해오게 되었다. 1981년부터 이화여대 비서학과에서는 재학생들이 꾸준히 「비서학 연구」를 발간해 오면서 비서학에 관련된 지식과 이론들을 축적해 왔으며 1993년 2월부터는 '한국비서학회'라는 학회를 발족시켜 현재 이화여대 비서학과를 주축으로 4년제 대학교 및 30여개의 전문대학 비서관련 학과의 교수들을 중심으로 많은 회원들이 주축이 되어 매년 전문학술지인 「비서학 논총」을 발간해 오면서 학문적 활동을 벌이고 있다. 비서학과의 졸업생들도 과거에는 비서로서의 취업만을 목표로 해오다가 이러한 학문적 발전에 힘입어 석사과정, 박사과정 등에 진학하면서 연구를 계속하는 사람들이 점차 증가하고 있다.

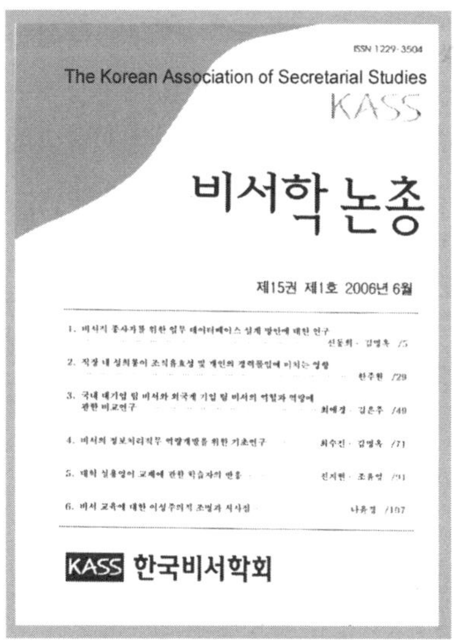

(비서학연구지, 비서학논총)

2) 서구에서의 비서학 연구

외국의 경우를 보면 미국 등 서구에서는 오랜 비서교육의 역사를 가지고 있으며 현직 비서들의 모임인 전문비서협회(International Association of Administrative Professionals-IAAP)가 주축이 되어 주로 비서의 역할 및 자세를 중심으로 연구 및 교류가 이루어지고 있다. 그들의 교육과정을 보면 '비서학'이라는 이론과

목은 교육과정에 포함되어 있지 않으며 주로 기능위주로 연구가 수행되어지고 있으며 하나의 학문적인 체계를 갖춘 것이라기보다는 주로 상사의 업무파트너 성격을 띠고 능률적인 측면에 치중하는 실무 중심이다.

3) 일본에서의 비서학 연구

일본에서는 주로 단기대학을 중심으로 비서 교육 및 연구가 행해져 왔다. 1973년에 '전국단기대학 비서교육협회'가 설치되고 1975년에는 '제1회 비서교육 전국연구집회'가 전국규모로 개최되었다. 1976년에는 '비서교육년보' 제1집이 간행되는 등 1970년대 이후 여성의 사회진출의 증가 일로와 함께 많은 단기대학들이 비서교육을 실시하게 되었으며 비서학의 위상정립에의 노력이 시작되었다. 1980년에 정식으로 '비서과'의 설치가 문부성에 의해 인가되었고 그 다음해인 1981년에 '일본비서학회'가 발족되었다. 그 후 '일본국제비서학회'도 발족되는 등 눈부신 연구 활동을 전개해 왔다. 일본에서의 비서학은 주로 조직사회의 구성원으로서의 비서를 그 연구대상으로 하고 있다는 점이 특징이다.

최근에는 '일본비서학회'가 '일본 비즈니스 실무교육학회'로 명칭을 개정하고 보다 더 광범위한 실무 교육 연구를 수행하고 있다.

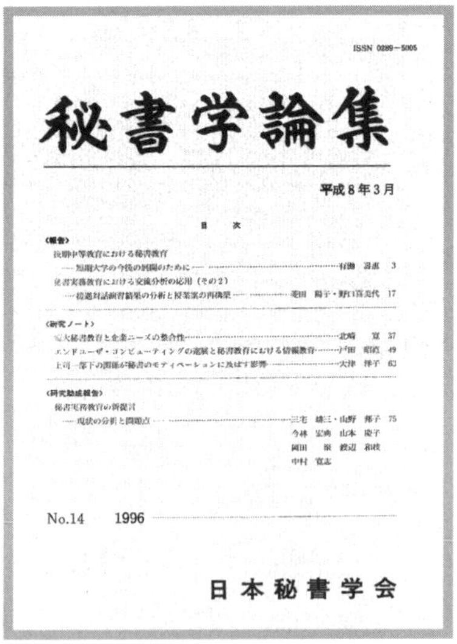

(일본 비서학회지)

(3) 비서학 연구의 의의

그러면 비서학의 연구는 왜 필요한가를 점검해 볼 필요가 있다고 본다. 일반적으로 비서에 대하여는 실무를 수행하는 데에 필요한 기능이나 기술만 습득하면 될 것같이 생각하기 쉽고 실제로 많은 사람들이 그렇게 알고 있기도 하다. 그러나 그것만으로는 만족스러운 결과나 발전을 기대하기 어렵다. 그것은 비서는 조직사회에서의 경영자 혹은 관리자를 보좌하는 역할을 출발점으로 하고 있으며 이러한 역할은 점차로 더욱 더 중요해지고 있기 때문이다. 특히 '남녀고용기회 균등'을 정부차원에서 추진함에 따라 앞으로 조직에서의 여성의 역할이 질적으로나 양적으로 더욱 확대되리라 예상된다.

따라서 실무나 기능 못지않게 그의 근간이 되는 학문적 체계의 확립과 근거를 명확히 함으로써 비서관련 교육의 질적 향상을 꾀함과 동시에 사회에 더욱 폭넓게 이바지 할 수 있게 될 것이다.

(4) 비서학의 위상

1) 비서학의 학문적 정체성

일반적으로 학문이란 '일정한 원리에 의하여 설명하고 체계화한 지식과 이론으로 구성된 연구방법 등의 전체'라고 할 수 있다. 이렇게 볼 때, 비서학은 일정한 원리에 의하여 설명이 가능한 단계에까지 와 있고 체계화된 지식이 되어가고 있다. 교육학자인 쿤(Thomas S. Kuhn)과 굿선(Ivor Goodson)의 시각을 통해 볼 때 학문적 정체성을 규명하기 위하여 다음과 같은 분석틀이 제시된다.[2)]

첫째, 과학자 집단의 존재여부
둘째, 학회의 형성여부
셋째, 이론적 체계와 접근법 확립여부
넷째, 교과서의 존재여부
다섯째, 시대·사회적인 요구에 부응하여 지배적 패러다임을 변화시킬 수 있는 능력여부

2) 이영희,「한국비서학 정체성에 관한 연구」, 이화여자대학교 교육대학원 석사학위청구논문, 1994, pp61-64

이화여대 비서학과와 30여 전문대학의 비서 관련학과 및 한국비서학회를 중심으로 고찰할 때 이 모든 요건들을 충족시키고 있으므로 하나의 분과학문으로 존재할 학문적 정체성을 충분히 지니고 있다고 볼 수 있다.

2) 비서학의 위상

학문영역의 분류방법의 하나로 '사회과학', '인문과학', 그리고 '자연과학'으로 분류하는 방법이 있다. 이 때 비서학은 사회과학의 범위에 들어간다고 보아야겠다. 단 인문과학적 요소를 포함한 사회과학이라 할 수 있다. 비서학은 주로 조직에서 '상사와 비서와의 관계'를 중심으로 연구하는 학문이므로 조직사회의 사회현상을 중심으로 인문과학적 요소도 포함되기 때문이다. 여러 사회과학 중 현대의 기업 조직사회를 효과적으로 운영하기 위한 과학이 경영학이라고 할 때 이러한 조직에서의 경영자와 비서와의 관계를 다루는 비서학은 바로 그 다음으로 자리 매김하여야 할 것이다. 여러 사회과학 중 비교적 늦게 완성된 경영학에 이어 앞으로 계속 연구・발전되어야 할 분야인 것이다.

3) 사회과학으로서의 비서학 연구의 특징

사회과학으로서의 비서학은 이론적으로, 또 실증적으로 연구되어야 하며 사회의 변화와 진보에 수반하여 그 내용이 항상 혁신되지 않으면 안 된다. 그것은 기업 등 조직사회는 끊임없이 변화하고 그 안에서의 상사의 역할 및 비서의 역할도 그에 따라 변화해야 하기 때문이다. 아무쪼록 연구자의 의도나 목적에 따라 접근 방법도 다르고 상당한 차이가 있을 수 있으나 시대・사회적 요구에 부응하여 학문성과 실천성을 겸비하여 독립된 학문으로 계속적으로 탐구되어야 할 것이다.

(5) 비서학의 영역

비서학의 연구범주에 관하여는 두 가지 측면으로 구분할 수 있다. 하나는 '비서학 이론의 영역'으로서 비서학의 주요과제의 범위라고 일컬어 질 수 있다. 비서학의 학문적 확립을 위하여 빼놓을 수 없는 부분이다. 다른 하나는 '비서학 관련 영역'으로 비서학 관련 학과목들과 비서교육의 영역으로 대변할 수 있다. 비서학을 공부하고 그 효과를 십분 발휘할 수 있게 하기 위해서는 이들의 전체 체계를 명백히 할 필요가 있다. 비서학을 공부하기 위해서는 이 양면으로부터 접근하는 것이 바람직하다.

1) 비서학 이론의 영역

비서학의 주요과제는 비서학 이론의 영역이 어떠한 것인가를 검토함으로써 확실해 진다.

비서학 이론의 영역은 다음과 같이 구분할 수 있다.

· 비서학의 정의 정립

· 비서역할의 정립

· 비서에게 요구되는 자질

2) 비서학 관련 영역

비서학 이론은 학문의 영역 그 자체인데 반해 비서학 관련 영역은 실제로 비서가 그 역할을 수행함에 있어서 필요로 하는 것을 교육하는 범위의 것을 말하므로 그 영역은 상당히 폭넓고 탄력적으로 생각해야 한다. 현대의 조직에서 일하는 비서는 비서에 관한 전문 지식뿐만 아니라 비즈니스 감각과 폭넓은 사회교양 및 상식이 요구된다. 즉, 다른 말로 바꾸면 비서학 관련 영역은 비서교육의 영역이라고 말할 수 있으며 그것은 비서교육을 받는 대상에 따라 또 조직의 필요에 따라 바뀌게 된다.

(6) 비서학의 발전방향

이제까지 살펴본 바에 따라 비서학의 연구대상이 조직사회에서의 비서에 관한 것인 만큼 조직사회가 그 전제가 된다. 한편 현대사회에서 조직은 그 자체로 크게 변화해 가고 있으며 점점 더 전문비서를 필요로 하는 시대로 옮겨가고 있다. 정보화 시대의 조직은 점차 효율성을 증대할 수 있는 방향으로 규모면에서는 축소되고(downsizing) 정보의 유통이 원활하도록 각 계층의 전문가 중심으로 운영되는 양상을 띠게 될 것이며 비서에게 요구되는 정보관리의 역할은 더욱 가중되고 고도화될 전망이다.

정보화 시대에 경영자는 정보관리 문제로 더욱 많은 보좌역을 필요로 하고 사회조직 자체가 다원화 되어감에 따라 대학, 법률사무소, 회계기관, 병원, 종교단체, 정치단체 등 각종 조직이 그 분야를 막론하고 정보화, 세계화 등 치열한 경쟁 환경에 놓이게 된다. 그에 따라 비서의 활약 무대는 점차 넓어지고 동시에 전문화 되어가지 않을 수 없게 된다. 비서학의 연구도 그에 따라 더욱 더 세분화 되어 본격적으로 발전되어야 하겠다.

1.3 비서교육

(1) 비서교육의 의의

비서교육이란 '비서로서 직무를 수행하기 위해 필요한 지식, 기능 및 자세 등을 습득시키는 것'을 말한다. 따라서 비서교육은 비서직에 취업하기 이전에 실시되는 교육과 일정 기간 비서로 근무한 경력자들을 필요에 따라, 직장의 상황에 따라 보완하고 재충전시키기 위한 재교육으로 구분할 수 있다. 전자는 주로 대학이나 기타 교육기관들을 중심으로 행해지며 후자는 주로 직장 내에서 외부 강사를 초빙하거나 비서직의 책임자가 OJT(On the Job Training)형식으로 실시하는 것이 보통이다. 간혹 외부 전문기관에 위탁교육 형식으로 수행되는 경우도 있다.

(2) 우리나라의 비서교육

1) 비서교육의 역사 및 현황

우리나라에서 대학 수준의 비서교육이 행해진 것은 1950년대부터라 할 수 있다. 6·25 동란 중인 1952년 8월 이화여대에서 처음으로 비서학, 속기, 서류정리법, 영문타자 등을 가르치기 시작한 것으로부터 비롯된다. 유엔한국지원단(UNKRA)의 후원 아래 미쓰 그레이스우드를 담당교수로 위촉함으로써 시작되어 영어영문학과 비서학을 부전공으로 채택하게 된다. 이는 당시 정부 및 UN기관 등의 영문사무를 다룰 수 있는 비서양성을 목적으로 시국적인 필요성에 부응하여 마련된 것이었다.[3] 그 후 이화여대를 중심으로 덕성여대 등 몇몇 대학에서 독립적인 비서학과로 혹은 영문학과나 다른 학과의 교과과정 속에 포함시켜 비서교육을 실시해 왔다. 이에 힘입어 많은 여성들이 전문인으로서 비서직에 진

3) 정충양, 「이화 80년사」, (서울 : 이대출판부), 1968, p332

출하여 활약하고 있으며 이제 학문적으로나 사회적으로나 어엿이 한 독립된 분야로서 인정받고 있다.

80년대 후반부터는 전국에 걸쳐 전문대학에 비서과 혹은 비서행정과 등의 이름으로 비서관련학과의 개설이 급증하여 현재 30여 개 교 가까이 되며 이러한 정규대학 교육과정 이외에도 많은 기관에서 비서전문 교육프로그램을 개설하여 비서교육의 양적 확산이 이루어지고 있다. 더욱이 비서관련학과 이외에도 사무자동화과, 영어과, 여성교양과 등 수많은 학과에서 비서학개론, 비서실무 등의 교과목을 교육하는 것은 비서교육의 필요성을 여실히 반영하는 결과라 하겠다. 비서교육의 확산 추세는 앞으로도 계속될 것이며 이제 상업고등학교 교과과정에도 비서교육이 정규 교과목으로 채택됨으로써 보다 많은 기관들이 비서교육을 받은 비서를 채용할 수 있게 되었다. 이는 조직관리 차원에서 매우 고무적인 일이라 하지 않을 수 없다.

2) 비서교육 교과과정

비서교육을 위한 교과과정은 크게 세 가지로 구분된다. 첫째, 비서이론 및 기초지식 관련 과목 둘째, 비서로서의 직무수행에 필요한 비서실무관련 과목, 셋째, 그 외의 관련 지식 및 실무과목 등이다. 각 관련 분야별 구성교과목은 〈표 1-3〉과 같다.

이상과 같은 기본적인 교육과정을 거쳐 비서로 취업하여 일정 기간 근무한 후 근무기관의 분야 및 업무의 영업에 따라, 또 새로이 출현하는 컴퓨터 소프트웨어의 습득, 외국어 구사능력의 심화 등을 위하여 계속적이고 체계적인 재교육이 실시되는 것이 바람직하다.

(2) 외국의 비서교육

1) 서구의 비서교육

미국이나 영국 등에서는 우리나라보다 훨씬 오래된 비서교육의 역사를 가지고 있고 비서의 자격에 대하여 기준이 비교적 표준화되어 있어 교육내용이나 교과목이 거의 통일되어 있는 편이다. 학생의 목적에 따라 교육연한이나 전공분야에 있어 다양한 코스의 선택이 가능하다. 전공분야로는 보통 Executive

Secretary Course, 법률부문, 정치부문, 의료부문, 회계부문, 학교부문 등 많은 분야가 있고 각기 그에 필요한 교과목이 추가되어 있다. 법률, 학교, 일반 행정비서의 교육과정은 〈표 1-4〉와 같다. 이 학교의 비서 교육과정은 법률, 의료, 학교비서와 워드프로세싱, 일반행정비서로 나뉘어져 있다.

표 1-3 **비서교육과정 구성교과목**

비서이론·기초지식 관련과목	비서실무 관련과목	관련지식·실무과목
비서이론 과목 · 비서학 개론 · 사회심리학 · 경제와 사회	비서실무 과목 · 비서실무론 · 비서실무 연습 · 비서학 연습 등	정보관리에 관한 과목 · 시사·정보론 · 전산개론 · 정보검색 · 인터넷
대인기능에 대한 기초지식 · 인간관계론 · 조직론 · 커뮤니케이션 이론	문서관리, 사무관리에 대한 과목 · 문서작법 및 관리 · 사무관리	경제에 관한 과목 · 경제학원론 · 국제경제론 · 자국경제론
경영·관리에 관한 기초지식 · 경영학 개론 · 산업심리학 · 기업법 일반	읽기, 쓰기, 말하기에 대한 과목 · 문장 작법 · 실용한문 · 표준 화법 · 비즈니스 커뮤니케이션 실습	법률에 관한 과목 · 생활법률 · 법학개론 등
직업적 소양에 관한 과목 · 직업윤리 · 직장예절	사무기술에 대한 과목 · 워드프로세싱 · 영문/국문 속기 · OA 실무 · 컴퓨터 사용법 · 기타 사무용 기기 조작법 등	회계에 관한 과목 · 회계학 원리 · 회계실무 · 회계관리 실습 · 전산회계 등
	외국어 능력에 관한 과목 · 비서영어회화 · 비서사무영어 · 시사영어 · 무역영어 · 실용일본어 등 제2외국어	기타 관련지식 · 인사관리론 · 마케팅 원론 · 무역실무 · 국제관계론 · 비교문화론 등

표 1-4 미국 뉴욕 시립대학교 Bronx Community College의 전문비서교육과정

법률비서	
1학기	
학과목	학점
작문 I	3
현대사	3
속기 I	3
키보딩 I	2
수학	3
인간관계론	3
2학기	
워드프로세싱	3
시스템연구 또는	
회계 I	3-4
법률일반	3
속기 II	3
키보딩 II	2
체육	1
3학기	
기계전사 I	3
속기 III	3
키보딩 III	2
법률속기 I	3
수학	3
과학	3-4
4학기	
비즈니스 커뮤니케이션	3
법률속기 II	4
예술학개론 또는	3
음악개론	
사무관리	2
사회과학선택	3
오리엔테이션	0
5학기	
상법	3
인턴십	2

학교비서	
1학기	
학과목	학점
작문 I	3
현대사	3
속기 I	3
키보딩 I	2
비즈니스수학	3
인간관계론	3
2학기	
인체생리학	4
회계 I	4
수학	3
속기 II	3
키보딩 II	2
체육	1
3학기	3
예술학개론 또는	
음악개론	3
속기 III	2
키보딩 III	2
학교문서관리	2
학교비서의 연구	3
자유선택	
4학기	
학교비서의 문제연구 II	2
속기 IV	3
사무관리	2
비즈니스 커뮤니케이션	2
인턴십	2
사회과학중선택	3
자유선택	3-4
오리엔테이션	0

일반행정비서	
1학기	
학과목	학점
작문 I	3
현대사	3
속기 I	3
키보딩 I	2
비즈니스수학	3
인간관계론	3
2학기	
워드프로세싱	3
시스템개론 또는	
회계 I	3-4
수학	3
속기 II	3
키보딩 II	2
체육	1
3학기	
예술학개론 또는	3
음악개론	
속기 III	3
키보딩 III	2
기계전사	3
자유선택	3
과학선택	3-4
4학기	
속기 IV	3
사무관리	2
비즈니스커뮤니케이션	3
인턴십	2
사회과학선택	3
자유선택	3
오리엔테이션	0

2) 일본의 비서교육

일본에서는 대학, 단기대학, 고등전문학교 등 각종 교육기관에 '비서학과' '비서과' 혹은 '비서전공' 등 비서교육과정 프로그램이 개설되어 있으며 전국에 걸쳐 593개 단기대학 중 236개교에 비서교육과정이 설치될 정도로 계속 증가하고 있다. 일본의 비서교육의 특징이라 하면 「전국대학·단기대학 실무교육협회」에 의해 교과과정이 제시됨으로써 비서교육에의 통일성을 도모하고 있다는 것이다.

비서과는 물론 영어과, 생활문화과 등 다른 학과에도 비서교육 과정이 개설되어 있는 곳이 많으며 이러한 과정을 거쳐 23학점을 취득하면 (졸업을 위해서 필요한 62학점의 1/3에 해당) '秘書士'라는 자격이 주어진다. '비서사'를 취득하기 위한 교과목은 【표 1-5】와 같다.

표 1-5 전국대학·단기대학 실무교육 협회의 '비서사' 교과과목

필수과목(9~10학점)		선택과목(14학점 이상)
비서학 개론	2학점	인간관계론
비서실무	2학점	실용 외국어
사무관리	2학점	비즈니스 관련법규
국어표현법	2학점	경영개론
사무기기 실습	1 또는 2학점	부기
		정보처리론
		사회심리학
		회계학
		사무관리 연습
		국어표현 연습
		비서실무 연습

단기대학에서 '비서학과' '비서전공'에 있어서 아래의 교과목 중 필수과목 20학점, 선택과목 20학점 등 40학점을 이수하면 「상급비서사」의 자격이 주어진다.

표 1-6 단기대학의 '상급비서사' 교과과목

필 수 과 목		선 택 과 목
비서이론 관련(비서학 개론 포함하여 3과목 10학점 이상)		관련이론·실무관계 비서교육과 관련있고 본협회의 심의위원회에서 승인된 과목 20학점 이상
비서학 개론	2~4학점	
경영학 원론	2~4학점	
인간관계론	2~4학점	
국제이해	2~4학점	
언어의 표현	2~4학점	
사무실 연구	2~4학점	
비서실무 관련(5과목에 대해 10학점 이상)		
비서실무	2~4학점	
국어표현	2~4학점	
사무관리	2~4학점	
실용 외국어	2~4학점	
사무기기 연습	1~2학점	

대학에 있어서 '상급 비서사'의 자격은 아래표의 필수과목 8학점 이상, 지정영역 과목군 중 32학점 이상으로 총 40학점 이상을 이수하여야 한다. 여기서는 비즈니스의 개념이 강조되고 있는 것이 특징이라 할 수 있다.

표 1-7 대학에 있어서의 '상급비서사' 교과과목

필수과목(2과목 8학점 이상)		지정영역과목군(각 8학점 이상)	
비서학 개론	4학점 이상	I군 기업경영의 이해	8학점 이상
비서실무	4학점 이상	II군 현대사회의 이해	8학점 이상
		III군 인간행동의 이해	8학점 이상
		IV군 비즈니스 실무의 이해	8학점 이상

또한 이러한 비서교육 과정을 이수하였다고 하여 바로 비서로 취업되는 것이 아니라 일단 사무직으로 취업하여 약 2년 정도 연수 및 각 부서들을 돌아가며 근무를 마친 후 비서로 발령을 받게 된다. 즉, 조직을 전반적인 차원에서 이해하고

경험한 뒤 비서로 일하게 되는 기회가 주어진다. 따라서 일본에서의 비서관련 교과목은 비서가 되기 위한 것일 뿐 아니라 거의 모든 직장의 사무직으로 취업하기 위한 사람들에게 사무능력을 배양하는데 필요한 과정으로 인식되고 있다.

연습문제

1. 자신이 생각하는 비서에 대한 정의를 내려보자.
2. 산업현장의 비서들을 방문하여 그들이 각기 어떤 유형의 비서인지 조사해 보자.
3. 도서관에 가서 비서학계의 논문들을 찾아 읽어보고 자신이 관심이 있는 한 분야에 대하여 꾸준히 연구해 보자.

2 비서직의 현황과 전망

2.1 비서직의 현황

비서직에 종사하는 자들은 누구나 전문비서로서 인정을 받으며 자신의 직무를 수행하고 계속적으로 근무하기를 원하고 있으나 현실적으로 국내 기관에서는 아직 이러한 사항이 실현되지 못하고 있는 곳이 많았다. 과거 여비서들의 경우 결혼하면 퇴사해야 하는 경우도 많으며 비서가 참모로서 한 사람의 전문인으로 능력과 기능을 최대한 발휘하여 조직과 상사를 위해 기여하기보다는 자리를 지키며 전화연락이나 하는 정도로 밖에 역할을 하지 못하는 경우가 많고 중요한 업무는 비서실장이나 비서과장 등 남자비서에게 부여되는 일이 많은 실정이었다. 따라서 전문비서교육을 받은 여비서들의 경우 국내기관에 취업하였다가 결국 자신의 능력을 인정받을 수 있는 외국기관으로 전직하는 경우가 많다.

우리나라에서는 얼마 전부터 전문비서직의 필요성에 대해 인식하기 시작했으며 그로 인해 최근 몇 년 사이 몇몇 4년제 대학교를 비롯하여 30여개의 전문대학에 비서관련학과가 개설되어 본격적으로 비서교육의 양적 확산이 이루어지고 있으며 그 일환으로 비서직에 대하여 국가자격시험제도가 실시되기에 이르렀다고 볼 수 있다. 더욱이 기업 뿐 아니라 모든 영역에서 국제화, 세계화가 진전됨에 따라 더욱 더 전문비서의 필요성이 절실히 인정되고 있다. 따라서 최근에는 수많은 국내 기관에서도 전문비서 교육을 받은 인력을 채용하고자 각 대학의 비서관련 학과에 추천의뢰 하여 채용하는 추세가 날로 확산되고 있다. 이제 국내기관에서도 속히 제도적 개선이 이루어져 외국기관에서 전문여성비서 1인이 담당하는 역할을 더 이상 2-3인이 분담함으로써 야기되는 비효율적 인적자원관리는 계속되지 않아야 할 것이다. 비서직의 특징을 살펴보면 다음과 같다.

(1) 비서직의 장점

1) 진출분야가 다양하다

비서직은 거의 모든 업종에서 필요로 하는 직종이다. 따라서 기업의 경우 각종 산업분야 중 관심이 있는 분야로 취업할 수 있으며, 기업뿐만 아니라 법률기관, 교육기관, 정치기관, 행정기관 등 진출영역이 수없이 많다. 따라서 취업 후에는 비서업무를 수행하면서 그 분야의 일에 관해 공부함으로써 전문인으로 성장할 수 있는 기회도 가질 수 있다.

2) 근무환경이 뛰어나다

대부분 조직의 상층부 인사들의 측근에서 근무하게 되며 또한 전문비서를 채용할 정도의 기관은 상당히 안정되어 있고 사회적으로 인정받는 기관들이므로 상대적으로 근무환경이 뛰어나다. 더욱이 물적 자원 뿐 아니라 인적 자원 측면에서 더욱 우수하고 유능한 사람들과 유대관계를 맺고 근무하게 된다는 장점이 있다. 일반적으로 비서를 채용할 정도로 정상에 오른 사람들의 경우 다른 사람에 비하여 월등히 우수한 자질을 갖춘 사람이 많기 때문이다.

3) 광범위한 업무를 다룬다

일반 사무직과 달리 상사를 보좌하는 업무적 특성으로 인하여 각종 업무를 처리하게 된다. 사무, 접대, 인간관계, 의사소통, 정보관리 등 광범위한 업무를 담당하면서 보다 폭넓은 지식과 경험을 쌓게 되며 그 가운데 자신의 적성에 맞는 분야를 택하여 자신의 능력도 개발해 낼 수 있게 된다.

4) 재취업이 용이하다

비서직은 경험을 매우 중요시하므로 일단 퇴직하였다가도 능력과 경력에 따라 얼마든지 다시 취업할 수 있으며, 이때 경력을 충분히 인정받을 수 있다. 이러한 점은 다른 사무직에서는 기대하기 어려운 측면이다.

5) 지역적 제한이 없다

어떤 곳에 가서도 취업이 가능하다는 것이 또한 비서직의 장점이다. 만일 거주지가 변동될 경우에도 원하면 그 지역에서 다시 취업의 기회를 가질 수 있다.

6) 소속감, 성취감을 느끼기 쉽다

상사를 보좌하면서 근무하므로 써 책임감과 동시에 확실한 소속감을 갖게 되며, 업무 결과가 성공적으로 이루어졌을 때 성취감도 또한 크다.

7) 보수가 일반직보다 높다

일반적으로 비서직은 사무직보다 보수가 높은 편이다. 비서직에 대한 보수가 높다는 것은 그만큼 그 역할이 어렵고 중요하다는 것을 말해 주는 것이라 할 수 있다.

(2) 비서직의 단점

1) 비서직에 대한 개념이 모호하다

그동안 많은 발전이 있었으나 아직까지 우리나라에서는 단순 보조업무 및 사무실 정리정돈 정도만 처리하는 비서로부터 10여년 이상의 경력을 지니고 관리업무 및 의사결정에 참여하는 수석보좌역에 이르기까지 비서직에 대한 직급구분이 명확히 이루어지지 않는 경우가 있기 때문에 비서 본인들에게는 사기를 저하시키는 요인이 되고 있다.

2) 지위, 보수, 대우 등이 비서자신 보다 상사의 지위에 의해 결정되는 경우가 있다

비서직은 일률적으로 공식적인 경로를 통해 채용되기보다는 공석이 생겼을 때마다 개별적(case-by-case)으로 채용되는 경우가 대부분인 관계로 비서의 능력이나 경력과 상사의 지위가 반드시 정비례하지 않는 경우가 있고, 보수의 경우에 있어서도 마찬가지이다. 즉, 사장비서보다 부사장이나 전무, 상무의 비서가 더 경력이나 학력이 높을 경우가 생기는데 이 경우에 불만족 요인이 될 수 있다.

3) 승진에의 제한

대부분의 한국계 기관에서는 비서에게 승진의 기회가 주어지는 경우가 그리

흔하지 않다. 따라서 어느 정도 경력이 쌓였을 경우 타 직종에 종사하는 사람들은 대리, 과장 등으로 승진하는 반면 비서는 언제까지나 비서로 머무르게 되므로 불만요인이 될 수 있다. 현재도 외국기관에서는 수습비서, 비서, 선임비서, 수석비서, 수석보좌역 등과 같이 직급제를 도입하여 실시하고 있는 곳이 많으며, 혹은 대리, 과장, 부장 등의 직책을 부여하는 기관들도 있다.

4) 복잡한 인간관계로 스트레스를 많이 받는다

비서만큼 여러 방면의 사람들을 대하게 되는 경우도 그리 흔하지 않을 것이다. 상사 및 상사 주변 사람들, 조직 내의 사람들, 상사와 업무적으로 연관이 있는 거래처 사람들, 그 외에도 상사를 위해 수없이 많은 직종의 사람들과 접촉해야 하는 데에서 스트레스를 받기 쉬운 입장에 있게 된다.

5) 항상 긴장하며 일하는 데에서 오는 스트레스

비서업무를 완벽하게 수행하기 위해서는 한시도 긴장을 풀 수 없기 때문에 그로부터 비롯되는 스트레스가 크다. 따라서 주말이나 근무시간 이후에는 정기적으로 스트레스를 해소하는 방안을 모색하여 스트레스가 누적되는 일이 없도록 해야 한다. 스트레스가 오래 누적되면 건강에도 지장이 되고 업무의 능률도 떨어지기 때문이다.

2.2 비서직에 대한 전망

최근 일부에서는 비서의 역할이 새로운 기술의 개발에 의하여 상당히 영향을 받고 있는데, 이러한 것들이 비서의 존재를 사라지게 하지 않을까 하는 의문이 제기되나, 유럽직업비서협회(The European Association of Professional Secretaries)의 조사에 의하면 그와 정반대로 그러한 기술의 발달이 비서의 역할을 더욱 확실하고 가치 있게 하고 있다는 것이다. 더욱이 최근 들어 조직들이 경쟁력을 확보하고 환경변화에 대한 대처능력 확보 차원에서 조직의 고정적인 인력의 수를 줄여 소수정예주의로 운영하는 추세가 확산됨에 따라 다방면의 업무수행 능력을 지닌 비서가 각광받는 직종이 될 것이다. 비서직에 종사하는 사람들도 더 이상 여성인력이 남성인력에 종속되는 부분으로 인식하지 말고 스스로 능력과 실력을 갖추고 끊임없이 발전시킴으로써 경쟁력을 갖춘 전문인이 되도록 노력해야 할 것이다.

(1) 비서 채용 기관들의 최근의 추세

비서를 채용하는 기관들이 어떠한 비서를 원하는 가에 대하여 비서 구인광고를 중심으로 분석한 조사보고서[4]가 있어 소개한다. 이 보고서는 미국의 13개 주요 일간지의 'Classified Ads'에 1995년 3월 13일 게재된 광고와 2개의 캐나다 신문에 3월 11일 게재된 비서구인광고를 중심으로 총 1,824개의 광고를 분석한 것이다.

이 조사 결과는 미국 및 캐나다에서 비서를 채용하고자 하는 기관들의 요구(needs) 및 기대(expectation)에 대한 경향을 나타내 주는 것으로서 우리나라의 실정과는 다소 차이가 있겠으나 전년도와 비교하여 변화되는 추세 등은 앞으로 우리나라에서의 변화의 방향을 예측하는데 참고가 될 것이다.

'어떤 비서를 필요로 하는가?'

비서를 채용하고자 하는 기관들이 필요로 하는 비서의 자질은 어떠한 것일까?

위 자료를 분석한 결과 나타난 주요사항은 다음과 같다.

- 컴퓨터에 관하여 일반적인 컴퓨터 관련 지식에 관한 요구는 전년도 보다 다소 감소하고 특정 분야나 영역의 전문적 컴퓨터 처리능력이나 경험에 관한 요구가 더욱 증가함.
- 탁월한 전화통화 관리능력을 요구함.
- 팀워크(teamwork), 팀정신(team spirit)을 중요시함.
- 받아쓰기 능력에 대한 요구는 전년도에 비하여 감소함.
- 속기기술에 대한 요구도 전년도에 비하여 감소함.

연구결과에서 볼 수 있듯이 체계적이고 명료한 의사소통이 이루어지는 것은

4) 'Dartnell Corp.'s Institute of Business Research' & 'From Nine To Five', 'Surver Reveals Employers' Wish List' - The Secretary August/September, 1995, pp20-22.

비서분야에서 매우 중요한 자산이다. 최근의 규모축소(downsizing)와 팀 중심의 경영추세에서 팀 정신(team-spirit)은 매우 중요하게 인식되고 있다. 비서는 사무실 팀의 빠뜨릴 수 없는 필수적인 존재로 인정되고 있는 것이다. 더욱이 팀의 일원으로서의 팀 정신이 강조됨에 따라 긍정적인 인간성(personality)도 또한 중요시되고 있다 (20.6%로 전년도 보다 4%증가). 대인관계(interpersonal skill)는 13.7%로 나타났다. 그러나 팀 정신이 강조된다고 하여 솔선수범하는 자세(initiative)가 경시되는 것은 아니다. 'self-starters'에 대한 요구가 전년도의 9.4% 에서 11.8%로 증가한 것은 업무수행에 있어 팀의 일원으로서 솔선수범하여 스스로 일을 찾아내어 수행함으로써 조직에 기여하기를 기대하는 것이다.

탁월한 전화관리 능력에 대한 요구가 20.2%로 증가한 것은 고객들이 복잡하고 혼돈스러운 'voice mail system'에 대하여 불평한 것에 기인하는 것으로 추측된다. 현재 많은 회사들이 전화를 받기 위해 자동응답 장치 보다 다시 안내비서(receptionist)를 활용하고 있는 추세이다. 이로써 기계화가 발달하여도 역시 기계로 대치될 수 없는 영역이 있음을 알 수 있다.

속기 기술은 전년도의 7%에서 1.5%로 낮아졌는데 이는 개인용 컴퓨터와 laptop의 사용이 보편화됨에 따라 상사들이 비서에게 받아쓰게 하기보다는 디스켓에 초안을 입력하여 주는 것이 더 편리하게 되었기 때문으로 풀이된다.

교육정도에 관하여, 고등교육에 대한 필요성은 5.6%로 전년도보다 2% 상승하였다. 많은 기관들이 'Secretary'에 관하여는 요구하지 않은 반면 'Administrative Assistant'는 대학졸업자여야 한다고(66%) 요구하였다.

(2) 비서직에 대한 전망

이상에서 살펴본 바와 같이 앞으로 다가오는 시대에 비서는 어느 조직에서나 더욱 중요한 역할을 감당해야 할 것으로 여겨진다. 과거와 같이 서류 타이핑과 같은 단순한 작업의 비중은 사무자동화로 더욱 감소할 것이며 조직을 연결하고 관리하여 효율적으로 유지시키는 역할, 즉 기계로 대치될 수 없는 역할이 더욱 비서에게 부여되고 중요시 될 것이다.

따라서 경영관리 측면에서 조직의 운영원리에 관하여 깊이 있는 지식과 실제 관리 능력이 절실히 요구된다. 오늘날 비서는 '목표지향적 관리자 (Goal-Oriented Manager)'여야 한다. Today's Secretaries, Today's Managers[5)]라는 말이 이를 잘 나타내 주고 있다.

오늘날 비서의 역할은 상당히 바뀌어 가고 있으며 비서는 사무실관리에 관해 모든 일을 주관하는 관리자이다. 비서들이 빈번하게 담당하는 관리역할은 주로 다음과 같다.

① 정보 관리자(Information Manager) : 전자파일, 데이터베이스, 서류의 관리책임자로서 각종 정보, 자료를 관리할 뿐 아니라 조직화하고 정보를 추출해 내는 방법을 개발한다.

② 의사소통 관리자(Communication Manager) : 각종 문서를 기안, 작성, 편집, 각종 컴퓨터 네트워크와 각종 사무기기를 이용하며 단순히 메시지를 전달하는 것에 그치지 않고 메시지에 담겨있는 의미를 파악하여 전략적으로 의사소통에 기여한다.

③ 계획 관리자(Planning Manager) : 조직의 마스터플랜을 관할하고 그에 따라 관련자들에게 마감일, 진척상황 등에 관해 알려준다.

④ 총괄 관리자(Logistics Manager) : 교통정리자, 즉 동료들과 관련된 제반업무에 관해 회의일정 작성, 의제계획(agendas), 스케줄 확정, 회의에서 토의된 사항에 대한 사후 조처 등과 관련하여 모든 사람들의 시간을 최대한 효과적으로 사용할 수 있도록 조정하는 역할을 한다.

⑤ 정책 관리자(Policy Manager) : 때때로 비서는 조직의 정책(policy)과 절차(procedures) 등을 유지하고 갱신・보완한다. 편람(manual)을 정비하고 종업원들을 위해 정책이나 절차 등을 번역하기도 하고 정책의 변화를 제안하기도 한다.

⑥ 인사 관리자(Employee Relations Manager) : 하급직원들의 채용 시 그들을 인터뷰하고 채용하는 일에 참여, 근무일정, 복지제도, 다른 종업원들의 관심사 등에 대해 질문에 답변하는 역할이 주어지기도 한다(특히 공식적 인사 관리자가 없는 작은 조직에서).

⑦ 재무 관리자(Financial Manager) : 비용 관련 서류를 처리하고 재무제표를 번역하고 예산과 관련하여 현재의 상황을 부서의 다른 직원들에게 알

5) Richard G. Ensman, Today's Secretaries, Today's Managers, The Secretary June/July 1995, pp 15-16

려준다.

⑧ 홍보 관리자(Community Relations Manager) : 방문자, 판매사원, 고객, 지역사회를 방문하여 처음 만나게 되는 사람, 그들의 요구, 문제해결, 혹은 관련자에게 연결시켜 주는 역할을 한다.

⑨ 교육훈련 관리자(Training Manager) : 업무상 절차나 기술에 관하여 의문이 생겼을 때 최초로 이를 접하여 해결책을 제시하는 사람은 비서이다.

⑩ 위기 관리자(Crisis Manager) : 상사가 부재중일 때 비서는 모든 위기상황을 해결할 수는 없을지라도 필요한 때는 긴급사태에 충분히 대처 할 수 있으며 관련된 사람들을 최상으로 배려하고 능숙하게 다룰 수 있다.

⑪ 다기능 사무관리 전문가(Multifunction Office Professional) : 조직의 목표를 달성하기 위해 다양한 기술과 기능(종합적인 능력)을 갖추고 복잡하고 세분화된 다양한 업무를 수행할 수 있으며, 조직 내의 다른 구성원들이 업무를 원활하게 수행할 수 있도록 전반적인 관리업무를 관장하는 전문가를 말한다.

⑫ 인간관계 관리자(Human Relations Manager) : 조직 내에서 의사전달의 통로로서 조직내 상황을 상부에 정확히 알림과 동시에 상부의 입장과 의사를 하부에 전달하는 역할을 한다.

⑬ 촉진자(Facilitator) : 조직 전체의 관점에서 상사와 관련된 업무 혹은 회사의 중요한 업무가 각부서간에 원활하게 이루어지도록 중간에서 조정하고 업무를 촉진시키는 역할을 한다.

⑭ 고객관리자(Customer Relations Manager) : 고객의 불편사항을 처리하고 서비스 관리자로서의 역할을 한다.

⑮ 변화매개자(Change Agent) : 개인이나 조직의 미래에 영향을 미치는 변화를 감지하고 신속히 대응해 나가는 역할을 한다.

⑯ 관리 보좌역(Administrative Assistant) : 상사가 중요한 의사결정 등 본연의 업무를 할 수 있도록 행정적 관리적 업무를 담당하는 역할을 한다.

⑰ 사무관리자(Office Manager) : 정보를 교환하는 매체로서 중요한 문서와 서식을 관리하기 위하여 문서의 작성, 처리 및 보관을 규정화 하여 문서관리체계를 정비한다. 또한 업무의 능률을 높일 수 있도록 사무환경을 유지, 관리한다. 업무를 좀더 신속하게 그리고 정확하게 처리할 수 있는 방

안 또는 업무를 간소할 수 있는 방안을 강구한다.

비즈니스의 구조가 변화함에 따라 비서의 역할도 변화하므로 관리적 능력을 계속 개발함으로써 조직팀의 일원으로 더욱 주요한 인물이 될 수 있을 것이다.

덧붙여 최근 들어 분야별로 비서에게 전문지식과 그 분야의 경험을 요구하는 빈도가 증가하고 있다. 이는 어느 분야의 조직을 막론하고 경쟁 환경에 처하여 조직운영의 효율성을 중시하는 결과라 할 수 있다. 따라서 비서로서의 공통적인 자격 외에 적어도 한 가지 분야의 전문적인 지식을 지니는 것이 보다 더 효율적으로 보좌하며 전문적인 비서로 성장할 수 있는 길이라 생각된다. 각 전문분야에서 요구되는 지식에 관하여는 제4편을 참고하기 바란다.

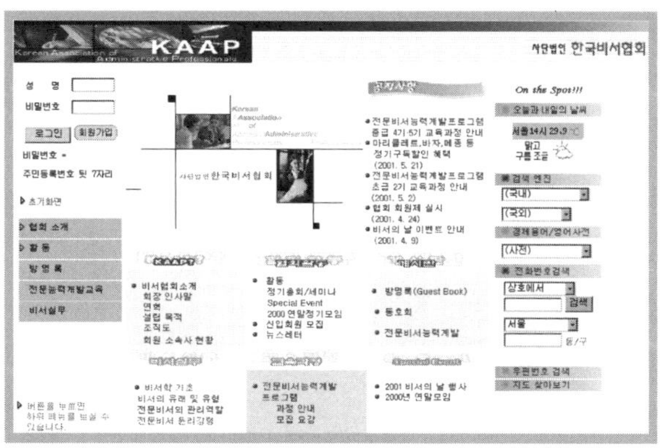

전문 비서들의 모임인 사단법인 한국비서협회의 Home page

(3) 이상적인 비서상

현대사회에서 요구되는 이상적인 비서상이라 하면 비서로서 갖추어야 할 기본 자질과 능력을 갖추고 우선 상사가 최고의 능률을 올릴 수 있도록 업무 및 시간적 배려를 할 수 있어야 하며 스텝의 일원으로서 조직의 경영 및 관리의 효율화를 위해 기여할 수 있어야 하겠다. 조직내적으로 의사소통의 통로 역할을 수행함으로써 갈등요인을 제거하며 조직과 상사에게 필요한 정보를 적기적시에 입수하여 활용할 수 있는 능력을 갖추고 대외적으로는 상사를 대행하여 업무를 추진하는 과정에서 조직과 상사의 이미지 신장에 이바지 할 수 있어야 하겠다. 그 외에 확고한 신념과 책임감을 가지고 항상 상사의 입장, 상사가 기대하는 바를 파악하여 충족시키려는 노력을 계속하며 끊임없이 자신을 계발시키려는 자세를 가지고 창의성을 발휘하면서 시대적 변화에 대응할 줄 아는 비서라 하겠다.

연습문제

1. 시대적 변화에 따른 비서역할의 변화와 그에 대응하기 위한 방안을 연구해 보자.

2. 변화를 예견할 줄 아는 통찰력을 기르기 위하여 활용할 수 있는 방법들을 생각해 보자.

3 비서의 업무

3.1 기본적 업무내용 및 역할

현대사회에서 비서의 역할과 기능은 간단히 서술하기 어려울 정도로 다양하고 세분될 수 있으나 우선 기본적 업무내용과 역할에 대해 미국의 전문비서협회인 IAAP(International Association of Administrative Professionals)[6]의 표준직무기술(Prototype Job Description)을 살펴보면 다음과 같다.[7]

① 비서는 상사의 다양한 경영적 잡무를 덜어주며, 사무실의 절차와 작업의 흐름이 능률적이 되도록 조정하고 유지하며, 상사가 정한 방침과 절차에 따라 업무를 수행하고, 상사 · 동료 · 부하직원 · 고객 · 거래처와의 작업관계를 원활하게 유지한다.

② 상사의 일정표를 관리한다. 전화를 통해서나 혹은 직접 방문한 사람들을 친절히 맞으며, 필요에 따라 그들을 상사나 다른 적절한 사람에게 안내하는 일 등을 통하여 도와준다. 상사의 사업상의 여행일정을 계획하고 여행에 필요한 사항과 자료, 서류들을 준비한다.

③ 상사의 부재 시 위임된 업무를 수행하고, 주의를 요하는 일을 대리권자에게 알리거나 상사의 부재의 영향을 최소화하는 방식으로 처리하기 위해 창의력과 판단력을 발휘한다.

④ 속기를 육필로 받아 써 이를 전사(transcribe)하거나, 녹음기에 기록된 내용(machine dictation)을 전사하거나, 초안으로부터 자료를 타자하여 서류를 요구하는 형식에 맞추어 작성한다.

---

6) IAAP의 home page http://www.iaap-hq.org

7) Professional Secretaries International, The Secretary, April 1982, p7.

⑤ 수신 우편물을 분류하고, 읽고, 등록하고, 주석을 달며, 필요시에 즉시 찾아 사용할 수 있도록 체계화된 서류철 방식에 따라 철하고 보관한다. 회람을 결정하고, 필요한 서명을 하고, 사후검토(follow-up)를 한다. 자신이나 상사의 책임으로 발송되는 서한이나 보고서를 작성하며, 구두나 서면으로 상사에 의해 초안되어진 통신문을 준비한다.
⑥ 회의・작업계획・보고를 위한 준비로 정보와 보고 자료를 조사하고 요약하며, 다른 사람에 의해 상사에게 제출된 자료를 통합・분석하여 편집한다.
⑦ 서한이나 보고서 등의 초안을 작성하여 상사에게 제출한다.
⑧ 문서관리체제 및 다른 사무의 흐름과 절차를 유지한다.
⑨ 회의나 집회를 위해 일시와 장소를 조정・결정하고, 이에 뒤따르는 통지서 발송에서부터 참석자 명단작성에 이르는 모든 사무를 필요에 따라 수행한다. 또한 서기로 참석하여 회의록을 명확하고 깨끗하게 작성하며, 이를 참석자들에게 복사하여 분배하는 책임을 진다.
⑩ 신입사원의 채용 및 그 훈련을 감독하는 책임이 있을 수 있으며, 필요시에는 사무용품을 조달하고 사무용 기기 및 기타 시설의 구매를 위한 건의를 하며 선택의 책임을 진다. 또한 필요에 따라 예산과 지출의 회계기록, 재무기록, 기밀문서 등을 보관한다.
⑪ 직무상의 특수한 업무수행에 요구되는 현행 행정절차편람(manual)을 유지할 뿐 아니라 최신・최선의 것이 되도록 유의한다.
⑫ 상황판단에 의해 필요시에는 맡겨진 업무 이외의 다른 임무도 솔선해서 수행한다.

이에 비하여 우리나라 학계에서 최근에 정리된 비서의 업무로는[8] 1) 방문객 응대, 2) 전화 응대, 3) 일정 관리, 4) 회의 준비, 5) 출장 준비, 6) 사무 환경 관리, 7) 정보 관리, 8) 문서 작성 및 관리, 9) 경・조사, 사내・외 행사, 10) 경리・회계 업무, 11) 기타 보좌 업무 등이 있다.

---

8) 조계숙・최애경, 「비서실무론」, 대영문화사, 1994, pp 17-20.

1) 방문객 응대

방문객의 접수와 안내, 상사와 방문객의 중재, 상사 부재 시 방문객의 응대, 다과 접대, 환송, 뒤처리 등 방문객에게 좋은 인상을 줄 수 있도록 맞이하고 배려하는 역할이다.

2) 전화 응대

전화의 수・발신, 전화의 중개, 상사 부재 시의 전화 응대, 국제 전화 중개 등 일상적이면서도 업무 연락에 가장 중요한 것이므로 친절하면서도 정확하게 전화 응대를 하는 것이 중요하다.

3) 일정 관리

상사의 면담 일정 접수・취소・관리, 각종 일정표 작성, 업무 일정표 관리 등 상사가 시간을 효율적으로 사용할 수 있도록 보좌하는 역할이다.

4) 회의 준비

회의의 준비, 진행, 뒷마무리에 이르기까지의 모든 과정을 보좌한다. 회의 안내장 및 안건 작성, 발송, 출석자 명단 작성, 회의장 선정 및 예약, 회의장 준비, 비품 및 기기 준비, 다과 및 식사에 대한 계획 및 집행, 회의 종료 후의 마무리, 회의록 작성・배부, 회의의 후속 조처에 대한 처리 등을 수행한다.

5) 출장 준비

출장일정 작성, 교통편 및 숙박편 예약 및 표 구입, 방문처 연락, 해외 출장시의 제반 서류 및 물품준비, 출장 중의 업무연락, 출장 경비 정산 등을 처리한다.

6) 사무환경 관리

집무환경 정비 및 정리, 비품청구 및 준비, 조명・방음・공기 조절, 사무가구 구입 및 배치 등 효과적인 업무처리를 위한 환경을 관리한다.

7) 정보 관리

신문 스크랩, 정보검색・가공・저장, 전화번호・인적사항 관리, 상사업무 관련 자료관리, 카탈로그 등 각종 형태의 정보를 효과적으로 관리한다.

8) 문서작성 및 관리

워드프로세싱을 이용한 공·사문서 작성, 보고문 작성, 번역, 요약, 교정 및 효과적인 파일링 시스템을 사용한 문서의 관리를 포함한다.

9) 경·조사, 사내·외 행사

경조사 정보의 수집·확인·연락, 상사를 대리한 각종 경·조사 업무처리, 경·조사 관련 서비스(전신, 전보 등) 이용, 선물 구입·전달, 사내 직원들의 경·조사 업무연락 및 처리를 담당한다.

10) 경리·회계업무

전표작성, 교통비·여비·각종 회비의 출납·정산, 상사의 개인적인 경리업무(세무, 은행 업무 등), 장부기재 및 보관을 주로 처리하나 사무실 규모에 따라 전체 경리·회계업무를 맡아 예·결산까지 처리해야 하는 경우도 있다.

11) 기타 보좌업무

위에 열거한 업무의 종류 외에도 비서업무는 그 범주가 매우 넓고 다양하다. 따라서 조직이나 상사의 필요에 따라 어떠한 업무도 수행할 수 있는 능력을 갖추어야 한다. 예를 들면 회사를 방문한 외국 손님의 통역을 맡아 관광이나 쇼핑 가이드를 하고 외국 바이어에게 공장 안내를 해야 하는 경우도 있을 것이다. 또한 비서직을 수행하면서 총무과, 인사과, 회계과 등의 업무를 함께 수행하는 경우에는 해당 부서의 업무를 정확히 파악하고 있어야 한다.

비서 업무를 표로 정리하면 【표 3-1】과 같다.

표 3-1 비서의 업무

직무구분	업무구분	업무내용
대인업무	접대업무	전화응대, 내객안내/통제/배웅/, 차/다과 등의 준비와 접대
	교제업무	경·조사의 정보 수집/확인/연락, 경·조용 전보/ 편지 발신, 축하용금품, 외부로부터의 안내장/초대장 발신, 소속 조직 주최 경·조사의 준비/운영/사후처리와 위문/조사에의 대리 출석, 증·답품선정/구입/관리/발송, 연말연시 물품 선정/구입수속발송의뢰, 연하장 작성/발송, 외국 손님의 안내, 축하카드 발송
보좌업무	일정 관리업무	면담 예약접수, 면담예약취소, 예정 변경의 연락과 조정, 예정표 작성과 관계처에의 배부, 상사와의 일정협의, 예정의 확인과 진행관리
	출장업무	출장 일정 작성, 숙박처 선정과 예약, 교통기관 선정과 표 예약, 예정표 작성 및 관계처에의 배부, 선물 준비 출장경비 등의 전달, 해외출장 수속
	회의/회합운영 업무	출석자 명부 작성/확인, 안내장 작성/발송, 회의장 선정/예약/설정운영, 필요 비품·소모품의 조달/준비, 자료준비(수집, 작성과 배부), 출타 확인, 회의장 접수, 다과/식사 준비와 배려, 회의 후 정리와 회의록 작성과 배부, 사내외 회의/회합에서의 출석 준비(자료 준비, 주최자 측에 문의 등)
문서사무업무	문서작성 업무	상사의 지시에 따른 사내문서/사외문서/사교문서 작성, 상사에의 보고서/메모/그래프/표 등의 작성, 상사의 대필/정서/교정, 문서작성 기구(컴퓨터, 워드프로세서) 조작과 관리, 서명/상사인장 관리
	문서취급 업무	사내·사외 문서 수신과 발신, 품의서/회람문서 등의 취급, 문서 취급 기구(팩시밀리, 복사기 등)조작과 관리, 비밀 문서 취급
	문서정리 보관업무 (파일링)	파일링(문서의 분류 정리/보관/보존/폐기), 문서 정리 기구(마이크로필름 등)의 조작과 관리, 자료정리(명함, 카탈로그, 잡지, 도서의 정리, 보관 보존, 폐기), 신문/잡지 등의 스크랩, 전표의 정리/보관/검색/보존/폐기
정보관리업무	정보수집과 관리업무	상사의 지시에 따른 정보수집/제공/분류/정리, 명부/문헌/신문/잡지/간행물 등의 정리/보관/폐기
	데이터베이스 관리업무	상사와 관계하는 주소록의 분류/정리, 업무에 필요한 데이터베이스 작성, 데이터 뱅크의 이용, 각종 자료의 색인 작성/축적/검색, 상사/소속부서관계자의 개인기록 정보의 작성/축적/검색
	인터넷정보 검색	인터넷 및 컴퓨터를 이용한 정보 수집 및 검색(인터넷, 해외 데이터베이스, CD-ROM)
총무업무	행사·홍보 관련 업무	담당부서에 통보, 개업, 세미나, 홍보업체와 의논, 안내장 발송
	회계/경리 업무	여비/교제비/기밀비/제회비 출납/정산, 전표작성, 상사의 사적 현금 출납, 어음/수표 처리, 상사 개인의 제회비/세금등의 납입 수속 대행
	사무환경 정비업무	상사 집무실/응접실 정리 정돈, 꽃/그림 교체, 가구/비품/사무용품조달과 관리, 실내 환경 정비, 상사의 책상 정리 정돈, 조명/방음의 조정/관리/공기 정화(환기/온도 조절) 등

<table>
<tr><td rowspan="3">관리업무</td><td>사내직원교육
및 훈련</td><td>경험 있는 비서의 경우 신입 비서나 비서 보조자 등을 교육/훈련/감독하는 업무를 맡음</td></tr>
<tr><td>의사결정업무</td><td>약속 없는 방문객 처리, 일정 변경 등의 주어진 권한 내 처리</td></tr>
<tr><td>인사업무</td><td>직원 계약 관련 업무, 이력서 관리</td></tr>
<tr><td rowspan="3">기타업무</td><td>상사주변의
도움과 개인적
업무</td><td>은행/우체국 등의 출입, 병원의 체크나 예약, 물품 주문, 수시전화 연락, 상사댁(집)에의 연락, 사적 행사/교제 보조, 관련 단체와 연락 조정, 차량 수배(운전사와 연락 조정), 출·퇴근시 배웅, 건강관리(약의 이용 병원과의 연락 조정 등)</td></tr>
<tr><td>비상사태
처리업무</td><td>상사/내객의 사고 처리, 비상사태 발생시 사내·사외에 연락 및 내객을 안전지대로 유도</td></tr>
<tr><td>특명사항</td><td>특명 사항 처리/연락/보고</td></tr>
</table>

이와 같이 비서업무는 사무실내에서의 중요한 업무를 모두 포함한다. 이러한 업무들을 효과적으로 수행하기 위해서는 비서에게는 각종의 업무를 처리할 수 있는 다양한 업무지식과 첨단사무기기를 다룰 수 있는 사무능력이 요구된다.

여기에 정보화 사회라는 시대적 변화에 따른 요청으로 상사와 조직에 필요한 정보를 수집하여 처리 · 활용하는 능력을 발휘하며 급격히 진전되어 가는 사무자동화의 흐름에 앞장서서 항상 새로운 지식이나 기술을 습득함에 솔선수범하는 자세를 지녀야 한다. 기업 내 · 외적인 의사소통(communication)을 원활히 할 수 있어야 하고 자연스럽고 협조적인 인간관계를 유지함으로써 상사나 자신의 업무추진에 도움이 될 수 있도록 하는 능력을 갖추어야 한다. 이상과 같은 비서로서 갖추어야 할 기본적 자질을 갖춘 후에는 자기가 속한 조직의 업무 분야에 관련된 전문지식에 관하여서도 관심을 가지고 계속 공부를 할 필요가 있다. 전문 비서로서 상사를 보다 더 효율적으로 보좌하며 업무 생산성을 향상시키며 상사가 필요로 하는 정보수집 등 창의적으로 업무를 수행하기 위해서는 관련업무 분야에 관한 전문지식을 갖추는 것이 보다 바람직하며 나아가 자신을 더욱 성장시키는 지름길이 될 수도 있다.

3.2 비서 업무의 유형

이상과 같은비서의 업무를 그 성격에 따라 다음과 같이 구분할 수 있다.

(1) 일상적인 업무(Routine Duties)

어느 사무실에서나 수행되는 가장 기본적인 업무로서 전화연락, 내객접대, 서류의 작성 및 처리・보관, 우편물 수신 및 발송, 상사의 일정 관리, 팩스 송・수신, 복사, 사무실 정리정돈 등 일상적으로 일어나는 자질구레한 일들까지를 들 수 있다. 이러한 업무는 상사가 지시하지 않아도 당연히 처리해야 하는 업무로서 특별히 어려운 일은 아니나 정확히, 능률적으로 처리함이 요구된다. 매일 발생하는 일이니 만큼 비서가 체계적으로 계획을 세워서 처음부터 그 처리 방법이나 절차를 연구하여 인력이나 물자의 낭비를 없애는 것이 바람직하다.

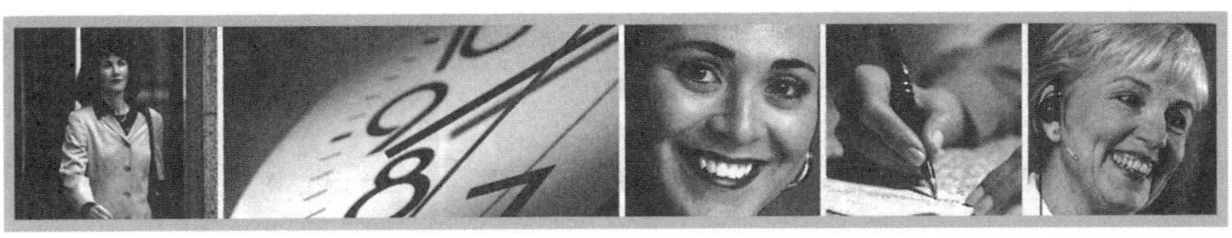

(2) 지시를 받아서 하는 업무(Assigned Tasks)

상사가 필요시에 지시하면 발생하는 업무로서 단순한 워드프로세싱에서부터 회의준비나 복잡한 자료수집, 문제의 해결 등에 이르기까지 모든 영역의 업무가 이에 포함된다. 늘 반복적으로 하던 업무가 아니므로 비서로서 각별히 주의를 기울여 업무를 처리해야 한다. 상사로부터 지시를 받을 때는 업무의 내용을 명확히 이해하며 그 업무를 통해 상사가 추구하고자 하는 목적이 무엇인지를 파악하여 그에 부합하도록 추진해야 하며 의문사항이 있을 때는 주저 없이 질문함으로써 의도한 바와 전혀 다른 방향의 업무를 수행하게 되는 것을 방지한다. 또한 처리시한을 사전에 분명히 확인함으로써 미리 계획을 세워 시간 내에 여유 있게 마칠 수 있도록 한다. 시간에 쫓기게 되면 일의 질(quality)이 떨어지고 실수가 생기기 쉽기 때문이다.

(3) 창의력이 필요한 업무(Creative Works)

비서의 업무를 수행하면서 창의력을 발휘하여 일하기 위해서는 기본적으로 일상적인 업무와 지시를 받아서 하는 업무 등이 능숙하고 자신감 있게 이루어질 때에만 가능하다. 그래야만 마음의 여유가 생겨 개선점이나 새로운 것을 개발해 낼 수 있기 때문이다.

일상적인 업무 중에서 연구하면 할수록 보다 합리적이고 효율적으로 처리할 수 있는 방안이 나올 수 있으며, 필요 없는 반복적인 업무과정은 과감히 생략하고, 항상 조직과 상사에 기여하고자 하는 마음가짐을 가짐으로써 가능해 진다고 본다. 상사의 입장에서도 비서에게 보다 많은 권한을 부여해주고 동기 부여를 해준다면 보다 적극적이고, 자발적으로 창의력을 발휘할 수 있는 분위기가 조성될 것이다.

3.3 진출 분야에 따른 분류

현대사회에서 조직이 전문화, 세분화되어감에 따라 기업뿐만 아니라 각종 다른 분야의 조직에서도 각기 그 조직을 효율적으로 운영하기 위해서는 전문비서를 필요로 하게 되었다. 즉, 행정기관, 정치단체, 법률기관, 의료기관, 교육기관, 종교단체 등에서도 나름대로 목적달성을 위하여, 또 경쟁우위를 유지하기 위해서는 해당 분야의 기본적 전문지식을 갖춘 비서의 보좌를 필요로 하지 않을 수 없게 되었다. 이들은 비서로서 갖추어야 할 기본자세나 습득해야 할 사무기술은 거의 비슷하다고 볼 수 있으나 종사하는 업무의 분야에 따라 기본적으로 알아야 할 지식과 자주 쓰이는 전문용어, 업무내용이 다를 뿐 아니라 조직의 특성, 상사의 역할에 따라 비서에게 요구되는 역할도 달라지기 때문이다.

특히 최근 들어 거의 모든 조직운영에 소비자 중심주의, 국제화, 경쟁 논리가 적용됨에 따라 과거 기계적으로 답습해 오던 조직운영 방식이 새로이 소비자의 요구(needs)를 파악하고 그를 수용하는 형태로 바뀌어감에 따라 더욱 더 인적자원의 유효적절한 활용이 중시되고 있으며, 따라서 비서의 역할도 더욱 전문화, 세분화되지 않을 수 없게 되었다. 우선 가장 일반적으로 전문비서를 필요로 한다고 인식되는 것은 조직의 분야, 성격에 따라 다음과 같이 분류할 수 있다. 전문 비서를 절실히 필요로 하는 분야 중 법률, 의료, 정치계의 비서의 역할에 관해서는 4편에서 상세히 다루었다.

1) 기업 비서(Corporate Secretary)

가장 일반적으로 인식된 비서의 개념으로서 기업조직에서 경영자를 보좌하는 일반 비서를 지칭한다.

기업은 근본적으로 영리추구가 목적이므로 이의 달성에 기여하고자 하는 자세를 갖추고 있어야 하며 항상 새롭게 변신하려는 끊임없는 노력이 요구되는 분야라는 것을 인지하고 환경변화에 능동적으로 대처하며 경쟁자들과의 관계를 염두에 두고 항상 기업의 이익목표 추구에 동참하여야 한다.

기업에서 비서들이 반드시 알아야 하며, 동시에 거의 모든 조직운영에 적용되는 이론 및 지식에 관하여는 3편에서 다시 공부하게 될 것이다.

기본적으로 경제학, 경영학, 인사관리, 회계학, 재무관리, 조직론, 마케팅 등 기업운영에 필요한 지식과 해당 기업이 속한 사업영역 고유의 산업특성, 사업방식, 문화는 물론 경영자의 역할 등을 숙지하여야 한다.

2) 공공기관 비서(Administrative Secretary)

국가의 관공서나 공공기관의 책임자를 보좌하는 비서로서 행정업무에 관한 지식을 필요로 함은 물론 국가의 정책결정기관에서 근무한다는 데에 따른 투철한 사명감이 전제되어야 한다.

즉, 이러한 위치에 있는 비서는 외부에서 기밀탐색의 표적이 되기 쉽다. 어떠한 경우에도 국가의 중요한 정책결정 사항들에 대해 자의로나 타의로나 공표 전에 미리 누설하지 않도록 각별한 주의가 요망된다. 행정학, 조직학에 대한 지식과 행정기관 특유의 문서서식, 의사결정구조 등에 대해 잘 알고 있어야 한다. 특히 우리나라의 경우 행정기관의 책임자가 자주 바뀌는 경우가 있는데 그렇게 상사가 바뀌었을 경우에 전임자와 후임자간의 명확한 업무적 구분이 필요하다(예 : 상호 비교, 기밀이나 개인적 사항 누설 금지 등). 그렇게 함으로써 앞으로 더욱 비서직의 전문화가 이루어져 책임자가 바뀔 때 비서도 함께 바뀌어 업무의 단절을 초래하는 현상이 점차 지양될 수 있을 것이다.

3) 교육기관 비서(Educational Secretary)

대학 등 교육기관이나 연구기관에서 책임자를 보좌하거나 연구 활동을 보좌하는 비서를 일컬으며 미국 등과 같이 교육과 행정이 분리된 선진국에서는 다수의 비서들이 근무하고 있는 실정이다.

해당기관의 교육이념, 목표 등을 숙지하며 교육, 연구 활동을 통하여 사회에 이바지하는 사람들을 위하여 그들이 본연의 활동에 집중할 수 있도록 배려가 필요하며 항상 학문적 탐구자세를 갖추는 것이 바람직하다고 하겠다. 특히 교육기관이나 연구기관 특유의 조직운영방식에 속히 적응하고 자료의 수집, 정리, 검색 등을 도울 수 있으며, 각기 다른 분야에서의 전문지식을 지닌 전문가들의 집단이므로 항상 새로운 지식과 정보수집에 도움이 되도록 하며 제반 행정적인 업무를 최대한 도맡아 처리함으로써 교육 및 연구에 몰두할 수 있도록 도와야겠다.

4) 의료기관 비서(Medical Secretary)

병원, 종합병원, 병원 부설연구소, 개인병원 등에서 근무하는 비서로서 최근 병원의 대형화, 조직화, 전문화로 의료와 병원 관리가 분리됨에 따라 전문 비서의 수요가 급증하고 있는 추세에 있다. 의료기관도 과거의 소규모 운영방식으로는 전문성과 경쟁력이 떨어짐에 따라 거대한 자금력과 전문 의료인, 전문경영인이 결합하여 최신 의료기기를 갖춘 대규모의 병원조직으로 발전해 가며 병원의 원장, 부원장, 기타 관리직 책임자와 각 부문의 의료인들을 능률적으로 보좌해야하는 비서 역시, 의료인의 한 사람으로서 의료인들이 가지고 있는 기본 윤리의식 및 자세를 비롯하여 항상 환자들에 대하여는 봉사정신으로 최선을 다하겠다는 각오로 임해야 한다. 병원에서 자주 쓰이는 기본적인 의학 용어는 물론 병원회계제도, 운영방식, 결제제도 기타 병원조직 특유의 문화에 대하여 익숙해 있어서 업무가 원활하게 유지되게 하여야겠다.

5) 법률기관 비서(Legal Secretary)

법률기관, 법률사무소 등에서 법률에 관련된 문서를 자성하고 처리하며 각종 문의에 대해 적절히 응대하며 의뢰인들을 상대하는 등 연락사항들을 처리하는 비서를 말한다. 최근에는 소송뿐만 아니라 국제금융업무 등과 같이 국제적 비즈니스가 활발해져 이러한 영역에서 활약하는 등 법률가들의 활동무대가 다양해짐에 따라 고도의 정확성을 바탕으로 법률지식 및 상당한 수준의 외국어 (영어, 일어 등) 실력을 갖춘 비서를 필요로 하게 되었다. 특히 여러 개의 외국어 실력을 동시에 갖춘 비서(Bilingual Secretary)는 더욱 선호되고 있는 실정이다.

6) 회계기관 비서(Accounting Secretary)

회계기관의 업무도 과거 국내 상장기업의 회계감사업무 위주에서 벗어나 최근에는 광범위한 영역으로 확대되어가고 있다. 국제화 추세로 외국기업의 국내 진출은 물론 국내기업의 해외진출, 해외에서의 자금조달 등 그 활동범위가 확장됨에 따라 회계사들의 역할도 매우 다양해져 가고 있다. 국내기업들의 결산서감사 뿐 아니라 한국과 외국과의 회계원칙의 비교, 한국의 회계원칙 하에 작성된 재무제표를 외국의 회계원칙에 따라 재편성하고 주석을 달며, 한국기관의 재무제표를 영어나 그 외의 외국어로 번역하는 등 그 업무영역이 매우 다양하고 더욱 전문화 되어가고 있다. 따라서 회계업무의 특성을 숙지함은 물론 회계전문용어와 개념에 대해 깊이 있는 지식과 뛰어난 외국어 능력을 갖춘 전문비서를 필요로 하고 있다.

7) 종교기관 비서(Religious Secretary)

종교단체들도 점차 대형화, 조직화 되어감에 따라 보다 전문적인 업무능력을 갖춘 비서가 필요하게 되었다. 종교지도자의 설교자료 준비를 위한 자료 찾는 일에서부터 경우에 따라 번역, 통역을 할 수도 있으며 지도자의 대외 활동을 보좌하며 관리적인 업무와 금전적인 업무를 맡아 처리하고 신자들에 대한 자료의 보관, 관리도 맡아 한다. 해당 종교의 교리를 이해함은 물론 신앙심이 돈독하며 무엇보다도 봉사정신이 투철하여 여타 신앙인들에게도 좋은 본보기가 될 수 있는 소양을 갖추는 것이 바람직하며 원만한 대인관계가 필수적으로 요구된다.

8) 정치기관 비서(Parliamentary Secretary)

국회의원이나 지방의회의원 등의 사무실에서 근무하는 비서로서 기본적으로 대인관계, 화술 등에 각별한 능력이 요구된다. 정치사회의 복잡, 급변하는 정세를 속히 파악, 감지하는 능력이 있어야 하며 정보수집능력이 특히 중요하다. 국회의원 등의 경우는 대개 비서관이라는 직책의 남자 비서가 있고 그 밑에 여비서를 두는 형태로 되어 있어 대부분 대외적인 업무는 비서관이 담당하고 여비서는 주로 사무실 내적인 업무를 맡게 된다. 각종 회의록 작성으로 인해 국문 속기술이 요구되는 분야이기도 하다.

연습문제

1. 비서로서 진출할 수 있는 여러 분야 중 자신이 특별히 관심이 있고 또 성공 가능성이 높은 분야가 어느 부문인지 생각해 보자.

2. 본 장에서 언급된 업무 이외에 비서에게 부여되는 업무에는 어떤 것이 있는지 알아보자.

4 비서의 자격 요건

4.1 비서의 퍼스낼리티

이상적인 비서가 되기 위하여 갖추어야 하는 자질에 관하여 가장 기본적이고 중요한 것은 스스로 노력하는 태도라 생각된다. 누구나 태어나면서부터 비서에 적합하게 되어 있는 사람은 그리 흔하지 않을 것이다. 특히 비서의 경우는 지식이나 기술, 기능뿐만 아니라 갖가지 상황에서, 각종 타입의 사람들과 부딪치게 되는 업무상의 특성으로 말미암아 퍼스낼리티, 즉 성격, 인간성의 측면도 그 못지않게 중요시되고 있다. 따라서 자신이 비서로서 갖추어야 한다고 생각되는 여러 가지 자질들을 노력하므로서, 또 교육을 통하여 계속 개발, 발전시켜 나가는 것이 바람직하다고 본다. 비서로서 반드시 갖추어야 한다고 여겨지는 자질들은 다음과 같다.

(1) 비서로서 갖추어야 할 자질

1) 분별력(Discretion)

비서는 업무상 예기치 않은 여러 가지 상황에 직면하게 되며 그에 즉각적인 판단을 내려야 하는 경우가 많다. 따라서 건전한 상식과 논리적이며 신중한 사고에 근거한 침착한 처리가 요망된다. 자신의 선입견이나 편견을 배제하고 냉철한 이성과 합리적인 사고로 수집 가능한 최대한의 정보를 활용하여 최선의 판단을 내리도록 해야 한다. 즉흥적이거나 감정적인 처리는 절대 배제해야 한다. 특히 호기심이 많은 사람들의 유도심문에 휘말리어 정보를 유출하지 않도록 주의깊게 행동함이 요망된다.

2) 정확성(Accuracy & Thoroughness)

비서로서 맡은 모든 업무처리는 정확하게, 완벽하게 마무리해야 한다. 그래서 자기가 한 일에 대해서는 언제 어디서라도 확신할 수 있어야겠다. 중요한 사안뿐만이 아니고 미미한, 사소한 일에 있어서도 항상 정확을 기해야 만이 상사가 안심하고 일을 맡길 수 있을 것이다. 상사는 비서의 실수(mistake)를 발견해 내어 정정하는 사람이 아님을 분명히 인식해야 한다.

① 작성한 서류는 항상 수차례에 걸쳐 주의 깊게 검토함으로써 오자가 없도록 한다. 특히 숫자의 경우에 더욱 유의해야 하며 거래처나 상대방의 고유명사는 절대로 틀리는 일이 없어야 한다. 그러기 위해서 전화로 받은 고유명사에 대하여는 철자를 하나하나 확인해야 한다. 상대방의 고유명사를 틀리는 것은 비즈니스 사회에서 매우 커다란 결례가 된다.

② 행사와 관련하여 날짜, 시각, 장소 등을 정확히 확인한다.

③ 비행기, 호텔, 렌트카 예약, 기사와의 약속 등 제3자와 관련이 되어지는 업무처리에 있어서는 횟수에 제한 없이 그 일이 시행될 때까지 수차례에 걸쳐 확인하고 외부에서 만나는 장소 등에 대하여도 명확히 함으로써 착오를 미연에 방지할 수 있다.

④ 구두로 받는 지시사항이나 메시지 전달에 있어서는 항상 다시 복창하고 완전히 서로 이해, 전달되었는지 확인한 후 즉시 그 자리에서 메모함으로써 정확을 기할 수 있다.

3) 적응력(Adaptability)

비서만큼 그 업무 여건이나 환경이 다양한 직종도 드물 것이다. 직장에 따라, 상사에 따라 기본적으로 매우 변화가 많으며 일단 한 자리에서 업무를 시작한 후에도 끊임없이 변화를 경험하게 되고 또 그에 적응하고 대처하는 과정을 겪게 된다. 어떠한 변화(T.P.O : Time, Place, Occasion)에도 항상 능동적으로 신속히 대처해 나가는 자세가 중요하다 하겠다.

① 직장이 바뀌었을 경우 또는 주주가 바뀌거나 조직이 재편성되었을 경우 : 새로운 조직에서 그 조직의 목표, 사업의 특성, 조직 문화적 특성 등을 파악하여 적응하려는 노력을 하는 것이 중요하다.

② 상사가 바뀌었을 경우 새로운 상사의 업무 스타일을 속히 파악하여 그에 맞추도록 노력하는 자세가 바람직하다. 종전의 상사와 비교한다던가 종전의 업무진행 방식을 고집하는 일은 바람직하지 못하다.

③ 새로운 소프트웨어의 도입 및 업무진행절차의 변화 : 최근 급속도로 새로운 소프트웨어들이 출현하는 추세에 있으므로 이에 대해 항상 개방적이고 자발적인 태도로 새로운 것을 받아들이고 익히려는 자세가 필요하다.

④ 결재 라인이나 보고서 양식의 변화 : 새 제도에 대해 정확히 인지하여 빠른 시일 내에 익숙해지도록 하여 무의식중에 종전의 방식대로 처리함으로써 실수를 저지르지 않도록 해야 한다.

⑤ 감독관청 및 거래처와 관련된 변화 : 주변 환경의 변화에 항상 민감하게 대처하여 항상 최근의, 최신의 자료를 갖추고 있음은 물론 상사와 비서간의 불일치가 생기지 않도록 한다.

전반적으로 항상 마음을 열고 변화를 받아들이려는 기본자세가 갖추어져야 하며 교육이나 훈련 등에 적극적으로 참여함으로써 스스로를 발전시키도록 함이 바람직하다.

4) 기민함(Tact)

처한 상황에 지혜롭게 대처함으로써 상대방에게도 좋은 인상을 주면서 동시에 의도한 목적이 이루어지도록 하는 능력을 말한다.

① 상대가 의도하는 바가 무엇인지 상대방의 입장에서 파악하도록 한다.

② 자신이 행동이나 말을 하기 전에 한 번 더 생각해 보고 실행에 옮김으로써 신중을 기한다.

③ 모든 상황에서 재치 있게 처신한다.

5) 예견성, 선견지명(Forethoughtfulness)

앞으로 일어날 일, 수행해야 할 일들에 대해 자신이 솔선수범하여 계획, 연구, 예측함으로써 실제로 그 일이 발생했을 때 좀 더 잘 준비된 상태에서 효과적으로 일을 처리할 수 있게 함이다. 전문비서란 상사가 지시하는 일만 하는 비서가 아니라 스스로 일을 찾아서 하며 미래에 일어날 일을 예측하여 미리 대비하여야 하므로 반드시 필요한 요소라 하겠다.

① 모든 업무의 처리 시 그 다음 단계로 추진될 일까지 헤아리며 일을 처리한

다. 예를 들면 상사에게 서류를 들여갈 때에도 그 서류를 읽고 처리하는데 필요로 할 참고 서류를 찾아 뒤에 클립으로 끼워서 들여간다면 상사가 서류를 검토하다가 비서를 불러 필요한 서류를 가져오라고 지시하고, 서류를 받을 때까지 기다리는 번거로움과 시간적 지체를 줄일 수 있을 것이다.

② 한가한 때에 바쁠 때를 대비한다. : 정기적 보고서의 작성 준비자료 확보 및 정리, 주소록의 작성 및 유지・보완, 새로운 기기의 사용법 등에 대하여 한가한 때를 이용하여 미리미리 준비해 둠으로써 실제로 처리해야 할 시점에 여유 있게 능률적으로 처리할 수 있다.

③ 새 정기보고서 작성 시에 지난번 보고서를 복사하여 들여감으로써 상사는 변동사항만 표시할 수 있도록 배려한다.

6) 침착성(Poise)

비서에게는 어떠한 상황에서도 침착하게 이성적으로 대처할 수 있는 능력이 요구된다. 당황하여 감정이 앞서면 실수가 생기기 쉽기 때문이다. 더욱이 상사는 업무상으로 많은 스트레스를 받고 어려운 상황에 처하기 쉬우므로 적어도 비서는 항상 평정을 잃지 않고 차분히 조리 있게 우선순위에 따라 업무를 처리하는 것이 요구된다.

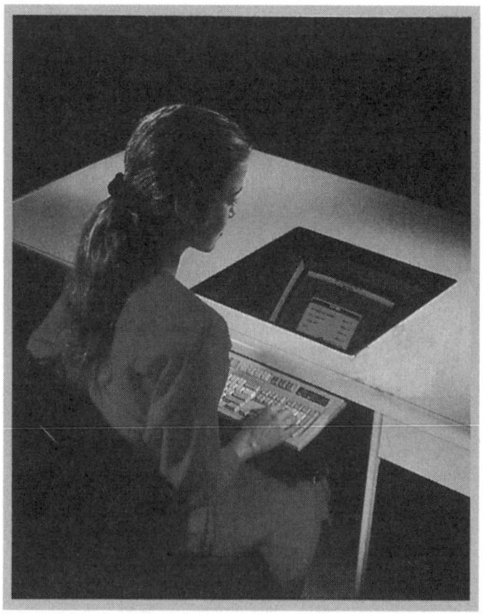

7) 주의력 및 관찰력(Attentiveness/Observation)

주변에서 일어나는 일들에 대해 항상 민감하게 관찰함으로써 변화에 대해 속히 파악하여 대처할 수 있는 능력을 지닌다. 특히 자신의 책상 위를 거쳐가는 모든 문서는 반드시 읽어 둠으로써 업무의 진행상황을 파악하여 후에 서류의 향방이나 후속 조치를 취하는데 필요한 사항을 알아두어야 한다.

① 자신이 속해있는 조직에 대하여 대외, 대내적으로 모두 관심을 가짐으로써 항상 앞서가도록 해야 한다.

② 상사는 물론 동료직원들에게도 세심한 주의를 기울여 상사의 기분이나 건강상태 등을 배려하여 업무를 추진하고 어떤 어려운 상황에 처하거나 도움을 필요로 하는 동료를 솔선하여 도움으로써 훨씬 일을 쉽게 할 수 있다.

③ 항상 수행하는 업무에 대하여도 관심을 기울여 문제점을 찾아내고 개선점을 모색하는 태도로 임한다.

8) 능동적인 태도 및 솔선수범(Self-starter, Initiative)

업무를 진행함에 있어서 소신을 가지고 항상 최고의 기준을 설정하며 끊임없이 증진시키려는 노력을 기울인다. 지시에 의하기보다는 스스로 일을 찾아서 하는 자세가 요구된다. 항상 문제의식을 가지고 업무에 임해야 발전이 있고, 배우려는 자세, 새로운 것을 받아들이려는 마음자세(mind)를 갖는 것이 중요하다. 상사의 감독 없이 자율적으로 일함으로써 자신의 이미지를 구축해야 한다. 맡은 바 책임에 대하여는 긍정적으로, 적극적으로 끝까지 확실하게 마무리하는 태도가 중요하다. 작은 일에 집착하기보다 큰 목표를 세우고 그를 기준으로 계획을 세워 자신의 미래를 개척하여 궁극적으로 한 분야의 전문가가 되도록 실력을 배양한다.

9) 친절함(Friendliness)

항상 밝고 명랑하며 친절히 응대함으로써 누구에게나 같이 일하고 싶은 사람으로 남을 수 있도록 한다. 특히 외부인사에 대한 전화응대, 내객 접대 시 비서의 태도는 매우 중요한 역할을 한다. 항상 진심에서 우러나오는 친절과 명랑한 분위기로 조직과 상사의 업무수행에 도움이 되도록 해야겠다.

비서 수칙

나는 내가 속해 있는 경영 팀의 구성원으로서 나를 고용한 조직과 나의 상사, 동료, 그리고 나 자신을 포함한 모든 비서들에게 다음과 같은 책임을 이행할 것이다.

1. 전문직업으로서의 비서직을 충실히 이행한다.
2. 회사의 목표, 정책, 그리고 회사의 생산품에 대한 지식과 이해를 높임으로써 효과적인 업무수행을 하도록 노력한다.
3. 보상에 정당한 업무를 이행한다(근무시간상으로나 업무태도 및 내용 면으로 하루하루의 일과를 충직하고 성실하게 수행한다).
4. 항상 회사를 대표하는 마음가짐으로 회사에 보탬이 되도록 노력한다. 특히 방문객을 맞을 때나 전화 응대를 할 때 회사의 이미지를 높이도록 노력한다.
5. 지시를 받을 때에는 불합리성, 예외적인 사항이나 변칙 등이 없는 지에 항상 유의한다.
6. 내게 부과된 책임이나 활동에 대해서 책임을 지고 수행한다. 특히, 자신의 책임사항에 관한 한 상사의 직접적인 감독 없이도 이행한다.
7. 항상 상사의 요구사항–마감기일, 자료 등을 예견하여 사전에 준비한다.
8. 상사와 회사의 이익을 증진시킴으로써 자신의 이익을 도모할 수 있다는 생각과 함께 상사와 효과적인 팀워크를 이루어 나갈 수 있도록 노력한다.
9. 기밀을 철저하게 지킴으로 신뢰관계를 형성한다.
10. 상대방의 말을 경청하며 상사에 관련되는 정보에 유의한다. 회사와 상사 그리고 나 자신의 이익은 동일선상에서 도모되는 것임을 인식하고 상사를 위해서, 그리고 상사와 더불어 효과적인 팀워크를 이루도록 힘쓴다.
11. 약속을 충실히 이행함으로써 동료들과의 신뢰관계를 형성한다.
12. 타인의 인격에 대하여 비난하거나 언급하지 않는다.
13. 동료들에게 항상 친절하며 명랑하게 대한다.
14. 자신의 건강에 항상 유의한다.
15. 타인의 인격과 권리를 존중한다.
16. 자신의 청결과 단정한 복장에 유의한다.
17. 계속적인 공부와 노력을 통하여 사무지식 및 기술을 증대시킴으로써 조직 내에서 진보해 나갈 수 있도록 한다.
18. 한 인간으로 행복하기 위해서 자신의 행복을 증진시키며 적응력을 향상시키기 위하여 가정과 직장 그리고 여가생활을 균형 있게 유지한다.
19. 협동심, 침착성, 활발하고 적극적인 업무의욕 등을 계속 키움으로써 성공적인 전문직업여성으로서의 자질을 함양한다.
20. 전문직업인으로 뿐만 아니라 하나의 성숙한 개인으로 성장하므로 타인들에게는 같이 일하고 싶은 동료가 되도록 노력한다.
21. 자신의 생각을 표현할 때는 차분하고, 논리적이며, 준비된 태도로 이야기한다.
22. 상사의 요구, 업무처리방식, 성격 등을 이해하고 이에 맞춘다.
23. 지시를 받을 때는 첫번에 정확히 확인함으로써 두, 세번 묻는 일이 없도록 한다.
24. 업무를 계획하고 계획대로 추진한다.
25. 상사가 잡무로부터 해방될 수 있도록 보좌한다.

A Secretary's Creed

As a member of the business team with which I am associated, I have an obligation to the organization that employs me, to my immediate boss, to my co-workers, to myself as an individual, and to secretaries or executive aides everywhere because I represent this occupational group as a whole.
To this end, I shall try to

1. Be loyal to the secretarial profession.
2. Study and understand something about goals, general policies, and products of the business so that I may work more intelligently.
3. Give an honest day's work.
4. Represent my company at all times so that I will be a credit to it. I shall try to be particularly careful about greeting callers and using the telephone. I shall edit letters carefully and see that promised enclosures are sent.
5. Be alert for inconsistencies, exceptions, and deviations to instructions given to me.
6. Follow through on responsibilities and activities assigned to me. I shall try to understand the scope and importance of my responsibilities so that I can work with minimum supervision.
7. Anticipate needs, especially such things as deadlines, extra copies, and related materials.
8. Be loyal to and cooperative with my boss. I shall try to work for and with him, realizing that we constitute a "team" : when I serve his interests well, I serve my own and the company's.
9. Keep confidences.
10. Be a good listener and become informed about things that concern my boss.
11. Keep all promises that I make so that my co-workers will know they can depend on me.
12. Avoid unfriendly remarks, and avoid discussing personalities.
13. Be friendly and cheerful with my co-workers at all times.
14. Take care of my health so that I will be pleasant to work with.
15. Respect the personalities and right of others.
16. Keep myself neat and clean and groomed in good taste.
17. Strive to improve my business education and technical skills so that I can upgrade my position within my company.
18. Maintain a balanced recreational, home, and business program so that I will continue to be a well-adjusted, happy person.
19. Develop the poise, cooperativeness, and enthusiasm of a successful businesswoman.
20. Grow personally and professionally so that I will be the type of person with whom others like to work.
21. Express ideas in a calm, unemotional and prepared manner.
22. Understand the work habits, needs, and personality of my boss.
23. Grasp the instructions the first time given.
24. Plan my work and work my plan.
25. Relieve my boss of detail.

10) 예절(Manner)

예의범절의 중요성은 아무리 강조해도 지나치지 않다. 흔히 '전문비서'라 하면 전문지식, 기능 및 기술, 외국어 등의 실력만이 중요하다고 생각하기 쉬우나 그것은 그릇된 생각이다. 왜냐하면 예의범절은 단순한 보좌업무만 하는 비서 뿐 아니라 모든 조직사회에서 활동하는 사람들에게 필수적이며 가장 기본적으로 갖추어져야 하는 것이다. 바꾸어 말하면, 비서에게 요구되어지는 예의범절의 차원보다 훨씬 더 넓고, 깊은 차원의 예의범절을 최고 경영자, 관리자들은 준수하고 있으며 항상 더욱 개선하고자 연구하며 활동하고 있다는 것을 인식해야 한다. 모든 대인관계를 통해 이루어지는 활동영역에서 가장 먼저 극복해야 할 부분이며 그를 통해 상대방의 선의(goodwill)에 호소함으로써 소기의 목적달성에 +효과를 초래할 수 있어야 하겠다.

4.2 비서에게 요구되는 지식 및 기능

(1) 사회과학지식

현대사회에서 단순한 보조자가 아닌 전문직으로서의 비서가 그 맡은 바 역할을 성공적으로 수행하기 위해서는 사무기능뿐만 아니라 기본적인 사회과학지식을 갖추어야 할 것이다. 그렇게 함으로써 좀더 관리자 혹은 경영자의 입장을 정확히 파악하고 이해하며 또 솔선수범하여 일을 처리하는 것이 가능해질 것이다. 이는 어느 분야에서 종사하던 간에 기본적으로 적용되는 분야의 지식으로서 비서가 갖추어야 할 사회과학 지식을 바탕으로 한 역량(능력)측면에 대한 영역은 다음과 같이 구분될 수 있다.

① 조직에 대한 이해(Understanding on the Organization & Business)

조직의 전략, 시스템, 환경 변화 및 현황(status)에 대해 이해하며, 또한 조직의 업종, 고객, 시장, 제품 및 서비스 등에 대해 파악하고 경영환경에 영향을 미칠 이슈를 파악할 수 있는 조직에 대한 이해가 필요하다. 이는 각 부서의 역할, 기업문화, 상사의 업무 등을 파악하여 회사전체를 이해하는 것을 의미하기도 한다.

② **사무관리 능력**(Office Administration)

문서와 서식을 관리하기 위하여 문서의 작성, 처리 및 보관을 규정화 하여 문서관리체계를 정비하며, 업무의 능률을 높일 수 있도록 사무환경을 유지, 관리하는 능력을 필요로 한다. 또한 이는 업무를 좀 더 신속하고 정확하게 처리할 수 있는 방안 또는 업무를 간소화할 수 있는 방안을 만드는 능력이기도 하다.

③ **업무와 관련된 지식**(Knowledge on the Job)

비서의 업무와 관련된 지식 및 그 외의 업무에 필요한 업무와 관련된 지식이 요구된다. 예를 들면 경영학, 회계학 및 인사관리 등에 대한 지식을 말한다.

④ **타문화에 대한 이해**(Understanding Other Culture & Globalization)

다양한 풍습과 관습에 관심을 가지고, 타 문화권에 대한 이해를 높임으로써 국제화 감각을 가질 수 있는 타문화에 대한 이해가 필요하다.

a. 경영학 : 기업경영, 조직론, 인사관리, 재무관리, 인간관계론 등의 지식
b. 경제학 : 경제구조, 경제와 사회 혹은 기업과의 관계
c. 법학 : 상법, 기업법, 노동법, 세무, 보험, 수표, 어음관리 등
d. 회계학 : 회계원리, 재무회계, 관리회계 등
e. 사무관리 : 효율적인 사무처리를 위한 기본이론 및 기법
f. 정보학 : 정보의 수집, 관리 및 처리
g. 심리학 : 인간심리, 산업심리학 등
h. 커뮤니케이션 이론 : 효과적인 의사소통을 위한 이론 및 실제
i. 기타 시사상식 분야
j. 조직의 업무영역(business area)에 대한 전문지식 : 입사 후 보완

(2) 사무능력

전문직으로서 비서는 사무실에서 진행되는 업무의 흐름을 파악하면서 발생되는 사무를 능숙하고 정확하게 처리할 수 있어야 한다. 기본적으로 워드프로세싱, 퍼스널 컴퓨터, 복사기, 팩시밀리, 계산기 등을 자유자재로 다룰 수 있어야 하며, 작성된 문서나 받은 문서들을 효과적으로 정리, 보관함으로써 필요한 서류를 언제라도 즉시 제시할 수 있어야 한다. 더욱이 최근에는 날로 새로운 첨단기기, 새로운 소프트웨어들이 출현하고 있다. 항상 이러한 변화에 민감하여 새로운 발달된 기자재를 십분 활용할 수 있도록 해야겠다. 과거에는 비서의 역할

이 단순한 문서 타이핑에 그쳤던 것이 최근에는 회의자료 준비 시에도 각종 표를 넣어 프레젠테이션에서 보다 시각적 효과를 도모하기 위한 방안들이 구사되고 있다. 따라서 이러한 소프트웨어나 기자재 등의 사용법에 대하여도 항상 자발적으로 익힘으로써 변화에 속히 적응하여야 하겠다. 또한 시간관리, 즉 상사의 시간을 효과적으로 관리하여 최대한 활용할 수 있도록 하며 시간의 효율적 활용을 위해 비서자신의 업무를 계획하고, 통제하며 관리하는 능력이 요구된다.

(3) 외국어 능력

국제화, 세계화 추세로 인하여 어느 직종에서나, 어느 직장에서나 외국어 구사능력의 중요성은 날로 더욱 증대되어 가고 있다. 심지어 많은 국내기업에서 사원들에게 회사에서 영어교육을 시키며 그 결과 성적을 인사고과에 반영하기까지 하고 있다. 하물며 의사소통을 전담하는 전문비서에게 있어서 외국어 능력의 중요성은 아무리 강조해도 지나치지 않을 것이다. 거의 모든 문서와 의사소통이 외국어로 이루어지는 외국기업에서는 물론이거니와 국내기관들에서도 거의 모든 기관이 국제적 교류를 하고 그 빈도수가 점차 더 증대되어 가고 있는 여건에서 국내기관에서도 외국어로 전화, 손님응대 등에 기본적으로 필요한 회화는 물론 오고가는 문서를 해독하여 그 내용을 파악하고 필요한 조치를 취할 줄 알아야 하며 또 그에 대한 답신이나 보고서 등을 외국어로 작성할 줄 아는 능력은 필수적으로 갖추어야 한다고 본다. 궁극적으로 전문직으로 인정을 받고 못 받고도 어느 정도의 업무처리를 감당할 수 있는가에 달렸다고 본다. 어느 조직에서나 영어는 기본이라 할 수 있고 영어가 극복되면 추가로 다른 외국어를 한가지 더 습득하면 바람직할 것이다. 외국어 공부는 학교 졸업 후에도 쉬지 말고 계속하는 것이 자신의 장래를 위해 도움이 될 것이다.

(4) 커뮤니케이션 능력

비서의 업무는 커뮤니케이션으로부터 시작하여 커뮤니케이션으로 끝난다고 하여도 과언이 아니다. 상사로부터 지시를 받고 업무를 수행하는데 있어서 구두로나 문서로 연락을 취하거나 타인에게 의뢰하고, 그 결과를 상사에게 보고하는 등 거의 모든 업무에서 커뮤니케이션 과정을 거치게 된다. 커뮤니케이션 하는 상대에 따라, 그 목적에 따라 각기 전달 요령은 달라지겠으나 그 모든 과정에서 반드시 요구되는 것은 정확하고 효율적으로 전달되어야 한다는 것이다. 따라서 커뮤니케이션 능력을 배양하도록 노력해야 한다. 또한 비서는 대인관계 형성 및 유지 능력(Human Relations Skill)을 지녀야 한다.

상사의 업무를 원활하게 하고 상사의 대외적 인간관계를 더욱 향상시키기 위해 사내의 직원이나 대외의 고객과 상사를 연결하는 가교(bridge)로써 필요한 사람들과 호의적인 업무관계의 형성이 가능하고 그 관계를 지속적으로 유지해 나가는 대인관계 형성 및 유지 능력이 요구된다. 여기에는 전화응대, 방문객 응대 등의 활동이 포함된다.

(5) 정보 수집 및 처리 능력

상사를 위하여, 조직을 위하여 도움이 되고 또 반드시 필요한 정보를 적시에 수집하고 그 중 중요도에 따라 선별하여 분석, 가공하여 우선순위에 따라 보고할 줄 아는 능력이 요구된다. 수많은 정보원들로부터 필요한, 가치 있는 정보를 구분해 내고 또 그것을 가공, 분석하는 능력은 고도의 전문지식과 상식을 요하는 사항이다. 그러한 능력을 갖추기 위해서는 끊임없이 연구하고 노력하는 자세가 매우 중요하다. 또한 정보 수집의 네트워크를 구축하여 상황판단이나 의사결정에 필요한 모든 정보를 검색(수집), 정리, 가공, 축적하며, 필요한 경우에는 이를 적절하게 활용하는 정보관리 능력이 요구된다.

(6) 논리적 사고력 및 기획력

흔히 여성은 논리적이지 못하고 장기적 안목으로 통찰하는 식견이 부족하여 업무를 계획적이고 조직적으로 처리하는 능력이 떨어진다고 인식되어 있다. 비서는 업무와 시간 및 자원을 효율적으로 계획하고 조직화하는 기획능력을 갖추어야 하겠다. 처한 상황이나 업무를 처리함에 있어서 보다 장기적 관점에서 논리적이고 합리적으로 판단하여 일의 우선순위를 두며 그 중요도에 따라 일목요연하게 정리, 보고할 수 있는 능력을 갖추어야 한다.

(7) 문제해결 능력(Problem-Solving)

과거에 비슷한 상황을 어떻게 처리했는가를 토대로 문제점을 예측하여 해결하는 문제해결 능력이 요구된다.

(8) 의사결정 능력(Decision Making)

주어진 자원, 권한 및 여건 내에서 업무를 효율적으로 처리하기 위한 의사결정 능력이 요구된다.

(9) 고객봉사(Customer Relations)

고객의 불만 및 불편사항에 대한 신속하고 적절하게 처리하는 고객봉사 능력이 필요하다.

(10) 일반 상식, 시사 및 교양

주어진 여건에서 스스로 판단을 내리며, 필요한 정보를 수집, 관리하기 위해서는 다방면의 상식과 시사문제에 대하여도 깊이 있는 지식이 요구된다. 이러한 측면의 소양을 키우기 위해서는 가능한 한 많은 정보원을 접해야 한다.

① 가급적 많은 일간지를 구독하며 경제신문을 반드시 구독하고 주요용어 등에 대하여도 반드시 알아두며 특히 최신정보나 지식에 대하여 시리즈로 나오는 컬럼 등은 지속적으로 모아두면 나중에 큰 도움이 될 경우가 많다. 그것은 경제신문에 나오는 신조류, 지식 등은 최신의 것으로서 아직 서점에 책으로 출간되기 이전의 것들이 상당히 많고 일반인들을 대상으로 비교적 쉽게 풀이되기 때문이다.

② 경제, 경영 관련 정기 간행물을 정기구독하며, 특히 자기가 일하는 분야에 관련된 전문잡지는 반드시 읽도록 한다.
ex) 금융기관의 경우 IFR(International Financing Review)이나 Euromoney 등

③ 그 외에 Fortune, Time, Newsweek, Asian Wall Street Journal, Business Week 등과 같이 세계적으로 널리 읽히는 간행물들도 가급적 정기적으로 구독하면 좋겠다. 최근에는 우리나라에서도 일간지가 부문(Section) 별로 구분되어 발행되어 매우 편리하게 되어 있고 월간, 주간 등의 형태로 발행되는 시사지들이 많다. 이들을 꾸준히 읽음으로써 폭넓은 지식, 상식을 겸비해 두는 것이 바람직하겠다.

4.3 전문비서의 직업윤리

모든 분야에는 그 직업에 종사하는 사람들이 준수하여야 할 기본 윤리가 있다. 비서의 경우도 예외는 아니다. 특히 비서는 조직을 위해서 뿐만 아니라 상사와 밀접한 연관을 가지고 보좌하는 직무상의 특성으로 인하여 더욱 이러한 직업윤리를 준수하는 것이 중요하다고 하겠다. 비서로서 준수해야 할 사항들을 보면 다음과 같다.

(1) 충성심(Loyalty)

비서는 상사의 업무능률을 향상시키기 위해 그 상사에게 예속되어 일하는 사람이므로 상사에 대한 충성심은 가장 기본적으로 갖추어야 할 요건이다. 맹목적인 복종이 아니라 상사의 업무능률을 향상시키기 위해 비서로서의 임무를 최선을 다해, 진심으로 열심히 하려고 하는 자세를 말하며 항상 자신보다 상사를 먼저 생각하고 상사가 돋보이도록 하는 태도를 말한다. 나아가서는 상사뿐만 아니라 조직전반을 위하여 관심과 애정을 가지고 보다 좋은 분위기에서 일할 수 있도록 배려하는 자세가 필요하다. 더욱이 상사에 대한 충성심은 상사를 존경하고 이해하려는 기본 마음가짐에서 더욱 확실해 질 수 있다. 상사의 장점을 부각시켜 그것을 본받으려고 노력하고 단점은 비서가 보완하려고 노력할 때 보다 나은 보좌가 가능해진다.

☞ 사 례

'Always the boss is right'

이 문구는 국내 굴지의 합작투자회사의 수석비서 책상 앞에 붙어 있던 것이다. 당시 그 비서는 최고학벌(영문학사, 경영학 석사)에 유창한 영어 실력과 10년 이상의 경력을 쌓은 전문비서로서 항상 자기의 본분에 충실함은 물론이거니와 철저한 전문인으로서의 자세와 누구에게나 겸손하고 예의바른 태도로서 회사 안에서 모든 이의 귀감이 되고 있었다.

문자 그대로 해석하자면 '항상 상사가 옳다.'라고 할 수 있겠다.

그러나 이 세상에 항상 옳고 완벽한 사람은 없을 것이다. 따라서 이 말이 의미하는 바는 그 비서가 항상 기본 자세와 모든 일을 처리함에 있어서 상황판단이나 의사결정의 기준을 상사에게, 또 상사의 입장을 위주로 하여 수행하고자 하는 의지를 나타낸 것이라고 해석할 수 있을 것이다.

비서들에게 가장 먼저, 기본적으로 갖추어져야 하는 자세라 생각되고 잊혀지지 않는 문구라 소개하였다.

(2) 신뢰성(Trustworthiness)

상사와 비서사이에는 기본적으로 신뢰가 있어야 한다. 믿고 맡길 수 있는 관계가 형성되어야만 업무가 순조롭게 진행되는 것은 당연한 일이다. 상사에게 신임 받는 비서가 되기 위해서는 무엇보다 먼저 비서가 스스로 일정기간 동안 성실하게 직무를 수행해 가면서 상사에게 확신을 줌으로써 가능하다. 처음부터 무조건 비서를 신뢰하는 상사는 없으며 인간과 인간의 관계이므로 초기에 신뢰를 얻지 못하면 거의 회복하기가 힘들다. 따라서 처음부터 소신을 가지고 최선을 다해 성실하게 임무를 수행하며 자신의 능력을 입증해 보였을 때 상사는 비서의 능력과 됨됨이를 인정하게 되는 것이다. 회사 내의 다른 사람들과 필요 이상으로 많은 이야기를 하는 것은 삼가는 것이 좋겠다. 특히 상사가 자리를 비웠을 때, 즉 출장, 외출 시에는 더욱 철저히 자리를 지킴으로써 언제라도 마음 놓고 비서에게 맡길 수 있다는 것을 인식시키도록 한다.

고전이야기

달란트 이야기

(마태복음 25 : 14~19)

一四 ○또 어떤 사람이 타국에 갈
제 그 종들을 불러 자기 소유를 맡김과 같으
一五 니 각각 그 재능대로 하나에게는 금 다섯 달란
트를, 하나에게는 두 달란트를, 하나에게는
一六 한 달란트를 주고 떠났더니 다섯 달란트 받은
자는 바로 가서 그것으로 장사하여 또 다섯 달
一七 란트를 남기고 두 달란트 받은 자도 그같이 하
一八 여 또 두 달란트를 남겼으되 한 달란트 받은 자
는 가서 땅을 파고 그 주인의 돈을 감추어 두
一九 었더니 오랜 후에 그 종들의 주인이 돌아와 저
二〇 희와 회계할새 다섯 달란트 받았던 자는 다섯
달란트를 더 가지고 와서 가로되 주여 내게 다
섯 달란트를 주셨는데 보소서 내가 또 다섯 달
二一 란트를 남겼나이다 그 주인이 이르되 잘 하였
도다 착하고 충성된 종아 네가 작은 일에 충성
하였으매 내가 많은 것으로 네게 맡기리니 네
二二 주인의 즐거움에 참예할지어다 하고 두 달란트
받았던 자도 와서 가로되 주여 내게 두 달란트
를 주셨는데 보소서 내가 또 두 달란트를 남겼
二三 나이다 그 주인이 이르되 잘 하였도다 착하고
충성된 종아 네가 작은 일에 충성하였으매 내
가 많은 것으로 네게 맡기리니 네 주인의 즐거
二四 움에 참예할지어다 하고 한 달란트 받았던 자
도 와서 가로되 주여 당신은 굳은 사람이라 심
지 않은 데서 거두고 헤치지 않은 데서 모으는
二五 줄을 내가 알았으므로 두려워하여 나가서 당
신의 달란트를 땅에 감추어 두었었나이다 보소
二六 서 당신의 것을 받으셨나이다 그 주인이 대답하
여 가로되 악하고 게으른 종아 나는 심지 않은
데서 거두고 헤치지 않은 데서 모으는 줄로 네
二七 가 알았느냐 그러면 네가 마땅히 내 돈을 취리
하는 자들에게나 두었다가 나로 돌아와서 내
二八 본전과 변리를 받게 할 것이니라 하고 그에게
서 그 한 달란트를 빼앗아 열 달란트 가진 자
二九 에게 주어라 무릇 있는 자는 받아 풍족하게 되
三〇 고 없는 자는 그 있는 것까지 빼앗기리라

비즈니스계와는 동떨어진 성경의 구절이나 상사와 비서간의 '신뢰' 와 밀접한 관련이 있는 글이라 참고가 되리라 여겨져 소개하였다.

성실히 노력하여 성과를 올린 자에게는 그에 합당한 보상과 예우를 해주지만 그렇게 하지 못한 자에게는 그 노력이나 성과만큼만 예우를 해준다는 것이다.

즉 상사로부터 신뢰를 얻기 위해서는 기본적으로 인간적인 믿음과 더불어 기여할 수 있는 능력을 가지고 있음을 먼저 입증해 보여야 한다. 비서에게 일을 맡기면서 그 수행결과에 대해 조금이라도 의심이 가거나 불안하다면 결코 비서에게 중요한 일을 맡기지 않을 것임은 너무도 자명한 사실이기 때문이다.

(3) 정직성(Integrity)

모든 일에 있어서 정직하고, 불의한 행동을 하지 않으며, 공사의 구분은 명확히 한다. 특히 비서는 상사의 금전관련 업무를 취급하는 경우가 많으므로 이 경우 처리를 명확히 하여 쓸데없는 오해를 사지 않도록 한다.

(4) 기밀유지성(Confidentiality)

상사의 가장 측근에서 보좌하는 가운데 비서는 많은 기밀사항을 다루게 된다. 업무적으로나 개인적인 사항에 관하여서나 기밀을 유지하는 것은 비서의 기본적 의무라 할 수 있다.

① 업무와 관련하여 문서관리를 철저히 한다. 즉, 기밀문서는 파일 캐비닛에 넣고 잠그며, 책상위에 방치해 두어 지나다니는 사람들이 보게 해서는 안되며, 잠시라도 자리를 비울 경우는 보이지 않게 치우는 것이 바람직하다. 컴퓨터 사용 시 암호를 사용함으로써 보안을 유지하는데 도움이 될 수 있다.

② 직무상 얻은 기밀에 관하여 아무리 개인적으로 가까운 사람이라 할지라도 누설해서는 안 된다.

③ 방문객 응대 시, 전화통화시에 필요 이상의 과잉친절을 베풂으로써 기밀을 누설하지 않도록 주의한다.

④ 외부의 장소에서 회사 일에 관하여 다른 사람들과 이야기 할 때 각별히 주의해야 한다. 자기는 미처 모르는 사이에 상대는 나를 알아보게 되어 정보가 유출되어 불이익을 당하는 경우가 종종 있다. 비서가 생각하기에 대수롭지 않게 여겨지는 사항도 경우에 따라서 경쟁 상대에게는 매우 중요한 단서가 되는 경우가 많기 때문이다.

(5) 직업의식(Professionalism)

자신의 일과 직장에 대해 주인의식과 전문가의 마음가짐을 가지고 자발적으로 일을 찾아서 하는 직업의식이 필요하다.

(6) 책임감(Responsibility)

자신에게 위임된 업무를 전적인 책임감을 가지고 수행하는 책임감이 요구된다. 양심적으로 업무를 수행하고 결정되어 있는 것을 자발적으로 지키며 업무를 수행하는 책임감 있는 자세를 가진다.

(7) 판단력(Judgement & Business Sense)

상황과 정보를 신속하게 분석한 후 정확한 판단을 내리며, 상사 부재 시 발생하는 문제를 적절하게 대처할 수 있는 판단력이 필요하다.

(8) 지도력(Leadership)

비서조직을 성공적으로 잘 이끌어 가기 위해 혹은 상사를 대신해서 업무처리를 하기 위해 지도력이 필요하다.

(9) 자기개발(Self-Development)

미래 지향적인 사고를 가지고 자신의 직업분야에서 앞서 나가기 위해 자신의 역량을 개발하고 노력하는 자기 개발이 요구된다. 더욱이 급변하는 최근의 추세에서 변화의 방향을 예견하고 보다 경쟁력 있는 전문 직업인이 되기 위해 끊임없이 노력함으로써 자신은 물론 조직의 경쟁력 향상에도 기여할 수 있게 된다.

☞ 사 례

'크레믈린 궁'

어느 외국은행 한국지점에 근무하는 지점장의 비서 K 씨는 입이 무겁기로 정평이 나있었다. 평소 은행 내에서 다른 직원들과 지점장실의 업무에 관하여서나 지점장에 관하여 이야기하는 경우를 거의 보지 못할 정도이다. 그 은행은 사무실의 구조부터가 지점장실은 한 쪽에 별도로 치우쳐 있어서 용건이 있는 사람들만이 출입을 하곤 하였는데, 비서조차도 좀처럼 직원들이 근무하는 사무실에 필요 없이 드나들지 않고 있었다. 그러나 다른 직원들이 업무상 전화하거나 문의하는 일에 관하여는 항상 친절해서 직원들은 그 곳에서 일어나는 일이 궁금하면서도 그 비서를 나쁘게 말하지 못하고 지점장실을 가리켜 '크레믈린 궁' 이라고 부르곤 하였던 것이다.

(10) 전문가다운 이미지(Professional Image)

상대에게 부담을 주지 않는 밝은 인상, 무난한 외모와 건강 및 프로다운 옷차림으로 남에게 호감을 줄 수 있는 전문가다운 이미지를 갖추기 위해 노력해야 한다.

◈◈ 한국 비서협회의 전문비서 윤리강령 ◈◈

전문 비서 윤리강령

서문

전문 비서 윤리강령은 비서가 전문 직업인으로서 신뢰와 책임감을 갖추고 성실히 업무를 수행하며, 나아가 사회에 공헌하도록 함을 목적으로 제정되었다.

비서는 윤리강령을 준수할 의무를 지니며 직무를 수행함에 있어 본 강령을 행동준칙으로 채택한다.

Ⅰ. 직무에 관한 윤리

1. 【상사 및 조직과 고객의 기밀 유지】 비서는 업무와 관련하여 얻게 되는 상사나 조직, 또는 고객에 대한 정보의 기밀을 보장하고 업무외의 목적으로 기밀 정보를 사용하지 않는다.
2. 【조직과 상사와의 관계】 비서는 전문적인 지식과 사무능력을 보유하고 업무를 효율적으로 수행함으로써 상사와 조직의 이익을 증진시킨다.
3. 【예의와 정직】 비서는 항상 상사와 고객에게 예의를 갖추어 친절하게 대하며 직무수행에 있어 직위의 범위를 벗어나는 언행을 삼가고 정직하게 임하여 신뢰를 받도록 노력한다.
4. 【동료와의 관계 및 팀웍】 비서는 존중과 신뢰를 바탕으로 동료들과의 관계를 협조적, 우호적으로 유지하여 효과적인 팀웍을 이루어 나갈 수 있도록 노력한다.
5. 【보상】 비서는 최선의 업무결과에 대한 정당한 대우를 받을 권리가 있으나 부당한 목적을 위해 제공되는 보상에 대해서는 응하지 않는다.
6. 【자원 및 환경보존】 비서는 업무 수행 시 경비 절감과 자원 절약, 환경보존을 위해 노력한다.
7. 【직무수행 봉사정신】 비서는 자신의 직무와 관련된 사항에 대해 직무수행 효과를 제고 한다.

Ⅱ. 전문성에 관한 윤리

8. 【전문성 유지 및 향상】 비서는 지속적인 자기 계발을 위한 교육 훈련 프로그램에 적극적으로 참여함으로써 비서로서의 전문성을 유지 및 향상시킨다.
9. 【전문직 단체 참여】 비서는 자신의 전문성을 향상시킬 수 있는 전문직 단체에 참여하여 정보 교환과 상호 교류를 통해 비서직 성장 발전과 권익 옹호를 도모한다.
10. 【품위 유지】 비서는 직업의 명예와 품위 향상을 위하여 노력한다.
11. 【사회봉사】 비서는 지역 사회의 발전 및 공공의 이익을 도모할 수 있는 각종 봉사 활동에 적극적으로 참여한다.

참고로 미국의 전문비서협회에서 제정한 비서윤리강령을 살펴보면 아래와 같다.

윤리강령

머리말

비서직은 신뢰에 바탕을 둔 직종으로, 전문비서협회의 회원들은 비서에게 부과된 윤리적 의무를 인식함으로써 회사와 고객 그리고 공공대중의 이익을 위하여 직무수행에 있어 아래와 같은 윤리규정을 제정하고 공포한다.

강령 I

비서는 업무관계에 있어 신뢰받는 대리인(代理人)으로 행동한다. 직속상사와 회사의 이익 증진을 위하여 가진 바 지식과 기술을 발휘하여 가장 능률적인 태도로 책임을 수행한다.

강 령 II

비서는 비서직과 비서직에 종사하는 사람들의 권위, 지위, 그리고 능력뿐만 아니라 비서직의 표준을 유지·향상시키기 위하여 노력한다. (주 : 즉, 전문비서직의 품위를 손상시키지 않도록 노력하여야 하며 전문직으로서의 비서직의 인식을 높여 나가야 한다.)

강 령 III

비서의 계속적인 근무, 급여 그리고 승진에 관련되는 결정은 비서의 전문지식, 능력, 경험, 그리고 업무성과에 따라 보상되어져야 한다.

연습문제

1. 이상적인 비서가 되기 위해 갖추어야 하는 자질 중 본인이 부족한 분야는 어떤 것이며, 그것을 보완하기 위한 방안을 모색해 보자.

2. 이 책에서 언급한 사항 이외에 비서가 갖추어야 하는 자질에는 어떠한 것이 있는지 연구해 보자.

2 비서의 역할 및 사무환경

비서는 상사가 보다 나은 여건에서 가장 효율적이고 능률적으로 일할 수 있도록 하기 위해 필요한 모든 사항들을 관리하고 주관하여 수행하는 사람이며 따라서 그 역할의 영역은 매우 광범위하다.

그 중 가장 비중이 큰 영역을 중심으로 분류해 보면 사무를 비롯하여 업무관리, 상사의 시간을 가능한 한 많이 확보해 주기 위한 시간관리, 기획업무, 상사와 사내·외 사람들과의 인간관계 관리, 상사에게 필요한 지식·정보의 수집 및 처리, 네트워킹, 모든 역할수행의 근간이 되는 커뮤니케이션 등으로 분류할 수 있다.

5 업무관리 및 시간 관리

5.1 업무관리(Work Management)

비서가 감당해야 하는 역할에 대한 총괄적인 개념으로서 조직의 분야 및 형태, 상사의 지위 및 역할, 성격, 능력에 따라 각기 달라진다.

현장이야기

어디까지가 비서의 역할일까?

비서 M씨는 대규모 제조회사 상무의 비서로, 상사인 상무 산하에는 생산부, 기술부, 품질관리부의 세 부서가 있다. 이 회사에서의 정기 보고서에는 주간 업무보고, 월간 업무보고가 있으며 주간 업무 보고서를 중심으로 매주 상무 주재로 세부서의 부장들이 모여 회의를 하며 한 달에 한번씩은 상무 산하 세 부서의 활동상황을 집약하여 월간 업무 보고서를 작성하여 월례 간부 회의에서 상무가 사장에게 1개월간의 활동상황 및 성과를 보고하도록 되어 있다. 이 월간 업무 보고서의 제출일이 매월 25일이므로 20일에는 각 부에서 자기 부서에 관한 보고서를 상무에게 제출해야 하는데 20일 퇴근시간이 되도록 기술부에서는 보고서를 제출하지 않았다.

혹시나 하는 생각에 그제야 연락을 해보니 얼마 전에 새로 입사한 기술부장의 비서가 서류를 워드프로세싱하여 작성만 해 놓고 부장의 결재를 받아 상무에게 제출하는 등 배포하는 것을 깜박 잊고 퇴근하였던 것이다. 할 수 없이 다음날 아침 M씨의 연락을 받고 그제야 급히 부장의 결재를 받아 사본을 만들고 상무에게도 제출하고 관련 부서에 배포하게 되었다.

이러한 경우도 비서가 세심하게 배려해야 하는 부분 중의 하나이다. 즉, 자기 상사가 적기에 보고를 하거나 보고를 받아야 하고, 또 그밖에 업무적으로 밀접한 연관이 있는 부서의 인적 사항 변동이 있을 경우 그것으로 인해 초래될지도 모르는 업무적 지장에 대하여도 미리 확인해 봄으로써 업무가 보다 원활하게 진행 될 수 있을 것이다.

(1) 업무수행에 있어서 기본자세

1) 책임감을 가지고 한다

일반 사무직과 달리, 즉 일반 사무직에서는 사원이 수행한 일은 대리, 과장 등 단계적인 검토를 거치게 되나, 비서가 상사를 보좌하는데 있어서 수행하는 모든 업무는 그 처리결과에 대해 다시 검토하거나 감독하는 사람이 없는 경우가 보통이다(비서실에서 실장의 지휘 하에 있는 경우를 제외하고). 다시 말하면 비서가 처리한 업무결과가 직접 상사에게로 올라가 즉석에서 그 영향을 발휘하게 되므로 무엇보다도 책임감을 가지고 확실하게 처리함으로써 상사가 비서의 실수를 발견하게 하는 일이 없어야 하며, 비서의 실수로 인해 상사가 곤란에 빠지지 않게 해야 한다. 비서가 스스로 여러 번 확인·검토함으로써 완벽한 결과를 상사에게 제시하여야 한다. 그렇게 함으로써 비서가 수행한 업무결과에 대하여 상사가 항상 신뢰하고 그것에 근거하여 그 다음 일을 진행할 수 있도록 해야 한다.

2) 정성을 다하여 빈틈없이 처리한다

모든 업무를 처리함에 있어서 시작부터 끝까지 정성껏 최선을 다해 처리하고 특히 끝마무리를 빈틈없이 잘 해야 한다. 작은 일에서부터 확실하게 처리할 때에 더 이상의 중요하고 비중 있는 업무를 맡기고 싶은 마음이 들게 되기 때문이다.

☞ 사 례

전화응답기

비서 P씨가 근무하는 회사는 어느 외국 증권회사의 서울 사무소이다. 아직 대표 사무소 형태라서 직원이 15인 정도 밖에 안 되는 작은 조직이며 정식으로 영업은 시작하지 않은 상태이다. 조직의 구성은 증권 업무를 취급하는 전문가들과 사무소의 운영을 총괄하는 비서실로 되어 있다. 조직의 규모가 작고 기능적 분화가 이루어지지 않은 상태라서 비서들이 비서 본연의 업무뿐만 아니라 재정, 인사, 총무, 자료수집, 사무자동화 등 영업을 제외한 모든 업무를 관장하고 있다.

본사와 세계 각지의 지사들과의 시차와 신속한 정보교환 및 연락이 매우 중요한 까닭으로 거의 매일 비서들 중 적어도 한사람은 늦게까지 사무실에 남아 업무를 처리하게 되어 있으며 마지막으로 퇴근할 때는 자동 전화 응답기를 켜 놓고 가게 되어 있었다.

P씨가 남아서 근무하던 날 급히 퇴근하느라고 깜빡 잊고 전화 응답기를 켜 놓지 않고 퇴근해 버렸다. 그 사실을 1시간 30분 정도 걸려 집에 거의 다 도착할 즈음에 기억해 낸 P씨는 잠시 갈등을 하지 않을 수 없었다. 다시 사무실로 돌아가기에는 이미 너무 많이 왔고, 그렇다고 그대로 두자니 그 날 밤 10여 시간 동안 들어올 그 많은 전화 메모를 하나도 받지 못하겠고: . 잠시 고민하던 P씨는 방향을 바꾸어 다시 회사로 향하였고 이미 밤 9시가 넘은 늦은 시각에 사무실에 도착하여 자동 응답기를 켜 놓고는 안도의 한숨을 내쉬고 다시 집으로 돌아오니 밤 11시가 되어 있었다. 매우 늦게 귀가하였으나 한편으로 자신의 임무를 다 했다는 뿌듯함이 있었다. 다음날 아침 출근해 보니 무척 많은 전화메모가 남겨져 있었던 것이다.

예를 들어 여러 장의 팩스를 보낼 경우 흔히 팩스가 송신되는 것까지만 확인하고 송신된 원고가 트레이에 떨어진 것은 제대로 확인을 하지 않고 정리하여 서류의 페이지 순서가 바뀌거나 상하가 바뀐 채로 묶어져 보관되는 경우가 종종 있다. 이럴 경우에 이미 송신된 문서도 다시 확인하여 바르게 정리하는 것이 필요하다. 때로는 그 서류를 상사가 찾을 경우가 있는데 언제 누가 보더라도 항상 정돈된 상태로 있어야 할 것이다.

3) 솔선수범 하여 일한다

지시 받은 일, 주어진 일 뿐만이 아니라 항상 일은 찾아내어 하면서 연구・개선하고자 하는 자세로 임함으로써 나아가 그 조직에서, 상사에게 반드시 필요한 중요한 사람으로 인정받도록 한다. 비서가 다른 직종과 다른 점은 주인의식을 가지고 스스로 일을 찾아내어 함으로써 상사가 일하기 편하게 한다는 점이다.

때로는 주위 동료들의 어려움을 자진해서 돕는 것도 좋은 협조적 인간관계 형성에 도움이 될 뿐 아니라 후에 자신이 어려움에 처했을 경우에도 도움을 받을 수 있게 된다.

4) 문제의식을 가지고 일한다

타성적으로 일하면 자신과 조직을 위해 발전이 없게 된다. 일을 시작하기 전에 계획을 세워 시작하고 진행경과 및 결과 등에 대해 재검토함으로써 개선점을 찾으려 노력하는 것이 중요하다. 개선점을 끊임없이 연구할 때 경력에서 비롯되는 업무수행 능력의 차이가 생기게 되는 것이다.

비서에게는 경력에서 비롯되는 업무수행 능력이 그 어느 것에 못지않게 중요하다.

5) 자신을 개발시키도록 노력한다

업무를 수행하면서 기계적으로 워드프로세싱이나 복사 등을 하기보다는 그 과정 중에 내용을 주의 깊게 읽고 잘 모르는 용어나 내용에 관하여는 그것을 알고 있을 만한 사람에게 질문을 함으로써, 또 관련서적을 참고함으로써 상당히 많은 지식을 얻을 수 있게 되며, 수년 후에는 그 분야의 전문가로도 성장할 수 있다. 그렇게 함으로써 경우에 따라서는 학교에서 교육받은 것 이상으로 매우 유용하면서 최첨단적인 지식을 얻을 수 있다.

결과적으로 자신의 경력개발에 큰 도움이 될 수 있다. 실제로 비서로 시작하여 다른 전문분야에서 책임자로 성공한 사람들의 대부분이 이러한 자세로 꾸준히 노력한 결과로 이루어진 경우가 많다.

(2) 업무처리 기본원칙

1) 계획을 세운다

실제 업무를 수행하기에 앞서 전체적인 관점에서 일의 우선순위와 각 개별업무에 대한 진행 방법 및 순서에 대하여 생각해 본다. 소요시간 등에 대해 조직화(organize)함으로써 전체적으로 조화되고 중요도와 시간적 완급에 맞추어 수행되도록 한다.

우선순위를 정함에 있어서는 시간적 제약, 중요도, 상사의 의향, 일의 능률성 등이 주요 고려요인이 된다. 따라서 상사로부터 지시를 받을 때에는 언제까지 마쳐야 될 일인지를 그 자리에서 확인해 두며 같은 종류의 일은 몰아서 같이 하며 서류의 마감일 등을 명확히 알아두어 차질이 생기지 않게 한다.

2) 개별 업무별로 처리원칙을 정한다

자신이 나름대로 업무별 처리원칙을 정해 둠으로써 업무가 중단되었다가 다시 시작할 때나 혼란이 생겼을 경우 처음부터 전부 확인해 보지 않고도 바로 중단된 부분부터 시작하는 것이 가능하다.

ex) 파일 이름을 결정할 경우의 원칙, 파일 순서 등.

복사할 경우 앞에서부터 하는지 뒤에서부터 시작하는지 등.

3) 융통성 있게 처리한다

일단 원칙이 세워져 있는 일이라 할지라도 부득이 변경하여 실행해야 할 필요가 있을 경우에는 상황에 맞게 처리하도록 한다. 비서가 처리하는 업무에는 경우에 따라 융통성을 발휘해야 할 때가 많이 있기 때문이다. 즉, 일반적으로는 개인적인 일보다 업무상의 일을 우선적으로 처리해 오다가도 긴급 상황이나 매우 중요한 일이 생겼을 경우에는 개인적인 일이라 하더라도 우선적으로 처리해야 하기 때문이다.

4) 일을 시작하기 전에 필요한 것을 다 준비하여 시작하고 마친 후에 정리한다.

그 일을 수행하는데 필요한 모든 자료나 서류를 다 갖추어 놓고 시작하면 도중에 여기저기 왔다 갔다 하여 정신이 분산되는 것을 막을 수 있어 효율적이고 실수도 방지할 수 있다. 일을 마친 후에는 반드시 뒷마무리를 명확히 하여 끝맺음을 잘 한다.

5) 기록·보관에 유의한다

업무진행 상황을 계속적으로 간단히 라도 메모해 두면 당시에는 별로 중요하게 인식하지 않았던 사항이 시간의 경과에 따라 훗날 커다란 도움이 되는 경우가 많다. 또한, 이런 기록은 후임자에게 인수인계시에도 무척 도움이 된다.

예약상황, 전화로 토의한 사항들은 반드시 그 내용까지도 기록해 놓는 것이 중요하다. 비서 자신이 필요한 사항뿐만 아니라 상사가 필요로 할 것 같은 사항에 대하여도 기록해 놓을 줄 아는 사려 깊음이 요구된다. 또한 후에 상사가 질문할 것 같은 사항은 반드시 기록으로 남겨 두며 후에 후속 조치(follow-up)가 필요한 사항에 대하여도 반드시 기록해 둔다.

ex) Visa나 여권 만기일, 상사의 출장 및 휴가일정, 타부서나 사외에 요청해 놓은 사항 등에 관하여, Membership 신청관계, Membership 대금 납부 및 사후관리 등

6) 업무처리 일자를 반드시 기입한다

서류에 표시된 날짜는 매우 중요한 의미를 가지며, 경우에 따라서는 책임의 소재 문제로까지 확산될 수 있다. 서류의 정리나 사건의 전개 등, 모든 계약서, 영수증 등의 날짜도 중요하다. 특히 작성 날짜와 받은 날짜와 차이가 많은 경우 등 늦게 받은 문서의 경우에는 받은 날짜를 반드시 표시하도록 하며 그러한 지연으로 인하여 업무처리에 문제가 생길 소지가 없는지 즉시 서류내용을 더욱 주의하여 검토하도록 하여야 하고 중요한 사항일 경우는 송신자 측에 연락하여 그러한 상황을 확인해 둘 필요가 있다.

7) 보안유지에 유의한다

비서는 많은 기밀사항을 다루게 되며 비서가 다루는 일 중에는 그 자체로는 기밀이 아닌 것이라도 경쟁자에게 유출되면 큰 단서를 제공해 주는 경우도 있다. 따라서 원칙적으로 비서가 진행하는 모든 일에 대해 보안 유지에 유의할 필요가 있다. 사내의 직원들 간에도 대화 중에 무의식적으로 누설될 수 있으므로 가급적 다른 직원과 비서 업무에 대한 화제는 삼가는 것이 좋다. 컴퓨터 화면은 외부 사람이 들어오는 데에서 바로 눈에 띄지 않게 위치시키는 것이 바람직하다. 평소 책상 위에 필요 이상의 서류를 늘어놓지 않으며 특히 기밀서류는 취급 도중에 잠시라도 자리를 비울 경우에는 반드시 책상 속에 넣어야 한다.

비서의 책상은 항상 모든 이들의 관심의 대상이다. 평소 상사와 가까운 사이인 방문객도 신중히 판단하여 민감(sensitive)한 문제가 걸려 있을 경우에는 방문 전에, 혹은 방문하였을 경우에도 눈치 채지 못하도록 넌지시 치우는 것이 현명하다.

(3) 능률적인 근무여건 조성

① 기본적으로 사무실의 구도나 배치 및 집기비품은 상사의 취향에 맞추도록 하여 상사가 보다 편안한 분위기에서 일할 수 있도록 한다. 조명이나 통풍, 온도 등도 근무하기 적합한 상태로 항상 유지되도록 평소에 세심한 배려를 한다. 비서의 생각에 따라 잘 해놓으려고 구비한 비품들이 경우에 따라서는 상사의 취향에 맞지 않을 경우도 많다. 이런 것은 오히려 분위기를 산만하게 하므로 없애는 것이 좋다.

ex) 받침이나 레이스, 기타 필요 이상의 거추장스러운 장식용품 등

② 각종 사무용품·비품 등은 항상 편리하고 능률적인 것을 충분히 구비해 놓아 일하다가 비품이 떨어지는 일이 없도록 하며, 항상 상사가 사용할 수 있도록 비치해 놓는다. 즉, 매일 자주 쓰이는 전화번호목록, 필기도구, 메모지, 클립, 테이프 등은 책상 위에 놓아 두어 비서가 잠시 자리를 비웠을 경우에라도 상사가 언제든지 사용하기 편리하게 배려한다.

③ 일정표 등도 잘 보이는 곳에 비치함으로써 수시로 상사나 비서 자신이 체크할 수 있도록 한다. 비서는 업무로 상사의 방에 드나들 때마다 수시로 일정의 변동 사항을 점검해 둔다.

④ 외국어 사전, 전문용어 사전, 기타 자주 쓰이는 참고 자료 등도 쉽게 보이는 곳에 비치해 둠으로써 필요할 때 항상 사용할 수 있도록 한다.

⑤ 보관 서류철, 서류양식 보관함 등에도 적절히 표시해 둠으로써 비서가 없을 때에도 찾아 쓰는데 지장이 없도록 해야 한다.

5.2 시간 관리(Time Management)

시대의 변천에 따라 가치관에도 많은 변화가 따른다. 현대사회에 들어와 그 가치와 중요성에 대한 인식이 새로워진 것 중에 '시간'에 관한 것이 큰 주류를 이룬다.

상사의 시간관리자로서 비서가 시간에 관하여 알아두어야 할 사항, 관리요령 등을 생각해 보자.

현장이야기

시간 안배는 어떻게 하는가?

D사의 H사장은 회의를 마치고 사무실에 돌아오니 다음과 같은 처리해야 할 일들이 기다리고 있었다.

- 전화메모 5건 – 그 중 1건은 긴급(URGENT)
- 결재해야 할 서류 2건
- 팩스로 받은 서신에 대한 답신

다시 외부에서 있을 회의에 참석하기 위해 1시간 30분 후에는 외출해야 하므로 그 이전에 이상의 모든 일을 다 처리할 수는 없는 상황이다. 따라서 H씨는 우선 'URGENT' 라고 메모 되어있는 전화 건을 처리한 후 결재서류에 결재를 하고 그 다음에 팩스에 대한 답신을 작성하여 비서에게 준 후 나머지 전화 메모지들을 들고 외출하기 위해 차에 탑승하였다.

이것은 주어진 한정된 시간 내에 얼마만큼 효율적으로 많은 일을 처리하는가에 대한 예로써 시간을 최대한 활용하기 위해 취해지는 업무처리 방법이다.

최근에는 핸드폰, 휴대용 단말기 등 이동통신 및 컴퓨터 기술의 발달로 전화 연락은 사무실 외에서, 즉 한 곳에서 다른 곳으로 이동하는 차안에서도 가능하므로 사무실 내에서는 필수적으로 처리해야 하는 업무를 우선적으로 처리하고 전화연락은 차안에서 보내게 되는 시간을 최대한 활용하는 것이다. 실제로 사업가나 중역들은 피치 못하게 차안에서 보내야 하는 시간이 의외로 길고 더욱이 요즘은 교통체증 등으로 그 시간은 더욱 길어지는 추세이므로 그들이 외부에 나가 있는 동안에도 수시로 사무실의 비서와 연락하여 그 동안의 업무 진전 상황, 연락사항 등을 계속적으로 보고 받아 그때그때 적절히 지시, 처리하곤 한다. 그렇게 함으로써 사무실로 돌아 온 후에 처리할 업무가 과다하게 누적되지 않아 반드시 사무실에서 해야 할 일에 몰두 할 수 있어 효율적 시간관리가 가능해 진다. 이러한 업무추진을 위해 보통 자주 연락을 주고받는 전화번호 목록(contact list) 정도는 상사가 항상 휴대하고 다닌다.

(1) 시간관리의 중요성

'시간'이 중요한 이유는 그것이 누구에게나 공평하게 주어지는 무형의 자원으로서 사용하지 않아도 저절로 없어지며 저장하거나 비축해 둘 수도 없고 어떠한 대가를 치르고도 살 수 없는 것이기 때문이다. 한번 지나간 시간은 절대 돌이킬 수 없고 물리적 시간은 변함이 없으나 심리적 시간은 가변적이다. 이와 같이 모두에게 가장 공평하게 주어진 한정된 시간을 어떻게 효율적으로 사용하느냐 하는 것이 상대적인 시간의 창출이 될 수 있으며, 따라서 시간관리를 효과적으로 하는 사람이 궁극적으로 성공에 이르게 된다는 점에는 의심의 여지가 없다.

현대사회에 있어서 시간의 가치는 그 무엇과도 견줄 수 없으리만큼 더욱 중요해지고 있다. 더욱이 조직과 환경과의 사이에서 조직의 장래를 위하여 가능한한 많은 정보를 입수하여 전략적 의사결정을 하여야 하고 대외 로비, 대인 관계 등 수 없이 많은 중요한 일들을 처리해야 하는 최고 경영자, 관리자들에게 있어 시간은 가장 중요한 자산임에 틀림없다. 따라서 이들을 보좌하는 비서의 가치 있고 중요한 역할 중의 하나가 능동적으로 상사의 시간을 관리하고 창출하여 최대한 활용할 수 있도록 하는 것이라 하겠다.

시간관리란 시간을 가장 효율적으로 사용하고, 자신의 인생을 계획하고 관리하는 기술을 일상생활에서 효과적으로 계속 실천하는 것이다. 무질서하고 외부로부터 영향을 받는 과업을 목표 지향적이고 체계적이며 계획화된 과업으로 변화시키는 것이다. 시간을 효율적으로 배분하여 체계화하게 되면 비록 매우 복잡하고 광범위한 일과 문제에 직면해도 자신의 행동을 확실히 예측하고 통제할 수 있게 되어 경영활동에서 보다 더 자유로워질 수 있는 시간을 창출할 수 있게 되는 것이다.

시간을 계획적으로 관리함으로써 기대할 수 있는 기대효과로는 다음과 같은 것이 있다.

- 시간을 낭비하는 것을 방지한다.
- 일을 진행하는 방식을 개선할 수 있다.
- 최선의 결과를 기대할 수 있다.
- 보다 높은 동기가 생긴다.
- 자신의 일에 대한 성취도가 높아진다.
- 크게 당황하거나 스트레스를 받는 일을 최소화할 수 있다.
- 실수를 줄일 수 있다.
- 보다 차원 높은 일에 도전할 수 있는 자질을 함양한다.

시대가 변화함에 따라 시간의 절대량은 변하지 않는 반면 그 가치의 변화는 너무나 크고 그 활용 여하에 따라 그 결과는 엄청난 차이를 초래하게 되므로 시간 창출의 기술이 더욱 중요해 지는 것이다. 궁극적으로 자신의 시간을 자신이 통제할 수 있게 되면 성공적으로 관리했다고 할 수 있을 것이다. 상사의 시간관리와 창출을 위하여 비서가 담당해야 할 역할은 다음과 같다.

1) 시간목표관리

효율적으로 시간을 관리하기 위해서는 시간사용의 목표를 설정하는 것이 중요하기 때문에 종합적인 시간목표를 정립해야 한다. 즉, 사용시간에 대한 목표는 무엇인가, 시작과 마치는 시간은 언제인가, 어떤 일에는 얼마만큼의 시간과 장비가 필요한가, 보다 효율적으로 처리할 수 있는 방법은 무엇인가, 창출한 시간은 어디에 사용할 것인가 등에 대한 확실한 해답을 가지고 있어야 한다.

목표를 설정하고 그에 따라 행동함으로써 주어진 시간을 보다 더 효과적으로 사용하는 것이 가능해지며 매 시간마다의 효율적 시간사용으로 보다 자유로이 쓸 수 있는 시간이 많아지게 된다.

비서가 담당해야 하는 시간목표관리에는 상사를 위한 것과 자기 자신의 시간목표관리가 있다. 상사를 위한 관리는 상사의 업무진행방식이나 가치관, 습관 등과 밀접한 관련이 있으므로 그에 적합한 목표를 세우고 점검해야 하며 자신을 위한 관리에 있어서는 업무능률은 최고로 올릴 수 있도록 하는 동시에 그 외에 자기계발의 측면도 고려되어야 한다.

2) 시간계획의 수립

시간의 중요성에 대하여 피터 드러커(Peter Druker)는 '시간을 기록할 것, 시간을 관리할 것, 시간을 일체화할 것, 이 세 가지 과정은 경영자가 시간을 관리하는 기초다.'라고 언급하였다. 시간을 효율적으로 관리 · 사용하기 위해서는 우선 시간이 무엇을 위해 어떻게 사용되고 어떻게 흘러가 버리는지를 자세히 알아야 한다. 시간일지(time sheet)를 기록함으로써 시간계획을 세울 수 있고 그 결과를 분석하여 문제점을 해결하고 개선함으로써 보다 효율적인 시간관리가 가능해진다. 시간의 기록을 위해 투입되는 시간과 노력은 시간기록이 가져다주는 유용성과 비교해 볼 때 아주 적은 투자에 지나지 않는다. 시간일지를 작성하는데 있어서는 시간을 가급적 작은 단위로 나누어 기록하며 일정시간 동안 수행한 일은 빠짐없이 기록한다. 또한 분석할 수 있도록 일정기간 계속 작성하여야 한다.

시간계획을 작성할 때 고려해야 할 사항은 예상치 못한 방해나 긴급 상황에 대한 여유시간을 두어야 하며 저해요인에 대해 주의를 기울여야 한다는 것이다.

일단 비서로 임명을 받으면 약 2~3개월 동안 매일 매시간 시간의 업무진행 상황을 상세히 기록해 둔다. 예를 들어 전화통화의 상대 및 목적, 소요시간, 편지를 워드프로세싱 하는데 있어서 시작시간과 마치는 시간, 상사가 외부인사와의 약속을 위해 외출한 시각과 돌아온 시각 등 시간의 경과에 따라 세밀하게 기록해 가면서 관찰하여 일을 진행하는 방식의 현상을 분석한다. 어느 정도 계속적으로 기록하다 보면 상사마다 시간사용과 관련하여 업무 처리하는 데에 일정한 유형이 있음을 발견하게 되어 다음 계획을 수립하는데 많은 도움이 된다.

표 5-1 시간일지(time sheet)의 예

행동 및 시간 분석

번호	행 동	부터 - 까지	소요시간(분)	비고
1	전화 상담	11 : 00 AM - 11 : 15 AM	15분	상사와의 면담 요청건
2	워드프로세싱으로 편지 작성	11 : 20 AM - 12 : 00 AM	40분	
3	작성한 편지의 복사	12 : 00 AM - 12 : 05 PM	5분	
.	.	.	.	.
.	.	.	.	.
.	.	.	.	.

3) 우선순위의 결정

긴급한 일과 중요한 일 중에서 어느 것을 우선적으로 처리해야 할지 갈등이 생기는 경우가 종종 발생할 수 있는데, 이에 대한 처리방침을 명확히 해야 한다. 우선 중요한 사항이란 기업의 목표달성에 기여하는 바가 크며 상당히 가치와 비중이 있는 사항이고, 긴급사항이란 지금 당장 해결하지 않으면 안 될 사항이라고 할 수 있다. 이것을 아이젠하워는 그림과 같이 표현하였다. 일의 우선순위를 결정하여 처리함으로써 계획성 있고, 생산성을 향상시키며 여유시간을 창출할 수 있게 된다. 우선순위를 결정함에 있어서는 상사의 가치관, 업무처리 방식을 주로 참작하고 가급적 상사의 기준에 맞추도록 한다.

표 5-2 아이젠하워의 원리

중요도 ↑		
	B순위의 일 (전략적 계획을 세우고 기한을 정한다.)	A순위의 일 (즉석에서 처리한다.)
	쓰레기통	C순위의 일 (일을 축소하거나 권한 위임)
	긴 급 도 →	

4) 시간낭비 요소의 제거

시간의 낭비는 무계획한 업무처리, 준비의 미비, 그릇된 생활태도나 버릇, 부정확한 정보 및 정보부족, 잘못된 의사전달 및 잘못된 사무실의 공간배치, 채광 및 소음, 각종기기의 사용 미숙, 업무처리의 복잡한 절차와 비 표준화, 비체계적인 문서 및 정보보관 등으로부터 유발된다. 즉, 필요 없는 시간의 낭비를 줄이기 위해서는 이러한 요소들에 대한 적절한 대응 체제가 이루어져야 한다. 시간 낭비 요소를 제거하기 위해서는 항상 문제의식을 가지고 업무의 진행상황을 끊임없이 검토하며 개선방안을 연구하는 것이 요구된다. 앞서 작성한 시간기록을 신중히 검토하면 사람마다 시간 낭비 요소를 발견할 수 있으며 이를 제거하고 합리적인 시간계획을 수립하도록 해야 한다. 일을 시작하기 전에 그 일이 노력할 가치가 있는지 확인하고 낭비 요소 제거 시에는 일을 시작하고서 도중에 반 정도 남겨둔 적이 없는지, 하루 일과 시간을 최고의 능률을 올리도록 배분하고 있는지를 확인하고, 생산성이 높은 시간대에 중요한 일을 처리하고 그 다음에 정형화된 일이나 비교적 중요도가 낮은 일을 처리한다. 일을 실행하기 전에 한 번 더 생각해 보고 한 번에 정확히 처리하는 것도 한 방법이다.

5) 시간문화의 조성과 유지

우리나라에서 시간문화에 대한 개념이 정립되기 시작한 것은 그리 오래지 않다. 따라서 아직도 시간관념이 희박한 사람들이 많아 자기 임의대로 사전 양해 없이 타인의 시간을 빼앗음으로써 상대방의 업무진행에 지장을 초래하는 경우가 많다. 약속시간이나 회의 시간에 늦게 나옴으로써 다른 사람들의 시간을 낭비하게 하는데 이러한 것을 방지하기 위해 대내적으로나 대외적으로나 시간문화의 정착이 필요하다. 시간을 지키지 않는 것은 다른 사람의 시간을 낭비하는 것으로 그치지 않고, 자기시간이 상대방의 시간보다 소중하다는 느낌을 주게 되어 인간관계에도 악영향을 미치게 된다.

상사의 시간을 지키고 최대한 확보해 주기 위하여 평소에 항상 계획적인 시간관리가 필요하다. 상대방으로 하여금 상사를 만나기 위해서는 필히 사전에 연락하여 시간약속을 하여야 함은 물론이고 만나고자 하는 목적이나 주제에 관하여도 미리 확실히 밝히게 함으로써 철저한 시간관념을 갖도록 주지시킨다. 약속이나 사전 연락 없이 상사를 만나러 오거나 불필요한 방문에 대하여는 경우에 따라서 적절히 판단하여 거절하는 것도 필요하다. 면담시간이 필요 이상으로 길어진다거나 할 경우에 '외출하실 시간입니다' 등으로 주의를 환기시킴으로써 상사가 속히 헤어날 수 있는 계기를 마련할 수도 있다.

6) 첨단기술의 활용

과학기술의 발달로 오늘날에는 첨단기기가 생산성에 미치는 영향이 커지게 되었다. 따라서 여러 가지 하이테크 기기를 효율적으로 업무에 사용하여 시간을 창출할 수 있는 사람과 재래식 방법으로 업무를 수행해 가는 사람과는 소요시간에 있어서의 격차와 업무의 질에서 현격한 차이가 발생하여 경쟁의 우열이 결정되게 된다. 또한 최고경영자는 회의와 출장에 많은 시간을 소요하고 있는 점을 감안할 때 이를 위해 회의와 출장의 실효성에 대한 판단과 재구성도 필요하지만 영상회의(video/teleconference)등 첨단기술을 이용한 대체 방안도 강구되어야 한다. 비서는 자기가 사용하는 이러한 사무자동화기기를 능숙히 조작함으로써 업무에 최대한 활용할 수 있어야 한다.

7) 창출한 시간의 활용

최고경영자는 실질적으로 자신의 능력, 업무경력과 정보에 근거하여 직감에 의존하여 의사결정을 하는 경우가 많으므로 일반적으로 조그마한 변화에도 상당히 민감하게 영향을 받을 수 있다. 따라서 최적의 상태를 유지하기 위하여 연속되는 의사결정, 회의 등에서의 철저한 시간관리로 창출된 자투리시간을 활용할 수 있어야 하겠다. 그리고 불필요한 일로부터 필요 불가결한 업무를 분리하여 시간관리를 함으로써 본연의 기능인 의사결정에 집중할 수 있게끔 주위 환경을 조성하고 기대하지 않았던 상황에 대비하여 시간의 여유를 남겨야 하며 깊은 사고, 전략적인 심사숙고 등에 우선적으로 시간을 사용할 수 있게끔 할애하여야 한다.

상사가 중요한 안건에 관하여 깊이 생각하거나 새로운 전략을 짜내기 위해 몰두해 있을 경우에는 비서 자신도 상사를 방해하거나 생각의 흐름을 끊어뜨리지 않도록 유의해야 한다. 따라서 불요불급한 출입을 삼가함은 물론이고 전화도 때에 따라서는 연결하지 않고 메시지를 받아 두었다가 그 중요도나 완급에 따라 선별적으로 처리하는 융통성이 필요하다.

최고경영자는 시간, 정보, 능력의 제한된 범위 내에서 최적의 의사결정을 하게 되는데 정보와 능력은 어느 정도 대체할 수 있으나 시간의 절대량만큼은 대체할 수가 없다. 오늘날 기술과 경영 노하우의 발달로 인하여 기업의 생산성이 과거에 비해 비약적으로 상승하고 있으며 이에 따라 생산투입요소의 하나인 시간의 가치도 비례해서 높아지고 있다. 따라서 최고경영자의 시간을 가장 중요한 자산의 하나로 인식하고 이의 관리와 창출을 비서의 역할로 정립해야 한다. 그리고 비서 업무의 생산성(능률성)과 효율성 향상은 최고경영자의 역할을 보조하기 위한 수단이어야지 그 자체가 목적은 아니라는 것을 항상 염두에 두어야 한다.

비서의 역할도 시대의 변화에 맞추어 변화해야 하며 특히 최고경영자의 역할 수행에 있어서 중요한 요소의 하나인 시간의 제한성과 시간의 가치에 대하여 재정립할 필요가 있다. 그리고 앞으로 현대의 비서는 최고경영자의 시간관리뿐만 아니라 시간의 부가가치 창출을 위해 노력해야 할 것이다.

연습문제

1. 보다 효율적인 상사의 시간관리를 위해 유용한 방안을 모색해 보자.
2. 현재 자신의 시간 사용내역을 기록해보고 낭비요소를 제거하기 위한 방법을 생각해 실천에 옮겨 보자.

6 기획업무

6.1 기획이란

일반적으로 기획이라 하면 사색하는 것으로부터 시작하여 그 발상을 문서화하고 내용을 행동으로 옮겨 그에 상응한 결과를 맺는 일련의 시스템 작업을 말한다.

개인 차원에서 보면 기획이란 자신의 행동을 통해 보다 우수하고 가치 있는 성과를 얻기 위한 지혜(지적 생산의 종합기술) 또는 지혜를 활용한 창조행위라 할 수 있으며 기업차원에서는 기업 활동을 통해 실적을 향상시키기 위한 지혜 또는 지혜를 활용한 창조행위라 할 수 있다.

기업간 경쟁이 격화되고 기업 내·외의 환경변화가 급속도로 진전되며 날로 새로운 기술이 개발되고 소비자의 의식도 빠른 속도로 변화하여 이에 대처하는 것은 물론이거니와 미래의 변화의 방향까지도 예견하여 끊임없이 발전해야하는 비즈니스맨에게는 기업의 미래의 진출방향 설정, 신제품 기획, 상품의 판매, 판촉기획, 인사정책의 기획 등 모든 분야에서 기획능력의 발휘가 필수적으로 요구되고 있다. 즉, 비즈니스맨의 활동은 곧 '기획업무'라 해도 과언이 아니다.

창의적 사고로 기획력을 발휘하는 전문 비서

또한 기업은 해결해야 할 문제의 집합체이다. 따라서 기획활동을 포함하여 기업 활동은 문제해결 과정의 총체라고 할 수 있다. 문제해결 중에서 목표설정으로부터 출발하는 창조적 문제해결이 기획이다. 따라서 조직이 경쟁력을 갖추기 위해서는 관리자 자신이 기획마인드를 갖추는 것은 필수적일 뿐 아니라 진정으로 유능한 관리자는 조직 구성원 모두가 기획마인드를 갖추도록 동기부여하고 여건을 조성하기 위해 노력하게 된다. 기업이나 조직 내에서 창조력을 십분 발휘할 수 있는 풍토를 조성하는 것이 관리자의 중요한 역할이라고 할 때 최고경영자를 보좌하는 비서로서 상사의 기획업무에 대한 이해 뿐 아니라 자신도 기획마인드를 가지고 지속적으로 이를 개발, 발전시키는 것은 매우 중요한 일이다.

표 6-1 문제해결의 구조와 그 순서

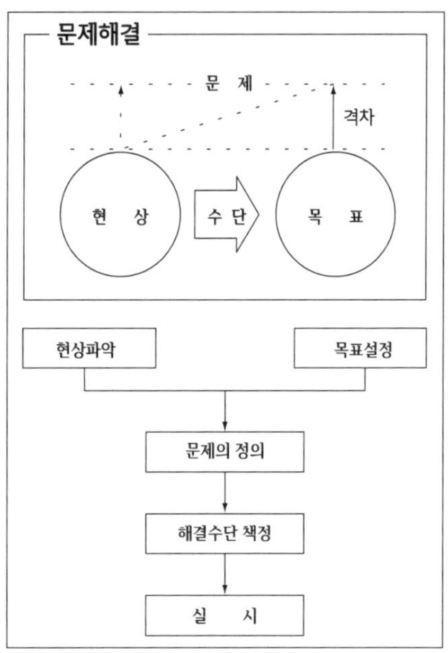

6.2 기획과 계획의 차이

'기획'에서는 프로젝트의 목적과 목표 등이 중요한 사안이나 '계획'은 이것을 어떻게 실시하는가에 관한 것이다. 따라서 기획은 목표, 예산 등 큰 대목에 중점을 두는 반면 계획은 구체적인 집행방법, 스케줄 등 실행에 중점을 둔다.

어떤 한 가지 사안은 일반적으로 기획, 계획, 실시라는 과정을 거쳐 실현되지만 그 과정에서 기획 입안자, 계획 작성자, 실시책임자가 투철한 책임감을 가지고 맡은 역할을 수행해야 한다. 21세기의 지식 경제사회에서는 지혜, 소프트웨어, 인간 활동에 대한 통제・조정력을 고도화하는 시대이며 그 노하우가 기획이다. 무한경쟁에서 중요한 수단은 '차별화' 이며 이는 창의적 '기획'을 통해서 달성 가능하다.

표 6-2 기획과 계획의 차이(의미적 비중)

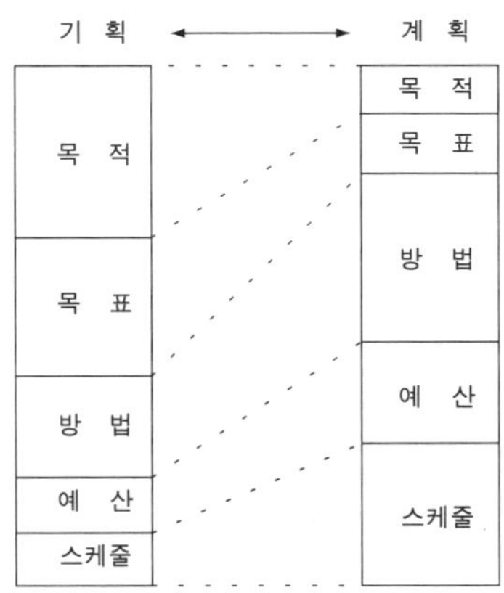

6.3 기획의 요건

기획이 제대로 역할을 하기 위해서는 다음의 3가지 요건을 갖추어야 한다.

1) 신선

새롭지 않으면 기획이 아니다. 즉, 기획은 창의성을 동반하는 것을 전제로 할 때 그 의의를 찾을 수 있다.

2) 정확

기획의 내용이 참신하다 하더라도 기획자가 요구하는 목적, 목표에서 어긋나면 가치가 없어진다.

3) 달성가치

기획을 통해 달성하려는 가치가 명확해야 한다.

6.4 기획을 통한 기대성과

기획이 제대로 실현되었을 때에는 환경 변화에 대비 할 수 있게 되며, 업무의 질이 향상되며, 예상되는 문제에 대해 그 대응 방법을 사전에 강구함으로써 보다 나은 방법으로 추구하고자 하는 목적을 달성할 수 있게 된다.

- 기존 개념의 타파
- 새로운 방침의 구체화
- 지시. 과제의 처리 및 해결

이상의 성과를 이룰 수 있도록 완벽한 기획이 되기 위해서는 목적에 적합해야 하며 매력이 있는 참신한 것이야 한다. 또한 기획 업무를 추진함으로써 결과적으로 메리트(merit)가 기대될 때 보다 효과적이며 결정권자가 승인할 만 하며 실행 가능한 것이어야 한다.

6.5 기획의 요소

일반적으로 기획은 다음의 세 요소로 성립된다.

1) 발상

기획 그 자체로서 독창성을 지니고, 예리하며 독특해야 한다.

2) 기획서

발상된 것을 기획서라는 문서로 정리한 것으로서 논리적이고 합리적으로 간결하게 정리되어야 한다.

3) 프레젠테이션

조직에서 최종 의사결정자에게 기획내용을 설명해서 설득하는 행위, 즉 어떻게 제안하는가, 제시하는가, 발표하는가를 의미한다.

따라서 이 세 가지를 모두 완벽하게 수행할 수 있는 사람은 기획능력이 뛰어나다고 할 수 있다.

표 6-3 기획의 세요소와 세 가지 능력

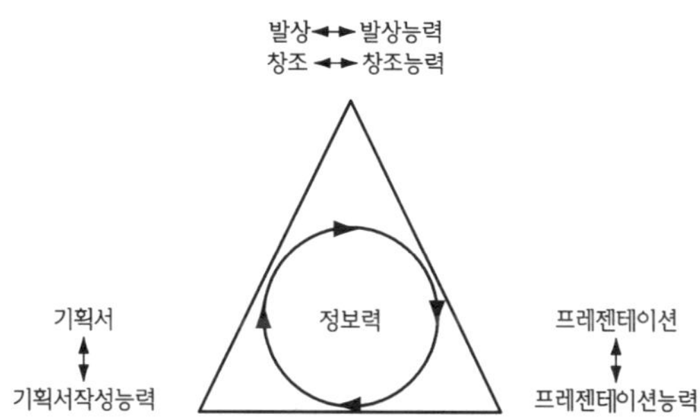

6.6 기획자로서 비서의 자세

비즈니스 세계에 OA화가 진전되고 인공지능이 적극 도입되면서 자동화 시대가 되었으나 이러한 상황에서도 컴퓨터가 모든 일을 처리해 줄 수는 없다. 궁극적으로 창조(기획)는 인간에게 남겨질 수밖에 없는 일이다.

기획업무를 수행함에 있어서 비서는 본질적으로 '대리인'이다. 대리인인 비서는 상사 및 관계자들의 입장에서 각 업무들을 조립할 필요가 있으며 이들의 감정을 이입해야 한다. 상사, 소속부서, 기업, 거래처, 고객이라는 매우 다양한 관계자들 가운데에서 상사가 미처 직접 고려하지 못하는 부분까지를 헤아려서 궁극적으로 상사의 업무수행에 도움을 줄 수 있어야 한다. 따라서 이러한 입장을 알아서 누구의 이익을 대표하여 기획하고 있는가를 분명히 인식하는 것이 중요하다.

표 6-4 기획자(비서)는 대리인으로서 역할

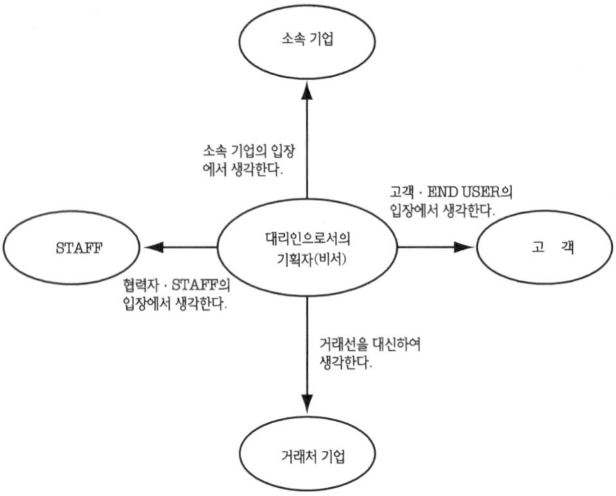

1) 기획자의 자세

기획자에게 필요한 자세로는 '호기심, 치밀성, 진실성, 확고한 의지, 사교성, 문제의식' 등을 들 수 있다.

표 6-5 기획 관계자의 정보 유통

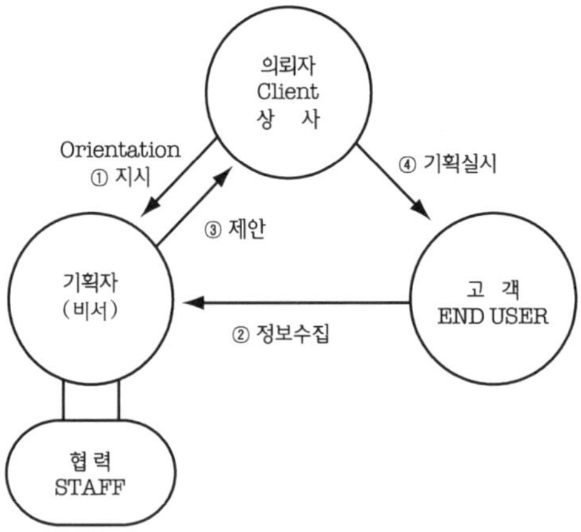

· 호기심 : 새로운 것, 희귀, 진귀한 것에 항상 흥미를 가지는 성격
· 치밀성 : 자세하고 꼼꼼한 태도

· 진실성 : 약속을 지키며, 착실한 인성
· 확고한 의지 : 유연한 사고와 곤란을 극복해내는 힘
· 사교성 : 사람은 가장 중요한 정보원이므로 다양한 사람들과 호의적 관계를 유지할 수 있는 품성이 필요함.
· 문제의식 : 보다 나은 상태가 가능할 것이라는 관점에서 사물을 보는 눈

2) 기획자에게 필요한 역할

기획자에게는 창조적 발상 뿐만 아니라 기획을 실천으로 이끄는 리더십과 실행력, 연출력(실무능력)이 필요하다. 아무리 좋은 아이디어도 그 자체만으로는 가치를 발휘할 수 없다. 그 가치를 증명하는 논리적, 분석적 사고가 필요하다. 기획자로서 비서에게 필요로 되는 역할은 아래와 같다.

- Networker(네트워커) : 인맥을 넓고 깊게 형성할 수 있는 사람, 정보의 제공, 평가를 해주는 지적인 인맥을 가진 사람.
- Coordinator(코디네이터) : 개인 이익과 집단 이익을 가장 적절하게 결합할 줄 아는 사람으로서 치밀한 준비를 행하고 리더십을 발휘할 수 있는 조직력을 가진 사람.
- Concept Planner(컨셉플래너) : 컨셉 작업은 목적을 구체적으로 명확하게 하는 작업, 즉 기획의 에센스를 발견하는 것이며 컨셉플래너는 기획의 의도를 선명하게 하여 주목을 집중시키는 능력을 발휘한다.
- Constructor(컨스트럭터) : 구성력이 탁월한 사람으로서 여러 가지 방법론을 정리하고 전체흐름을 만드는 능력을 가지고 있다.
- Promoter(프로모터) : 집념이 강하고 끝까지 실천하는 추진력이 강한 사람으로서 기획에 대한 정열이 왕성한 사람.

조직의 최고 경영자를 보좌하는 비서는 이러한 기획업무의 본질 및 중요성에 대한 인지를 바탕으로 상사가 앞으로 처리해야할 업무를 미리 예견하여 준비할 수 있는 자세와 능력이 필요하며 나아가서 상당한 경력을 쌓은 후에는 자신도 직접 기획 업무에 참여하여 진정한 전문적 보좌(assistant) 역할을 수행 할 수 있도록 함이 바람직하다고 본다.

표 6-6 **기획서 작성까지의 과정**

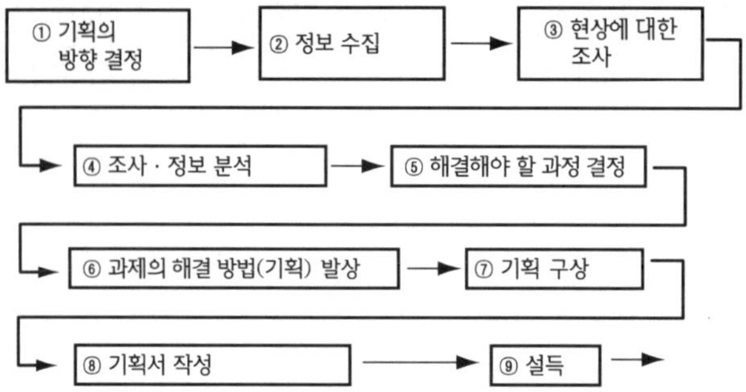

7 커뮤니케이션(Communication)

현장이야기

상사는 대기자 명단(Waiting list)에 !

C사의 사장 비서 N씨는 항상 사장의 출장이나 휴가 시에 항공기 및 호텔 예약을 직접 처리해 왔다. 항공기 편은 국내에 있는 X 여행사에서 경력이 많은 담당자가 항상 도맡아 처리해 왔고 호텔 예약은 지역별로 사장이 선호하는 호텔에 전화 및 팩스로 직접 예약하였다. 그런데 얼마 전 사내 한 간부로부터 친구가 여행사를 개업했으니 도와주었으면 좋겠다고 'L 여행사' 를 추천 받았다. 마침 사장이 한 달쯤 후에 가족들과 같이 미국으로 휴가를 가기로 일정이 잡혀서 L 여행사의 담당자인 O씨에게 전화를 걸어 종전같이 행선지와 스케줄, 사장과 가족 3인의 이름 등 예약에 필요한 사항을 알려주고 항공편 예약을 의뢰하였다. 출발 1주일 전쯤 항공권을 구입하기 위해 여행사에 전화하니 그제야 자리가 없고 대기자 명단에 올려져 있다는 것이었다.

예약을 의뢰한 후 별다른 이야기가 없었으므로 당연히 자리가 확보되었을 것으로 믿고 있었는데 출발이 1주일밖에 안 남았고, 더욱이 1인도 아니고 4인이 함께 탑승해야 하는데 보통 큰 문제가 아니었다. 여기저기 수소문하는 등 우여곡절 끝에 겨우 자리를 확보하고서야 N씨는 안도의 한숨을 내쉬었다.

이것은 커뮤니케이션의 문제를 단적으로 나타내는 사례라 할 수 있다. 즉, '항공기편을 예약해 달라'는 말에 대한 해석 및 처리의 문제이다. 종전에 의뢰하던 X 여행사의 담당자는 항공편 예약에 관한 모든 것을 알아서 처리해 주었는데 비해 신규 L 여행사의 신입 직원은 단지 기계적으로 예약 명단에 올려만 놓고 그 결과에 대해 적절한 후속조치(follow -up)를 취하지 않았기 때문에 이러한 일이 일어난 것이다.

7.1 커뮤니케이션의 기본개념

(1) 커뮤니케이션의 의의

커뮤니케이션이라는 용어는 우리 주변에서 널리 쓰이는 말로써 우리말로 보통 '의사소통'이라고 한다. 커뮤니케이션은 비즈니스에서뿐만 아니라 인간의 삶의 모든 영역에 걸쳐서 광범위하게 일어나는 보편적인 일상사의 하나이기도 하다. 가정에서 부모나 형제, 친구와의 대화나 감정의 전달도 모두 커뮤니케이션에 포함되는 것이다. 즉, 커뮤니케이션이란 메시지를 보내는 사람(송신자 : sender)과 받는 사람(수신자 : receiver)간의 의미의 전달이며 이때 의미는 보내는 사람이 의도한 대로 정확하게 전달되어야 할 뿐만 아니라 이해되어야 한다. 상호 이해가 없이 커뮤니케이션은 존재하지 않는다.

커뮤니케이션이 정보전달 및 교환, 의사소통, 감정이입, 즉 의견・정보・지식・가치관・기호・방침・감정 등을 전달하거나 교환함으로써 상대방의 행동을 변화시키는 과정이라 할 때, 언어나 시각을 통하여 상대방이 이미 알고 있는 의미나 경험을 되살리면서 전달하는 것인데 그 전달하는 내용에 관하여 모든 사람이 동일한 의미와 가치를 공유하는 것은 아니다.

표 7-1 커뮤니케이션 과정

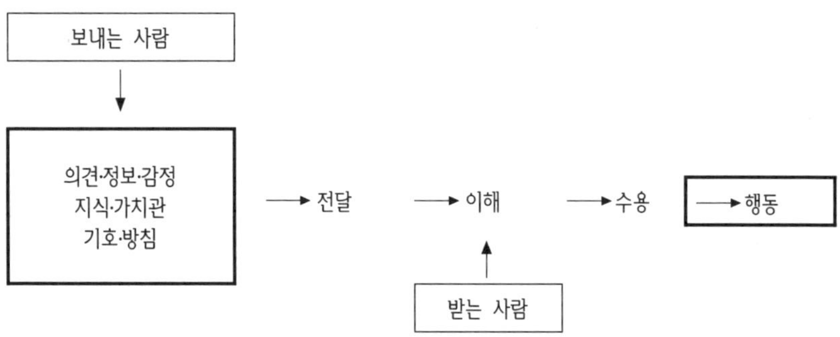

인간에 관한 대부분의 문제들은 커뮤니케이션이 충분하지 못하였거나 중단되거나 혹은 전혀 커뮤니케이션이 없었기 때문에 일어나는 것이다. 따라서 인간관계와 조직생활을 원활히 하기 위해서는 커뮤니케이션이 매우 중요한 역할을 한다.

(2) 조직에서의 커뮤니케이션

1) 현대 조직에 있어서 커뮤니케이션의 중요성

현대 경영조직은 정보의 폭증과 구조적 측면에서 복잡성이 증대되고 있으므로 효과적인 의사결정과 목표설정 및 능률적인 관리를 수행하기 위해서 효과적인 의사소통은 여러 관리기능의 핵심이며 기본이 된다. 조직 내에서 상사와 비서는 말할 것도 없고, 동료지간, 상사와 부하직원, 관련된 외부와의 커뮤니케이션의 효율성의 정도는 조직의 목표달성에 직결된다.

조직관리가 제대로 수행되기 위해서는 의사결정이 올바르게 이루어져야 하고 올바른 의사결정은 올바른 커뮤니케이션으로부터 비롯되므로 조직관리의 성공 여부는 효율적인 커뮤니케이션의 관리행동에 의존하게 된다.

즉, 커뮤니케이션은 경영조직의 수평・수직적인 인간관계에서 인간 상호간의 이해를 돕고 집단 내에서 상호 불신하는 환경을 배제하고 동시에 목표 지향적 인간행동의 협동 체제를 조성하는데 필수적이다. 실제로 중간관리자층 이상의 관리자들은 그들의 시간의 대부분을 회의, 전화, 면담, 서류작성 등의 양식으로 의사소통에 투여한다. 덧붙여 원활한 의사소통은 조직 내에서 바람직한 인간관계의 형성과 밀접한 관계가 있으며 조직원들의 직장 내에서의 만족에 많은 영향을 미친다.

2) 조직에서의 커뮤니케이션의 기능

① 인간관계 형성 : 모든 조직 구성원간의 의사소통, 감정의 전달, 업무관계 상의 협조 등을 통해 인간관계를 형성하며 커뮤니케이션을 하고 있는 동안 다른 사람의 행동에도 영향을 준다. 사적인 커뮤니케이션을 통해 친근감이나 소속감, 사회성을 경험하게 되며 또한 이는 상대적인 측면이 강하여 남에게 예의 바르고 친절한 사람은 다른 사람들로부터도 그러한 예우를 받게 되어 더욱 좋은 대인 관계를 유지 할 수 있게 된다.

② 경영의 5가지 기능 수행 : 조직이 원활하게 돌아갈 수 있도록 경영의 5가지 기능, 즉 계획·조직·충원·지휘·통제를 수행한다. 조직의 목표를 달성하기 위하여 계획을 세우고 각 부문별로, 또 계층별로 수행하여야 할 지시사항을 전달하는 데에도 커뮤니케이션이 사용된다. 또한 종업원들로 하여금 조직 목표달성을 위해 전력투구하도록 동기를 부여해 주며 직무수행상 발생하는 문제점을 찾아 해결하고 수행결과에 대한 보고를 받고 그에 대한 평가를 하는 모든 과정이 커뮤니케이션을 통해 이루어진다.

③ 정보의 교환 : 생산성과 경쟁력에 절대적인 영향을 미치는 정보를 수집하여 분석·정리하여 보고함으로써 보다 정확하고 신속한 의사결정을 가능하게 하며 공식적으로나 비공식적으로나 종업원들은 조직 내에서보다 많은 정보를 얻고자 하므로 정보를 중심으로 커뮤니케이션이 이루어진다.

(3) 커뮤니케이션 과정

커뮤니케이션은 ① 전달 매체의 선택(부호화) ② 메시지 송신 ③ 메시지 수신 ④ 메시지에 대한 응답(feedback)의 과정을 거치게 된다. 이때 모든 과정에서 feedback이 요구되는 것은 아니며 대화하는 중에 송신자와 수신자는 여러 번 서로의 역할이 바뀔 수 있다.

표 7-2 커뮤니케이션 과정

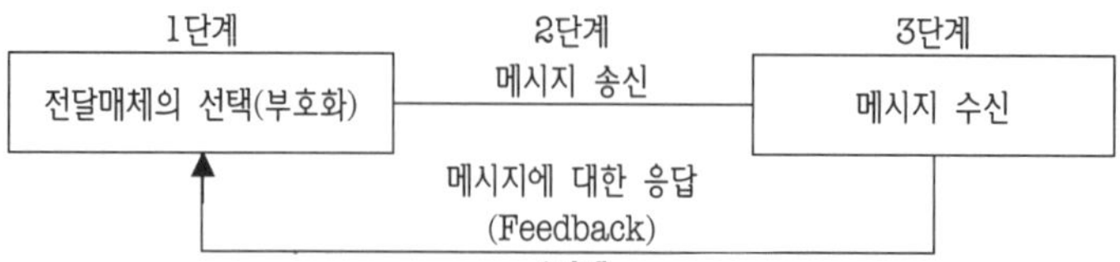

(4) 메시지 전달 매체

메시지를 전달하고자 할 때 송신자는 전달매체 선택에 주의를 기울여야 한다. 그것은 전달하고자 하는 메시지가 가장 능률적으로, 송신자가 의도한 바대로 전달되어야 하기 때문이다.

1) 구두에 의한 커뮤니케이션

비서들이 일상적인 업무수행 과정에서 가장 많이 사용하는 커뮤니케이션 수단이다. 정확한 전달이 되도록 주의를 해야 한다. 일반적으로 관리자들이 가장 선호하는 전달매체로서 대면(face-to-face), 전화, 회의, 발표 등이 있다.

① 대면 : 관리자와 종업원과의 일대일 대면을 통하여 업무위임, 지도, 훈시, 지시, 감독, 정보교환 등이 이루어지며 인간관계 형성에 도움이 된다.

② 전화 : 신속한 업무처리, 의사전달에 유용한 매체로써 많은 업무가 전화로 이루어진다. 그러나 통화하고자 하는 시기에 반드시 통화가 이루어지지는 않는다.

③ 회의 : 관리자가 동시에 여러 사람들에게 전달하고자 할 때, 또 의견을 듣고자 할 때 주로 사용된다. 종업원들의 활동을 조정하고 상부의 지침을 전달하거나 과업을 할당할 때, 또 갈등을 해결하는데 있어서 적절한 매체이다.

④ 발표 : 가장 공식적인 매체로서 발표를 할 때에는 논리 정연하게 도입 부분, 본론 부분, 결론 부분 등으로 요점 정리하여 발표해야 한다.

2) 문서에 의한 커뮤니케이션

관리자들이 비교적 선호하지 않는 방법이나 일반적인 정보를 보내거나 미래의 활동이 요구되는 메시지를 전달하고자 할 때, 책임소재를 분명히 해야 할 경우, 보관을 해야 할 경우 등과 같이 공식적이고 행정적이며 장기간의 메시지 전달에 유용한 매체이다. 조직에서 자주 사용하는 커뮤니케이션 수단으로 메모, 편지, 보고서, 포스터, 컴퓨터, 게시판 등이 있다.

상사를 위하여 공식적 문서를 작성하거나 워드프로세싱하는 일과 비서자신이 작성 주체에 따라서 연락이나 예약 등 업무를 수행하기 위해 자신의 이름으로 작성하는 문서로 구분할 수 있다.

3) 비언어적 커뮤니케이션

보통 구두로 대면하는 커뮤니케이션을 행할 때 비언어적 커뮤니케이션도 함께 사용된다. 비언어적 커뮤니케이션이란 메시지를 전달하면서 하는 얼굴 표정, 음성, 몸짓, 자세 등을 말한다.

비언어적 커뮤니케이션은 주관적인 요소가 개입되고 감정적인 면이 많이 작용하므로 그에 대한 해석은 항상 정확하게 이루어지지는 않는다.

따라서 자신의 비언어적 커뮤니케이션을 자신이 잘 알고 있는 것이 중요하며 구두와 문서에 의한 커뮤니케이션과 함께 비언어적 커뮤니케이션이 구성된다는 것을 인지해야 한다. 또 다른 사람의 비언어적 커뮤니케이션도 알아두는 것이 바람직 할 것이다. 사람에 따라 고유의 비언어적 커뮤니케이션 스타일이 있다. 비서가 상사와 업무를 수행하는 과정에서 매우 중요하며 큰 비중을 차지하는 커뮤니케이션 수단이다.

정확한 메시지의 전달을 위해서는 반복하여 확인하는 것이 필요하며 커뮤니케이션의 매체는 다양하고, 복합적으로 사용될 수 있다. 따라서 목적에 따라 가장 효과적이라 생각되는 매체를 선택하는 것이 바람직하다.

(5) 커뮤니케이션의 형태

1) 공식적 커뮤니케이션

조직 내에서 목표달성을 위하여 감독자와 부하 직원 간에 이루어지는 의사전달로서 권한체계에 근거하여 상사가 부하 직원에게 지시하고 부하직원이 상사에게 그 결과를 보고하는 등 업무수행과 직결되는 커뮤니케이션이다.

① 수직적 커뮤니케이션 : 공식화된 명령체계에 따라 경영자들이 의사결정 사항, 업무계획, 사업계획 등의 사항들을 구성원들에게 전달하고(하향적 커뮤니케이션), 종업원들은 지시 받아 수행한 사항이나 의견, 아이디어 등을 보고나 건의 형식으로 상사에게 전달하는 것을 말한다(상향적 커뮤니케이션). 불만사항이나 제안제도 등도 이에 속한다.

상향적 커뮤니케이션에서는 일반적으로 메시지의 여과(filtering)라는 장애가 생기기 쉽다. 그것은 하급자들의 입장에서 업적은 강조하고 실수는 축소하여 전달하려는 경향이 있고 반대의견이나 나쁜 소식은 가급적 그대로 전달하지 않으려는 경향 때문이다.

② 수평적 커뮤니케이션 : 비슷한 계층의 사람들 사이에서 이루어지는 커뮤니케이션으로 부서간의, 혹은 구성원간의 정보의 흐름을 말한다. 일종의 협조라 할 수도 있으며 상호작용적인 성격을 가진다. 명령체계를 벗어난 모든 커뮤니케이션으로서 의무적 사항이 아니며 조직 내에서의 갈등을 예방하고 협동정신을 증진시키는 역할을 한다.

2) 비공식적 커뮤니케이션

조직 내에는 공식적 커뮤니케이션 체계 외에 자생적으로 형성된 비공식적 커뮤니케이션체계가 존재하며 이를 그레이프바인(grapevine)이라고도 한다.

비공식적 정보는 주로 구두로 전달되며 관심의 대상이 되는 내용이 대부분이므로 상당히 빨리 전달되며 그 전달되는 동안 점차적으로 확대되거나 축소되어 부정확해지기도 한다. 따라서 이점은 경영자에게 장점이 될 수도 있고 단점이 될 수도 있다. 종업원의 즉각적 반응을 요구하는 중요정보는 효과적으로 처리될 수 있는 반면 왜곡된 정보가 전달되었을 경우에는 속도가 빨라 통제하기가 어려울 때도 있다.

효과적인 커뮤니케이션을 위해서는 그레이프바인을 억제하거나 무시하지 말고 이용하도록 한다. 또한 조직 내의 그레이프바인을 구성하는 핵심적인 인물을 찾아 그들을 정보원으로 활용할 수도 있다.

(6) 커뮤니케이션 장애

의사전달 과정에서 때때로 전달하고자 하는 바가 제대로 정확히 전달되지 않는 경우가 종종 있게 된다. 이러한 현상을 커뮤니케이션 장애라 한다. 이러한 장애요인은 크게 몇 가지로 구분할 수 있다. 첫째, 전달하고자 하는 사람이 정확하게 표현하지 못했을 경우, 즉 정확한 용어나 어휘를 사용하지 않음으로써 받아들이는 사람이 달리 해석하는 경우이다. 둘째는 메시지를 받는 사람이 편견이나 선입견을 가지고 있음으로써 사실 그대로 객관적으로 받아들이지 않고 왜곡, 유추, 확대해석 등을 하는 경우이다. 셋째로는 전달과정에서 여러 단계를 거침에 따라 내용이 변경되는 경우이다. 대체로 구두로 전달되는 메시지는 한 단계를 거칠 때마다 조금씩 변경되는 것이 보통이다. 넷째로 조직 내에서 공식적 의사전달시 여과작용(filtering)에 의해 선별적으로 전달되거나 자신의 지식이나 경험의 범위 안에서 재조정되어 전달되는 경우 등이다. 이러한 장애요인을 제거하기 위하여 조직 내에서 권위주의, 불신풍조 등을 없애도록 노력하여 계층간의 갈등요인을 제거함으로써 원활한 의사소통이 이루어지도록 하여야 하겠다.

7.2 비서와 커뮤니케이션

현대 조직사회에 있어서 어느 분야를 막론하고 커뮤니케이션의 중요성은 아무리 강조해도 지나치지 않다. 더욱이 조직에서 경영자 및 관리자를 보좌하며 제반 주변업무를 처리하는 비서의 업무는 처음부터 끝까지 커뮤니케이션의 과정을 거치지 않으면 안 된다.

비서의 업무란 단독으로 수행하여 마무리되기보다는 대부분이 주로 다른 사람(상사, 사내동료, 고객, 기타: 등)과의 커뮤니케이션을 통하여 이루어짐을 감안할 때 어느 직종보다 커뮤니케이션의 능력이 중요하다는 것을 알 수 있다. 예를 들어 상사로부터 지시를 받아 업무를 처리하고 또 그 과정에서 다른 사람과 협의하거나 연락하며, 그 결과를 다시 상사에게 보고하는 모든 과정이 커뮤니케이션으로 이루어진다. 또한 비서의 커뮤니케이션 능력에 따라 비서자신의 인간관계는 물론 상사의 인간관계에까지 영향을 미침을 감안할 때 커뮤니케이션 능력은 비서가 갖추어야 할 가장 필수적인 요건이다.

표 7-3 비서와 커뮤니케이션

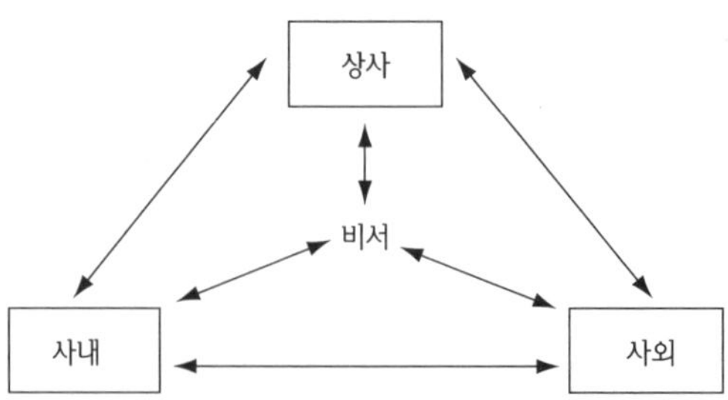

비서에게 있어서 특히 커뮤니케이션 능력이 중요한 것은 다른 것과는 달리 커뮤니케이션은 다른 사람이 대신해 줄 수도 없으며 한번 기회가 지나가면 다시 오지 않기 때문에 그것을 바로잡기 어렵기 때문이다. 비서들에게 있어서 "Communication is your most critical skill." 이란 말도 이러한 사실을 적절히 표현해 주고 있는 것이다.

"비서는 기업문화 메시지의 전달 에이전트 중의 하나이다. 이들의 특징은 공식적인 직책은 따로 있으면서 비공식적으로 조직 위치상 특별히 타인과 대인적 의사소통을 잘한다는 개인적 속성과 능력 때문에 공식적 직책과 관계없는 자발적이고 자생적인 커뮤니케이션 네트워크 기능을 '겸임'한다."[9]는 이론도 비서의 커뮤니케이션 기능을 잘 나타내고 있다.

(1) 비서의 커뮤니케이션 영역

1) 상사와의 커뮤니케이션

상사와의 커뮤니케이션에 관하여는 우선 기본적으로 상사의 경영이념이나 철학 등을 조속히 그리고 정확히 파악하여야 하겠다. 그래서 상사가 가치를 두는 사항과 그렇지 않은 것, 우선순위를 두는 사항이 어떠한 것인가를 정확히 알고 있어야 한다.

상사는 보통 자기가 원하는 바를 비서에게 일일이 말로 설명하기를 원치 않는다. 그것은 상사는 시간적으로나 언어적으로나 가급적 최소의 표현으로 원하는 의사전달을 하려고 하며, 암암리에 비언어적인 커뮤니케이션이 행해지고 언어 또는 행동으로 표시된 지시이면에 있는 의사표시까지도 비서가 이를 파악하여 알아서 처리하기를 원한다. 그것은 한편으로는 습관적으로 당연히 알아들으리라고 기대하여 생략되는 부분과 다른 한편으로는 구체적으로 세부지시를 하지 않은 부분에 대한 업무 수행시의 융통성 부여에 대한 배려도 있기 때문이다.

상사와 비서사이에 팀워크(teamwork)가 잘 이루어진다, 혹은 손발이 잘 맞는다는 것은 바로 이런 측면에서 원활하게 진행된다는 것을 말하며 비서가 바뀌면 한동안 불편하고 업무능률이 떨어진다는 것도 이런 측면을 반영한 것이다.

9) 오두범, 「조직 커뮤니케이션 원론」, 서울대학교 출판부, 1994, p155.

① 지시를 받을 때 : 상사로부터 지시를 받을 때는 상사가 부르면 하던 일을 멈추고 즉시 대답하고 메모 준비를 하여 상사에게로 간다. 이때 대답을 함으로서 보다 원활한 의사소통에 도움이 된다. 대답을 하지 않을 경우 상사는 비서가 알아들었는지 궁금해 하기 때문이다.

상사의 지시는 주의 깊게 들으며 중요한 사항이나 반드시 기억해야 할 사항은 메모를 하고 의문사항이 있을 경우에는 상사의 말이 끝나기를 기다려 질문하도록 한다. 상사의 지시 도중에 질문하면 말이나 생각의 흐름이 끊겨서 상사가 전달하고자 했던 바를 다 전달하지 못하는 경우가 있다.

메모는 요점을 정확히 논리적으로 정리한다. 즉, 누가, 언제, 어디서, 무엇을, 어떻게, 얼마나, 왜 등에 대해서 전체적 관점에서 메모하며 숫자, 날짜, 시각, 장소, 고유명사 등은 각별히 주의하여 메모하도록 한다.

지시를 받고 나면 나름대로 자신이 이해하고 있는 사항을 복창하여 확인함으로써 전달과정에서 발생할 수 있는 오류가 생기지 않도록 한다. 조금이라도 의문사항이 있을 경우는 질문하여 명확히 하는 것이 바람직하고 자신이 임의대로 추측하여 적당히 처리해서는 곤란하다.

업무지시를 받을 경우에는 언제까지 완성되어야 하는 사항인지를 확인하며, 그때까지 완수하기 어려운 경우에는 바로 그 이유를 설명하고 업무처리의 우선순위를 바꾼다든지, 다른 사람의 도움을 요청한다든지 하여 조정하는 것이 필요하다. 우선순위는 상사의 지시나 의견에 따르는 것이 바람직하다.

② 보고할 때 : 보고에 관하여 가장 유념해야 할 사항은 상사가 기다리다 못해 묻기 전에 비서가 먼저 보고해야 한다는 것이다. 상사가 지시한 업무에 관하여 끝마쳤을 때는 바로 정리하여 보고하고, 미처 끝나지 않았을 경우에도 시간적으로 많이 경과하였거나 상사가 진행상황을 궁금해 할 사항에 관하여는 중간에 피드백(feedback)형식의 경과보고를 하는 것이 좋다.

주어진 시간 안에 마치지 못할 것 같은 경우나 문제 상황이 발생했을 경우는 즉시 보고하여 의논함으로써 대책을 마련하여 상황이 더 악화되는 것을 방지하고 문제를 해결할 수 있는 시간적 여유를 가질 수 있도록 해야 한다.

- 보고는 중요한 사항부터 차례로 하고 상사의 형편을 참작하여 상사가 비교적 한가한 때를 틈타 보고한다던가, 행사와 행사 사이에 잠시 틈이 났을 때를 이용

한다든가 하여 최대한으로 상사의 시간에 대하여 배려하도록 한다.

- 보고하기 전에 논리적으로 요점을 정리하여 보고한다. 결론부터 보고하고 진행 상황을 부연 설명하는 식으로 하는 것이 효과적이다.
- 사실 그대로 정확히 보고해야 하며 자신의 감정을 이입시키거나 과장 혹은 축소하여서는 안 된다.
- 좋지 않은 일 일수록 신속히 보고해야 한다. 좋지 않은 일에 접하여 우왕좌왕 하다가 문제를 처리할 시기를 놓치는 경우가 있다.
- 보고하면서 상사의 표정을 살피면서 한다. 보고 도중 상사가 진지한 표정으로 관심을 보일 경우는 계속하여 좀 더 상세히 보고하며, 관심이 없는 듯 하거나 재촉하는 분위기일 경우에는 상대적으로 더욱 간략히 요점만 보고하는 등 융통성을 발휘하는 것이 바람직하다.
- 보고 후에는 상사의 의견(comment)이나 후속 지시사항을 메모해 두어 참고로 한다.

2) 조직 내에서의 커뮤니케이션

조직 내에서 비서는 의사소통의 통로역할을 하고 있다고 볼 수 있다. 따라서 상사를 중심으로 상・하부 계층과 원활한 의사소통이 이루어지도록 배려해야 하며 신뢰와 협조적인 분위기를 조성하기 위해 최선을 다해야 한다.

조직 내에서 비서는 비교적 지위가 높은 분과 가까이에서 근무한다는 점으로 인하여 다른 부서의 사람들과의 인간관계나 의사 소통 시에 어려움을 당할 경우가 간혹 있다. 이러한 점을 염두에 두고 각별히 신경을 써서 항상 예의바르고 겸손한 사람이라는 인식을 심어 주는 것이 조직 내의 커뮤니케이션을 향상시키는 전제조건이 될 것이다.

커뮤니케이션 효과를 증진시키기 위해서는

① 조직 고유의 문화나 경영방침, 가치관 등을 정확히 이해하고 파악해 두는 것이 효율적 커뮤니케이션에 도움이 된다. 조직마다 특유의 사고방식, 업무처리방식, 문제처리방식 등이 있으므로 그것을 속히 파악하는 것이 도움이 된다. 어느 조직이든 일일이 말로 표현하지 않고 묵시적으로 진행되고 받아들여지는 부분이 존재하기 때문이다. 관습적으로 처리되는 방식을 빨리 체득하여야 구성원으로서의 이질감을 느끼지 않게 된다.

② 조직 내에 갈등요인이 없는지 주의 깊게 고찰하여 특히 상사의 직계 라인 상에 그러한 요인이 존재할 경우에는 이를 제거하기 위한 매개적 역할을 하여야 한다.

③ 사전에 철저히 준비를 한다. 조직 내에서의 커뮤니케이션에서도 전달하고자 하는 바에 대하여 사전에 철저히 준비하고 조직적이고 논리적으로 정확하게 전달할 때 상대방도 핵심을 올바로 파악할 수 있게 되고 자신이 전달하고자 하는 바에 대하여 신중한 태도로 받아들이게 된다.

④ 상대방의 입장을 헤아려 무엇을 표현하고 싶어 하는지, 무엇을 원하는지를 생각하면서 대화한다. 즉, 예를 들어 동료가 '~을 할 줄 아세요?' 하고 질문할 경우에 사실 그 질문을 한 진의는 ~에 대하여 도움을 요청하고 싶어서 이지 그것을 할 줄 아는지 모르는지가 알고 싶어서가 아닐 경우가 있다. 그럴 때 그에 대해 '할 줄 아는데요.' 혹은 '할 줄 모르는데요.'하고 끝내는 것보다는 '할 줄 아는데요. 무엇 도와드릴 것이 있어요?' 하거나 '미안합니다만 저는 잘 모르는데 ~씨가 할 줄 압니다.'하고 대답하는 것과는 커다란 차이가 있는 것이다.

⑤ 항상 정중하고 예의 바른 말씨와 행동을 한다. 올바른 경어를 사용하고 감사의 말을 해야 할 경우와 사과의 말을 해야 할 경우에 언제나 부족함이 없이 진심에서 우러나오는 태도로 임함으로써 상대방에게 좋은 인상을 남겨 주는 것은 물론이고 그 이상의 호의를 계속 베풀어주고 싶은 마음이 들게 한다.

⑥ 호칭을 부를 때는 윗분이나 연장자들은 직책 명에 '님'자를 붙여 부르면 무난하다. 직책이 없는 선배나 손위의 직원들의 경우는 '~씨'라 부르기보다는 '~선생님', '~선배님' 등으로 호칭하는 것이 상대를 존중해 주는 느낌을 준다. 동료사이에서나 아랫사람을 부를 때는 '~씨'라 하는 것이 무난하다. '미스 ~', '미스터 ~'라는 호칭은 절대로 사용하지 않도록 한다.

3) 외부와의 커뮤니케이션

대외적인 커뮤니케이션에서 가장 유의할 것은 비서 자신의 커뮤니케이션 과정을 통하여 상대방은 조직전체나 상사의 이미지를 형성하게 된다는 점이다.

즉, 외부사람과 커뮤니케이션 할 때 비서는 개인의 자격으로서가 아닌 조직과 상사를 대표하여 커뮤니케이션 한다는 인식을 갖고 매사에 책임감 있게 행동해야 한다.

① 조직의 상부기관이나 감독관청 사람과의 커뮤니케이션 : 이 경우에는 매우 정중하게 대하고 말씨 하나하나에 까지도 유의하여 좋은 인상을 주어 호의적인 관계를 형성하는데 도움이 되도록 하여야 하며, 상사의 입장에 대하여 각별히 신경을 써야 한다. 예를 들어 전화통화를 연결할 경우에도 이쪽이 어느 기관의 누구인가를 먼저 밝힌 후 통화할 상대가 통화가능한지 묻고 통화가능 할 경우에는 연결시의 타이밍을 잘 조절하여 상대방이 상사보다 지위가 높거나 손위일 경우에는 상사가 먼저 수화기를 들게 한다던가, 상대방에게 전화하였다가 부재중일 경우에는 처음부터 답신전화를 요청하기보다는 언제쯤 돌아오실 것인가를 확인한 후 그때쯤 이쪽에서 다시 전화 드리겠다고 하고, 전화 왔었다는 메모를 남겨 달라고 하는 등 세심한 배려를 하도록 한다.

② 거래처 및 고객과의 커뮤니케이션 : 거래처나 고객 등은 회사의 비즈니스에 직접적으로 영향을 미치는 사람들이며 현재뿐만 아니라 미래의 회사의 수익까지도 좌우하게 된다. 이러한 고객은 일대일 방식으로 주어지는 세계 최고 수준의 서비스를 원한다. 이것은 특별한 것이 아니라 친절한 말투, 상냥한 목소리, 사려 깊은 응대 속에서 찾아진다. 성공적인 고객관리란 객관적인 숫자와 자료들로 측정되는 것이 아니고 고객들의 입소문을 통해 결정되는 것이다. 항상 정성껏, 최선을 다하며 그 회사의 일을 가장 중요시하며 최우선적으로 처리한다는 인상을 주는 것이 좋다.

실제로 비즈니스에서 상당히 성공적으로 업무를 수행해 오고 있는 사람들 중에는 전화통화에서와 같이 상대가 보이지 않는 상태에서 대화하면서도 상대와 실제로 대면한 상태인 것처럼 실제로 모션을 취하면서 말을 함으로써 상대방이 정말로 실감나도록 효과를 모색하곤 하는 경우도 있다.

상냥하고 친절하게 전화에 응대하는 빈틈없는 비서의 모습

③ 기타 상사를 위해 예약을 하는 등 외부기관에 서비스를 요청할 때의 커뮤니케이션 : 이 때는 상대방에게 서비스를 요구하는 입장에서 상사에게 필요한 사항이 정확히, 빈틈없이 준비될 수 있도록 의사전달을 하여야 한다. 다소 단호한 목소리로 대화하며 치밀하게 확인하는 태도로 임함으로써, 상대방에게도 확실하게 일을 처리해야 하며 주의를 기울여야 하는 상대라는 느낌을 갖도록 한다. 상대방의 지식 정도나 소속된 분야를 감안하여 그에 적합한 쉬운 용어를 사용함으로써 정확한 의사 전달이 될 수 있도록 하고, 정확을 기해야 하는 사항, 즉 시간, 날짜, 이름 등에 관하여는 전화통화로 그치지 말고 별도로 팩스로 다시 한번 보내어 명확하게 전달되도록 할 필요가 있다. 또한 통화한 상대방의 이름을 물어서 기록해 둠으로써 우선 상대방에게 책임감을 다시 한번 주지시키는 효과가 있고 통화내용을 간단하게라도 메모로 남김으로써 후속 조치(follow-up)가 확실하게 이루어지도록 한다. 이런 방식으로 2~3번 거래한 업소에서는 상대가 매우 치밀하고 분명한 사람이라는 것을 인식하게 되어 실제로 앞으로의 업무처리에 있어 각별히 신경을 쓰게 된다.

연습문제

1. 조직에서 커뮤니케이션의 중요성에 대해 자기 나름대로 정리해 보자.

2. 비서로서 커뮤니케이션 과정에서 잘못을 저질렀을 때를 가정하여 그 해결방법을 연구해 보자.

8 인간관계 관리

현장이야기

고객의 추천으로 취업한 비서

무역업을 하는 K사의 비서들은 매우 친절하기로 정평이 나 있다. 우선 전화응대에서부터 타사와 다른 점을 발견할 수 있다. 사무적인 억양이 아니고 반기는 목소리로 전화를 받는 것은 물론이거니와 상대가 누구인지 속히 파악하여 정성스레 진심으로 응대하고 항상 관심을 가지고 상대(고객)가 원하는 사항에 대하여는 아무리 어렵고 힘든 부탁이더라도 최선을 다하여 성심껏 처리해 주곤 하여 거래처 사람들과도 가족 같은 분위기에서 매우 친밀한 관계를 유지하면서 일할 수 있게 되었고 '도대체 K사의 비서들은 월급을 얼마나 많이 받기에 항상 저렇게 회사를 위해 헌신적으로 일하느냐' 고 할 정도였다.

그러던 중 비서 중의 한 사람이 결혼하게 되면서 회사를 사직하였다. 평소에 완벽주의로 일하던 것에 비하여 결혼하면 아무래도 계속 그렇게 일하기 어려울 것 같아서 일단 가정에 충실하기로 했던 것이다. 그런데 결혼 후 1년쯤 지나서 그 비서는 다시 일을 하고 싶어졌다.

열심히 일하던 사람이 아무 일도 없이 가정에만 있는 것보다는 다시 무언가 한 사회인으로서 역할을 하고 싶어진 것이다. 그러나 이미 그때 임신 중이라서 취업이 될 것 같지 않았으나 마음에 드는 자리가 있어서 그래도 혹시나 하고 이력서를 냈더니, 채용하는 측에서 본인의 자격요건이나 경력 등이 마음에 들었는데 임신 중이라는 것 때문에 누군가의 추천이나 보증을 요구했다. 채용 후 몇 개월 후에 곧 출산휴가를 보내 주어야 하기 때문에 채용하는 입장에서는 그 점을 고려하지 않을 수 없었던 것이다. 이때 바로 그 중요 거래처의 한 중견간부가 책임지고 추천한다고 하여 원하던 바대로 채용이 되었다.

평소의 좋은 인간관계 유지의 중요성을 말해 주는 한 예라고 볼 수 있다.

8.1 인간관계론의 기본 개념

비서의 업무 영역 중 중요한 분야의 하나로 인간관계 관리를 들 수 있겠다. 일반적으로 어느 조직사회에서나 인간관계는 매우 중요시되고 있으며 사회생활의 성패는 인간관계의 성공 및 실패에 의해 좌우된다고 할 수 있으나 비서직의 경우는 보좌하는 경영자, 관리자의 주요 업무 중의 하나가 인간관계 관리이므로 그에 대한 더욱 깊은 이해가 필요할 뿐 아니라 비서의 업무대상이 각계각층의 사람들과의 교류를 통해 이루어지게 되므로 비서가 이러한 각 방면의 사람들과 원만하고 바람직한 인간관계를 유지하는 것은 비서업무 그 자체는 물론이거니와 나아가 상사 및 조직전체에 미치는 영향도 간과할 수 없을 정도이다.

(1) 인간관계론의 기본개념

모든 인간은 욕구를 가지고 있으며 인간의 욕구는 무한하며 무한한 욕구상태가 행동의 다양한 양상을 유발시키며, 또 다양한 욕구상태를 충족시키기 위하여 다양한 차원에서 인간행동이 계속되게 된다. 즉, 인간행동은 인간의 욕구를 위해서 상존하고 있으며, 인간의 욕구는 개인적 행동을 유발시켜 목표 지향적 행위로 변모되어 조직목표를 달성하게 된다.

조직사회에서 항상 존재하고 있는 인간관계란 '종업원의 생산적 협동과 경제적・사회적・심리적으로 조직목표를 효과적으로 달성하기 위한 동기부여' 라고 정의할 때 인간관계의 기본개념(basic concept of human relations)으로는 1) 동기부여(motivation) 2) 개인의 차이(individual differences) 3) 상호이해(mutual interest) 4) 인간의 존엄성(human dignity)등으로 집약시킬 수 있다. 이러한 기본개념을 주축으로 인간관계의 기본적인 이론이 전개되고 또 모든 인간행위를 연구・분석하며 동시에 기업의 목표설정이 이에 부응하는 방향에서 인간관계를 시도하게 된다.

1) 동기부여

심리학에서는 모티베이션(motivation)이란 '인간의 행동을 개발하고 그 개발된 행동을 유지하며, 더 나아가서 이를 일정한 방향으로 유도해 가는 과정의 총칭'이라고 정의되고 있다.[10] 따라서 목표 지향적인 조직을 이끌어 가는 경영관리자는 계획된 목표를 달성하기 위하여 종업원의 개별적인 욕구(needs)를 창조하고 유지하는 것을 연구의 대상으로 한다[11].

인간관계의 측면에서 인간의 욕구가 목표달성으로 지향하는 과정에서 동기유발상태를 조성하는 것을 동기부여라 한다.

표 8-1 인간 행동의 기본 모델

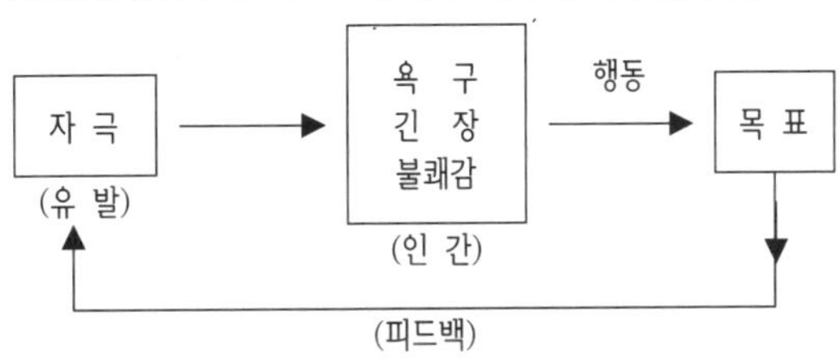

자료 : 유기현, 「인간관계론」, p73

2) 개인차이

인간은 원래 상이한 형태의 욕구와 목표를 갖고 개개인이 모여 특정한 집단(group)을 이루며 이 집단이 조직을 형성하여 사회를 이룩하게 된다. 따라서 개개의 인간은 유전에 의한 성격에 따라, 또는 후천적인 영향으로 간주할 수 있는 집단과 환경에 따라 심리적 과정이나 상태에 의하여 개인의 차이가 결정된다. 따라서 일정 조직 내에서 종업원의 개인차가 발생하게 되며, 이는 인간관계에 있어서 목표 지향적인 측면으로 조직구성원을 유도하는데 중요한 문제가 되고 있다. 즉, 경영관리면의 효율성을 증대시키고 전반적인 경영체계를 확립하기 위해서는 개인의 차이를 감소시켜서 수평·수직적인 인간관계를 확립하여 개인과 조직목표와 일치시켜야 하기 때문이다.

---

10) Joseph Tiffin and Ernest J. McCormick, Industrial Psychology, 5th ed.(Englewood Cliffs, N.J. : Prentice-Hall, 1965), p340.

11) I.L. Heckman & S.G. Huneryager, Human Relations in Management (Cincinnati Ohio : South-Western Publishing Company, 1960), p123.

표 8-2 **개인차이의 발생요인**

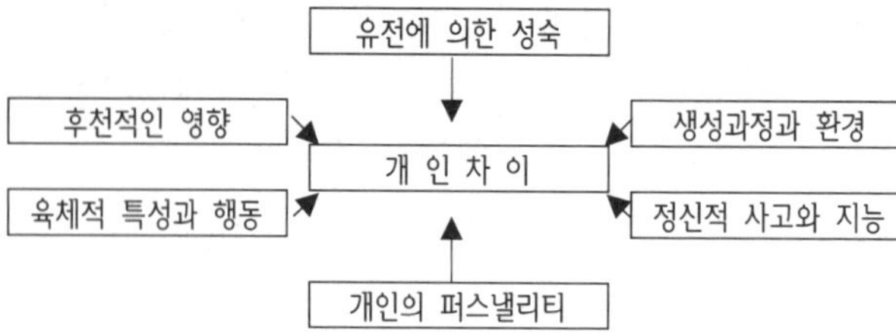

자료 : 유기현,「인간관계론」, p74.

3) 상호이해

인간조직사회란 원래 협력체계(cooperative system)로 간주할 수 있다. 유기적인 조직사회에서 개개인은 인간적 차이로 인하여 개성이라는 특유한 인격을 유지하고 있기 때문에 조직구성원은 개개인 상호간 또는 조직의 목표(goal) 등을 중심으로 하는 이해관계라는 문제에 직면하게 된다. 각 개인은 일방적으로 상호 의존하려는 특성을 갖고 있으며, 또 목표 지향적인 행동을 하기 때문에 이러한 점을 감안하여 조직은 각 개인의 상호 이해관계를 합리적으로 조정해야 할 필요가 있다. 각 개인의 욕구충족은 상호 의존성과 상호 협력에 따라서 충족될 수 있으며 동시에 기업의 목표달성도 개개 종업원의 상호 의존성과 상호 협력에 달려 있다고 할 수 있다.

조직사회에서 인간관계의 상호 이해의 균형과 조정은 기업과 조직구성원인 종업원 상호간에 이해의 공통성을 모색하여 효율성을 증대시키는 것으로 집약할 수 있다. 즉, 조직 내에서 기업과 종업원의 상호 이해를 모색하기 위해서는 공헌과 유인의 균형점을 찾아서 그 방향에 집중적인 관리를 해야 한다.

4) 인간의 존엄성

인간의 존엄은 인간관계에서 기본적인 개념일 뿐 아니라 관계의 원활화에도 절대적인 요소라 하겠다. 모든 인간은 존경(respect)과 존엄성(dignity)을 가지면서 그에 따라 취급받고 싶어 한다. 따라서 인력개발을 통한 생산성 향상을 시도하는데 있어서 인간의 존엄성이라고 하는 개념은 가장 핵심적인 기초가 되어야 한다. 인간행동의 태도는 지식이나 경험에 따라 기준이 변화되고 동기나 감정의 강도에 따라 자아구조가 변화되며, 의사소통의 내용과 선전, 집단유형의 변화와 인간관계, 역할의 변화, 사회적 상황이나 분위기 등 여러 가지 요인에 의해 변화되고 있다. 따라서 인간의 존엄성을 인정하게 되면 이로 인하여 목표지향적인 인간관계를 확립할 수 있으며 동시에 기업의 효율성을 증대시킬 수 있다.

8.2 비서와 인간관계

인간의 조직에서는 각기 그 구성형태에 따라 역할분담이 달라진다. 영리추구가 목표인 조직사회에서는 이러한 역할분담 및 역할부여가 더욱 명확해진다. 또한 이는 궁극적으로 조직의 목표달성이라는 것을 향해 수렴되어야 한다는 당위성을 가지고 있으므로 각기 맡은 바 임무를 최대한 수행하면서 그에 합당한 보상을 받으면서 주위의 다른 구성원들과 서로 도울 수 있을 때 좋은 인간관계가 성립할 수 있을 것이다.

우선 비서로서 조직 내에서의 위치를 보면 비서는 상당히 상부층 경영진을 보좌하는 사람이다. 그러므로 상사의 업무를 보좌하며 또 대행하여 수행하는 과정에서 다른 어느 직종보다 다양한 인간관계에 노출된다. 비서가 직면하게 되는 인간관계는 첫째, 상사와의 인간관계, 둘째, 상사를 위한 인간관계 관리, 셋째 자신의 인간관계로 구분될 수 있다. 실제로 조직 구성원들이 비서에게, 비서의 요구에 대해 우선적으로 조치를 취해 주는 것은 항상 비서가 필요로 하는 것이 상사를 위한 것이기 때문이라는 것을 전제로 한 것이다. 이 점을 항상 유념하여 겸손하고 예의 바르게 행동하는 것이 좋은 관계를 유지할 수 있는 방안 중 하나이다.

(1) 바람직한 인간관계

일반적으로 조직 내에서 원만한 인간관계를 유지하기 위한 방안은 다음과 같다.

① 고정관념, 선입관을 배제하여야 한다 : 선입관(bias)이란 개인에게 처음 받아들여진 정보에 의하여 형성되는 기본적 태도를 말한다. 사람은 누구나 알게 모르게 자신의 경험이나 환경의 영향으로 고정관념이나 선입견

을 갖고 있다. 그러나 그것은 옳을 경우도 있지만 그렇지 않을 경우도 있다. 어떤 일에 대하여 객관적이고 논리적인 판단을 내릴 줄 알아야 궁극적으로 좋은 인간관계를 유지하여 성공적으로 경력을 쌓는데 도움이 될 것이다.

② 사려 깊게 행동한다 : 어떤 상황에서 단편적으로 보인 것을 근거로 자기 나름대로 단정해서는 안 된다. 그 이면에, 혹은 그 일 이전에 놓여 있는 상황을 충분히 알기 전에는 속단하여 말하거나 행동하지 않는 것이 바람직하다. 신중한 사람으로 인정받는 것은 매우 중요한 일이다.

③ 극단적인 감정적 행동은 자제하는 것이 좋다 : 비즈니스에서는 영원한 친구도 영원한 적도 없다는 말을 명심하여 '저 사람은 싫어' 라든지 '저 사람이 좋다'라고 편향된 행동을 하는 것을 삼가며 항상 자제하고 이성적인 자세로 임하는 것이 바람직하다.

④ 적당한 정도의 관심을 표명한다 : 지나치지 않은 관심을 표명하며 상대방이 무엇을 원하는가에 대하여 생각해 보고 배려해 줄 때 부드러운 관계를 형성하게 되어 좋은 영향을 미치게 된다. 그리고 일단 관심을 보였던 사항이나 대화를 나누었던 사항에 관하여는 반드시 기억해 두어야 한다. 이후에 그 사항에 대하여 대화가 오고갈 수 있는데, 그 때에 전혀 동떨어진 대답을 하면 곤란할 것이다.

⑤ 상대방의 장점을 찾아내어 칭찬을 많이 한다 : 사람은 누구나 인정받고자 하는 욕구가 있으므로 타인으로부터 칭찬을 받으면 기뻐하게 되며 자기를 칭찬한 상대방에 대하여 좋은 감정을 갖게 된다. 겉치레가 아닌 진심어린 칭찬, 특히 자기가 못하는 것을 상대가 해냈을 경우 아낌없이 칭찬함으로써 보다 우호적이며 협조적인 관계를 형성하게 되며 원활한 의사소통을 가능하게 한다.

(2) 비서와 관련된 인간관계

1) 상사와의 인간관계

비서가 직면하게 되는 인간관계 중 가장 어려운 관계가 사실은 상사와의 관계라 할 수 있다. 언뜻 보면 조직내에서 가장 가까운 관계로 인식될 수 있으나 가장 직접적으로 이해관계가 연결되고 또 개인의 모든 시간이 상사와 연결되어지므로 가장 어려운 관문이라 할 수 있다.

자신이 생각하고 있는 자기의 능력과 타인이 자신에 대해 인정하는 바를 객관적으로 견주어 볼 필요가 있다. 즉, 자신은 자기가 비서로서 충분히 능력을 갖추고 있는데 상사가 중요한 일을 맡겨 주지 않는다고 불만스럽게 여기는 경우가 많은데 실상은 그렇지 못한 경우가 많다. 무언가 자신이 만족스럽게 처리하지 못하는 부분이 있지 않은지 돌이켜 보고 그러한 점을 발견하여 개선하려는 노력을 기울이는 것이 급선무이다. 그러나 그것을 깨닫지 못하고 제도적 상황이나 상사를 원망하는 마음에서 더 이상의 노력을 안 하게 됨으로써 결국 자신의 발전을 저해하는 경우가 무척 많은 것이 현실이다.

상사와 좋은 관계를 구축하기 위해서는 우선 가장 기본적으로 상사를 존경하는 마음으로 출발해야 한다. 어느 관계에서나 상대방의 장점을 인정하고 칭찬해주는 것이 좋은 관계의 시작이라는 것이 여기서도 예외가 될 수 없다. 사람은 누구나 완벽할 수 없으므로 상사도 무언가 결점이 있겠으나 그보다는 장점이 더 많을 것이며, 특히 어느 정도 성공한 사람들에게는 아주 특출하게 뛰어난 점이 있게 마련이므로 이를 배우고자 하는 마음으로 시작한다면 큰 무리 없이 좋은 관계를 유지할 수 있을 것이다.

두 번째로는 상사로부터 인정, 신뢰를 얻는 것이다. 기본적으로 근무하는데 있어서 성실성과 기밀유지에 있어서 믿어도 되는 사람이라는 확신을 심어 주어야 한다. 이것은 단시간에 되는 것이 아니고 일정기간 동안 서로 실제로 업무를 수행해 가면서 갖게 되는 믿음이다. 또한 업무처리 능력과 실력에 대해서도 상사에게 확인시켜 주어야 한다. 초보적인 일을 완벽하게, 흡족하게 처리할 수 있을 때에 그 다음 단계의 어려운 일, 중요한 일을 맡기는 경우가 대부분이기 때문이다.

세 번째로 모든 일을 상사를 기준으로 수행하고 판단한다. 문제해결 이나 상황판단에 있어서 자신이 아닌 상사의 입장에서, 상사가 좋은 결과를 얻도록 배려할 줄 알아야 한다. 즉, 경우에 따라서는 일이 잘못된 부분을 비서의 실수로 돌리는 수도 있다. 이럴 때 대의명분을 생각하여 잘된 일의 업적은 상사에게로 돌리고 실수는 비서의 잘못으로 함으로써 그 여파를 최소화할 수도 있다. 이와 같이 서로 좋은 팀웍을 이룰 때 상사와 비서 간에 좋은 관계가 이루어지고 상사는 비서에게 전적으로 의지하고 신뢰하게 되는 것이다.

그러나 주의할 점은 비서가 이니셔티브(initiative)를 발휘하되 지나쳐서는 곤란하며 상사의 근본의도에 위배되어서도 안 된다는 것이다. 개인적인 사항에 대하여도 성의껏 돕는 것은 바람직하나 프라이버시를 침해하지 말아야 하며 지나친 관여는 하지 않도록 한다.

그러나 불행히도 상사와 원만한 관계가 이루어지지 못할 경우가 있다. 성격의 차이, 일하는 스타일의 차이, 신뢰감의 부재, 비서의 능력의 부족 등이 그 요인인데, 이때 해결방법으로는 상사가 변화하든지, 비서가 변화하여 상사에게 맞추든지, 그렇지 않으면 관계를 종결시키든지 하는 것 등이다. 비서들 중에는 상사의 일하는 방식이 비합리적이라든가, 성격이 안 맞는다던가 할 때 상사를 자기에게 맞추려 하는 경우가 있는데 이는 거의 불가능하다는 것을 알아야 한다. 수십 년간 이루어진 것이 비서에 의해 변화되는 경우는 극히 드물다. 따라서 비서가 상사에게 맞추어 적응하던가 아니면 자리를 옮기거나 직장을 바꾸는 방법밖에 없다. 그러나 일단은 비서가 상사에게 맞추는 노력을 하는 것이 우선일 것이다. 그렇게 일정기간 노력하다 보면 미처 발견하지 못했던 장점을 발견하여 오히려 좋은 관계로 바뀔 수도 있고, 그 과정에서 knowhow가 축적되어 전문비서로서의 자질을 함양하게 되기도 한다. 진정한 전문비서란 어떠한 타입의 상사와도 일할 수 있는 능력을 가진 비서가 아닐까!

① 상사가 내국인인지 외국인인지에 따라 그 보좌형태가 달라진다. 가장 두드러진 차이점은 커뮤니케이션 형태이다. 내국인과는 감정체계, 문화적 배경이 거의 비슷하므로 최소한의 커뮤니케이션으로 의사전달과 업무추진이 가능하며 일반적으로 한국인 상사들은 보수적인 성향이 있으므로 비서가 너무 표면에 나서던가 하는 것은 원치 않고 한발 뒤에서 보좌하는 것으로 그치기를 원하는 경우가 많은데 비하여 외국인 상사는 아무래도 문화적 차이, 언어 차이 때문에 커뮤니케이션이 외국어로 진행되며 한국적 상황에 대해 비서가 일일이 배려하여 설명해 주어야 하고 일의 진행에 있어서 동반자로 인식하여 비서의 의견을 많이 묻고, 참고하는 경향이 있다. 따라서 대화 시에 거의 대등한 분위기에서 의견교환이 이루어지며 Yes, No가 분명한 답변을 원한다.

② 상사가 그 조직의 소유주인 경우와 경영관리를 위해 채용된 전문경영인 인지에 따라서도 보좌방식이 달라지며 상사를 보좌하는 방식에 대하여는 전임자에게서 인계받을 때에 가급적 상세히 알아두고, 그 후에도 계속적으로 연구하는 자세로 임하며, 자기 상사가 그의 상사를 어떻게 보좌하는가를 살펴보면 좋은 참고가 되기도 한다.

2) 상사의 부하나 간부급 임원과의 관계

조직 내에서 비서가 유의해야 할 대인관계 중의 하나로 자기상사 바로 밑의 부하, 즉 상사가 부사장일 경우 전무나 상무, 부장 등과 타부문의 임원들이 있다. 윗분의 바로 가까이에서 보좌하는 상황으로 인해 자신은 전혀 예측하지 못한 오해를 받거나 원망을 들을 수 있다. 따라서 업무상 연락하거나 상사의 지시를 전달하거나 대면할 때 깍듯이 상사와 자신의 입장을 구분하여 행동함이 요망된다. 특히 상사 개인적 일과 부하의 업무적 사항이 부딪쳤을 때 어느 것에 우선순위를 두느냐로 충돌이 생기는 경우가 흔히 있게 된다. 이럴 경우 지혜롭게 처리하여 상사나 부하 어느 쪽으로부터도 원망을 듣지 않도록 하는 것이 현명한 처사일 것이다.

3) 다른 비서 및 동료와의 관계

기본적으로 모든 비서들과 원만한 인간관계를 형성하여 항상 협조하며 지낼 수 있도록 하되 업무적 기밀사항에 대하여는 철저하게 선을 긋도록 해야 한다. 조직 내에서 상급비서나 자기상사의 상사에 속한 비서에 대하여서는 선배로 예우하며 업무처리에 있어서 가급적 기존 방식이나 규정을 따라 실시하면서 자신에게 책임이 주어지면 단계적으로 개선해 나가는 편이 무난하다. 특히 자기보다 먼저 입사했고 나이는 많으나 학력이 낮은 비서와 갈등이 생기기 쉬우므로 각별히 주의하여 좋은 관계를 유지하도록 한다. 후배 비서들에게는 항상 모범을 보이며 친절하고 자상하게 지도함으로써 신속하게 적응할 수 있도록 도와준다.

비서직이 아닌 다른 직종에 종사하는 직원들에게도 항상 친절하고 예의 바르게 대함으로써 위화감을 갖지 않도록 하며 그들의 고충이나 의견들을 잘 선별하여 상부에 전달함으로써 가교역할을 하도록 한다.

동료비서와 원만한 인간관계를 유지하고 있는 모습

4) 외부인사와의 관계

비서는 외부인사가 자기회사 혹은 상사와의 접촉을 하기 위해 거치게 되는 첫 관문이다. 따라서 비서의 태도나 자세에 따라 큰 영향을 미치게 된다. 항상 친절하고 예의 바르며 절도 있는 행동과 말씨로 내방객을 맞이하면 그들이 만족하게 되고 나아가 상사와 조직에 대하여 좋은 인상을 주게 된다. 단순히 기계적으로 묻는 말에 대답하고 말을 끝내는 것과 상대방이 무엇을 원하는지 성심껏 도우려는 자세로 응대하는 것과는 커다란 차이가 있게 된다.

연습문제

1. 자신이 속한 조직 내에서 원만한 인간관계를 형성하고 있는지 돌이켜 보고 문제점을 해결하기 위한 방안을 모색해 보자.

2. 직장에서 상사와의 인간관계에서 가장 유의해야 할 사항은 무엇인가 생각해 보자.

9 지식 · 정보관리

현장이야기

'정보력이 곧 경쟁력'

A사와 B사는 성장기에 속해 있는 동일한 업종의 경쟁관계에 있는 기업으로서 사세확장과 생산량 증대를 위해 10억원의 자금을 조달하려는 시점에 있다. A사는 평소 해 오던 대로 어느 금융기관을 통하여 년리 10% 만기 5년의 조건으로 10억원의 자금을 대출 받기로 하였다. B사는 A사와 마찬가지로 종전대로 금융기관에서 대출을 받기 위해 절차를 밟던 중 B사의 자금담당 이사가 1달쯤 후에는 금융 자율화가 이루어져서 기업체의 신용상태에 따라 대출금리를 차등하여 적용하게 된다는 정보를 입수하였다. 만일 그렇게 된다면 우량기업인 B사는 현행 10%의 금리보다 낮은 금리로 자금을 조달 할 수 있다고 생각한 B사의 자금담당 이사는 새로운 규정이 시행되는 1달 후로 자금조달을 보류하기로 하고 1개월 후에 새로운 규정에 따라 우대금리를 적용 받아 년 8.5%의 금리로 만기 7년짜리 자금을 조달할 수 있게 되었다. 만기가 7년으로 된 것도 B사가 우량기업이기 때문이다. 우량기업일수록 장기로 자금을 차입할 수 있기 때문이다.

이 때 양사의 연간 이자부담액을 비교하면 아래와 같다.

A사 : 1,000,000,000원 X 10%
= 100,000,000원

B사 : 1,000,000,000원 X 8.5%
= 85,000,000원

두 회사의 연간 지급이자 차액은 100,000,000 - 85,000,000 = 15,000,000원이 된다.

다른 모든 여건이 비슷한 상황에서 같은 규모의 자금을 조달하는데 A사는 연간 1억원씩을 이자로 지급해야 하고 5년 후에는 전액 상환해야 하는데 비하여 B사는 연간 8천 5백만원씩을 이자로 지급하고 7년 후에 상환해야 할 때, 어느 기업이 더 자금을 저렴한 비용으로 안정적으로 사용함으로써 수익성이 높아지고 경쟁력이 강화되는지 굳이 설명이 필요 없을 것이다.

9.1 지식 · 정보사회

인류는 초기 농경사회에서 산업사회로, 그리고 정보사회로 발전되어 왔다. 컴퓨팅 기술과 통신기술의 발달로 정보통신 혁명이 이루어졌으며, cyber space가 생겨나 인터넷이라는 정보 연결망을 통해 매우 편리하게 다양한 정보를 접할 수 있게 되었다. 고도 정보사회는 개성 및 지성, 그리고 창의력을 존중하는 오늘날의 사회에 정보화를 완성하여 질 높은 지식을 창출하는데 중요한 역할을 한다. 전자정보를 누구나 공유할 수 있도록 하며 인터넷상에서 개방적인 전자 상거래를 가능하도록 한다. 다매체, 다채널, 양방향 방송으로 다양한 정보를 수집할 수 있게 해 주며, 재택근무 및 원격 민원 처리가 가능하게 되었다. 따라서 현대사회는 정보 활용 능력에 따라 개인의 삶의 질이 결정되는 지식 정보사회로 정착되고 있다.

오늘날 기업조직이 직면해 있는 상황 중 가장 괄목할 만한 하나가 물적 가치에 비해 지적 가치가 점차 높아지고 있다는 점이다. 한 예로 IBM사를 들 수 있다. 이 회사는 종업원 가운데에 6%만이 공장에서 근무하고 나머지 94%는 엔지니어링, 회계, 인사, 물류, 디자인, 재무와 같은 무형의 지적 서비스 활동들에 종사하고 있다. 따라서 지식관리의 개념이 대두됨과 동시에 매우 중요한 사안이 되고 있다. 대부분의 데이터 작업(data work), 수많은 지식작업(knowledge work), 경영자들의 빈번한 의사결정들은 사무실에서 이루어진다. 사무실은 조직 전체에 흐르는 정보의 흐름을 조정하는 중요한 역할을 수행한다. 사무실 근로자는 개인 또는 집단으로 작업하는 전문가, 경영관리자, 비서, 일반 사무원 등 폭넓은 범주의 근로자들을 포함하고 있다. 이들 중 비서는 상사의 업무와 관련하여 조직 내·외적인 정보 및 지식의 발견, 수집, 창출 및 활용과 관련된 제반 업무를 능숙하게 관리할 줄 아는 자세와 능력을 지녀야 한다.

9.2 지식관리

(1) 지식기반 경제

기업이 유형자산보다는 무형자산에 그리고 제품 재고보다는 지식에 점차 더 가치를 두게 됨에 따라 성공의 정의가 완전히 바뀌었다. 요즈음 성공은 기업의 혁신 능력, 즉 시장을 창조하고 해체할 수 있는 능력에 의해 좌우된다. 목표 달성을 위해 기업은 끊임없이 제품 및 서비스를 경쟁사보다 한 발 앞서 제공하여야 한다. 성공하기 위해 조직은 그 고유의 지식을 축적하여야 한다. 이러한 지식 중심적인 발상은 기업이 지식경영을 추진케 하는 원동력이 되고 있다.

지식 기반의 경제에서는 기업에서 생산근로자보다는 지식근로자가 더 중요한 역할을 담당하게 되며, 기업은 스스로 변화해 가는 능력을 갖추어야만 생존할 수 있다고 말한다. 따라서 무의미해진 지식은 과감하게 버리고 새 것을 배울 수 있도록 준비하는 노력이 필요하다. 즉, 기업의 각 업무활동을 지속적으로 개선하고 성공적 경험들을 토대로 새로운 아이디어나 방법들을 개발할 수 있도록 최선을 다하여야 한다. 또한 조직차원에서 체계화된 노력을 통해 지속적인 프로세스 혁신을 추구해 나가는 것이 기업의 성공을 위해 필요하다.

기업이 급변하는 경영환경 가운데 살아남고 성공하기 위해서는 지식창출 기업 혹은 학습조직이 되어야 한다. 즉, 지속적으로 비즈니스 지식을 창조하고 이를 조직 내에 전파하며 또 신속하게 새로운 제품이나 서비스에 적용할 수 있는 능력을 갖추어야 한다. 지식창출 기업은 지식관리 기법 및 정보기술을 이용하여 조직원들이 알고 있는 바를 함께 공유하고 축적된 업무지식을 보다 효과적으로 활용할 수 있는 방법을 찾아야 한다.

(2) 지식관리시스템

지식관리(knowledge management)란 지식의 발견, 수집, 창출, 유지, 전파, 활용 등 지식과 관련된 제반 활동을 체계적으로 관리하는 과정으로 볼 수 있다. 지식관리는 조직의 지적 자산이 부패하지 않도록 보호하고, 정보추가, 가치향상 등을 통해 의사결정, 제품, 서비스의 질을 향상시킬 기회를 탐색하는 것이다. 따라서 기업이 지식자원의 가치를 극대화하기 위하여 조직학습 및 비즈니스

노하우를 체계적으로 관리할 수 있게 해 주는 정보시스템을 지식관리시스템이라고 부른다.

1) 지식관리시스템의 기술요소

지식관리시스템을 구축하는데 고려할 수 있는 정보기술에는 문서관리시스템 및 그룹웨어가 중요한 비중을 차지한다. 지식관리시스템의 정보기술요소는 지식창출/획득(knowledge capture)측면과 지식공유/교환(knowledge sharing)측면의 두 가지로 나누어 설명할 수 있다.

- 지식창출/획득 기술 : 기업이 필요 지식을 창출하거나 수집하는 데 이용할 수 있는 도구로는 워크플로, 전자회의, 전자토의포럼이 대표적이라고 할 수 있다.

워크플로(workflow) 시스템은 기업업무의 흐름을 관리하는 기능에 초점을 두므로 조직업무 프로세스와 관련한 지식을 포착하는데 사용할 수 있다.

전자회의(electronic meeting) 시스템은 앞서 지적된 바와 같이 제품의 설계나 광고카피의 고안처럼 창의적인 발상을 통해 새로운 아이디어를 도출해 내는데 중점을 두므로 조직의 지식창출을 위해 유용한 도구로 사용이 가능하다.

전자토의포럼(electronic discussion forums)은 비실시간 방식에 의한 조직원들 간의 주제토의를 지원한다는 점에서 전자회의시스템처럼 암묵적 지식의 창출 도구로서 활용될 수 있다.

- 지식공유/교환 기술 : 조직원들 간에 지식을 공유하거나 교환하는데 있어서도 정보기술의 역할이 중요하다. 이러한 기술에는 전자문서관리시스템, 그룹웨어, 인트라넷이 있다. 전자문서관리시스템(EDMS)은 조직 내 여러 유형들의 문서들을 통합적으로 관리하는 시스템이다.

이 시스템을 통해 개인이 필요로 하는 지식의 키워드만 입력하면 곧 그와 관련된 문서들이 화면에 열거되며 희망하는 문서를 선택하고 내용을 확인할 수 있다. 조직의 명시적 지식 중 상당 부분이 문서의 형태로 존재한다는 사실을 생각할 때 EDMS는 지식의 효과적 공유를 위해 중요하다. 조직원들 간에 정보를 공유하고 교환하는 기능에 역점을 두는 그룹웨어 및 인트라넷도 지식 공유를 위한 도구로 사용이 가능하다.

2) 지식관리시스템의 구축

조직의 지식베이스를 구축하는 작업은 겉으로 보기보다는 훨씬 복잡하며 구축비용도 매우 높을 수 있지만, 그 도입효과도 정당화시키기가 좀처럼 쉽지 않다.

지식관리시스템의 구축에 있어 중요하게 고려해야 하는 이슈 중의 하나는 지식관리시스템의 구축을 누가 총괄할 것인가 하는 문제이다. 일반적으로 기업들이 지식관리시스템 구축의 총괄역할을 담당하게 하기 위해 지식담당이사(chief knowledge officer : CKO)라는 직무를 설치하고 있다. 회장(CEO)과 정보담당이사(CIO)와의 연결고리 역할을 수행하는 CKO는 지식관리기반을 구축하고 지식 중심의 조직문화를 조성하며 지식경영의 성과를 극대화하는 책임을 담당한다.

표 9-1 산업사회와 정보화 사회에서의 비서

산 업 사 회	——→	정보화 사회
획일적(大衆)	소비자 욕구	다양화(分衆)
歐美日에서 도입 단일적	기술	獨自개발 복합화
소품종다량	생산	다품종소량
효율중시	가치관	창조중시
부족	자금	풍부
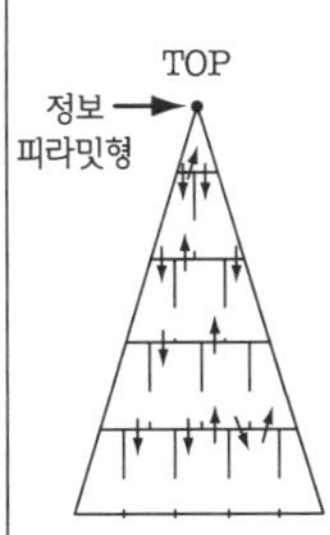		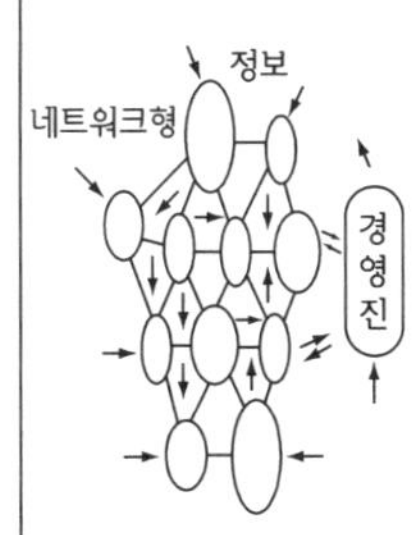
TOP 의존	의사결정	권한의 분산
上下方向	정보의 흐름	全方向
상하관계	비서의 위치	파트너십
사무보조	비서의 업무	정보처리
單能形	비서의 자질	多能形

자료 : 윤은기, 「정보화 사회의 비서학」, p176.

특히, 지식관리시스템을 도입하는 데 있어 극복해야 하는 중요한 과제로는 조직문화의 조성이 있다. 아무리 우수한 지식베이스를 기술적으로 완벽하게 구현하더라도 조직원들이 이를 이용하여 새로운 지식을 창조하고 또한 함께 공유하는 노력이 없으면 시스템은 아무 의미를 지니지 못한다. 따라서 지식의 창조와 활용 노력에 대해 동기를 부여하는 보상시스템을 도입함으로써 조직원들 개개인이 확고한 의지를 가지고 지식경영에 참여할 수 있도록 CKO가 중요한 리더십을 발휘해야 한다.

기업에 있어서 분산된 네트워크는 지식을 기반으로 한 기업의 새로운 중심축이 되어가고 있으며, 이러한 지식은 사람과 장소에 구애받지 않고 수집되어서 고객의 다양하고 다변하는 욕구를 충족시키기 위해서 즉각적으로 포장되고 있다. 이러한 지식관리 활동을 도와주는 정보시스템으로 사무정보시스템이 있다.

9.3 정보관리

경영전략과 기업변신의 필수요소로서, 경쟁력의 척도로서 현대기업에 있어서 정보의 중요성이 강하게 대두되고 있다. 조직의 의사결정자인 경영자, 관리자를 보좌하는 비서는 상사가 필요로 하는 정보에 대하여 항상 관심을 기울여 선별하여 수집하려는 마음의 자세와 능력을 갖추어야 하며 수집한 정보를 적절한 처리·분석절차를 밟아 보고함으로써 스텝으로서 의사결정에 간접적으로 기여하며 이들 정보를 분류·보관·재생함으로써 가치 있는 정보를 창출할 줄 아는 능력을 갖추어야겠다.

(1) 정보의 정의

정보의 정의에 대하여 '어떠한 사물이 갖고 있는 형태나 뜻을 찾아내어 활용하는 지적 행위'12)라고 하기도 하며 '개인이나 조직체가 성장·발전하기 위한 지식'이라고 경제활동이나 기업 활동의 측면에서 말하기도 한다. 넓은 의미에서의 정보(data)는 격식이나 형태에 구애되지 않고 의도적으로 획득한 '지식'이나

12) 윤은기, 「정보화 사회의 비서학」, 유나이티드 컨설팅 그룹, 1989, p105.

'자료'를 말한다. 따라서 아직 확인과정이나 분석 및 평가과정을 거치지 않은 것이므로 그 효용가치나 활용도에 대하여 확신할 수 없는 단계의 정보이다. 실제로 정보란 어떤 목적의식 하에 사용하기에 적합하도록 '처리과정을 거친 정보(information)'로서 분석, 판단 및 평가 등 가공되어 정보지식이나 기능으로서 승화된 것을 말한다. 특정상황 아래에서 가장 적합한 행동을 하게끔 하는 판단의 기준이 되므로 유용성이 높다. 이러한 처리된 정보를 얻기 위해서는 과학적이고 체계화된 정보처리 능력이 요구된다.

예를 들어 어느 기업의 경영성과나 자금사정을 분석하고자 할 때 혹은 주식에의 투자결정을 내리고자 할 때 해당 기업의 대차대조표나 손익계산서 등 재무제표는 기초 정보(data)라 할 수 있으며, 이들 재무제표들을 분석하여 수익성, 유동성, 성장성 등의 필요한 비율을 산출해 내고 이를 동종 산업 내의 다른 기업과 비교 분석한 결과나 과거 일정 기간의 주가 변동 상황을 기록한 그래프 등은 처리된 정보(information)라 할 수 있다. 정리하면, 정보란 의사결정이나 가치창출을 위하여 일정한 형식으로 처리되고 활용될 수 있는 유용한 자료라 할 수 있다.

(2) 정보의 특성[13]

정보를 얻기 위해서는 항상 새로운 정보를 입수하고자 관심을 기울이는 정보마인드가 가장 중요한 역할을 하며 많은 정보들 가운데 자신에게 유용한 정보를 판별해 낼 줄 아는 식견이 있어야 한다. 더불어 아래와 같은 정보의 특성을 고려하여 정보활동을 할 때 그 효과는 증대될 것이다.

첫째로, 정보는 그 자체로 일정한 형태가 없으며 물과 같이 유동적이다. 따라서 반드시 정보가 이동할 수 있는 정보채널(channel)이 필요하며, 이러한 채널이 갖추어져 있는 곳으로 항상 이동하게 된다. 기업에서는 보다 많은 양의 유용한 정보를 적기에 얻기 위해 정보 채널을 계획적으로 설계하고 그에 따른 관리활동을 해야 한다. 평소에 대정부로비, 고객관리, 협회가입, 해외지사망을 설치하는 등 정보망의 저변확대가 필요하며 정보비, 기밀비, 접대비 등의 비용은 이러한 목적을 위해 사용되는 경비이다.

13) 윤은기, 「전게서」, pp 107-109 에서 발췌 · 정리.

둘째로, 모든 정보는 시효가 있으며 정보관리에 있어서 타이밍(timing), 특히 신속성이 중요하다. 대부분의 정보는 시간이 경과함에 따라 그 가치가 감소하는 경향이 있다. 즉, 입시정보는 입시원서 마감 이전에 얻었을 때 유효하며 주가정보도 그것이 일반대중에게 노출되어 주가에 반영되기 전에 유효한 것이다. 일단 노출되면 즉시 주가에 반영되어 그때부터는 그것이 더 이상 정보로서의 가치를 상실하게 된다. 비즈니스 관계상의 축하, 조문 등에 관한 사항도 적기에 행해질 때 그 효과가 크고 뒤늦게 할 경우에는 그 효과가 반감하는 것과도 같다.

셋째로, 정보활동은 연속적으로 이루어질 때 질적으로나 경제적으로 효용가치가 크다. 즉, 초기단계의 정보를 입수한 사람이 그 다음 단계의 정보를 얻기 위해 노력하게 되며 정보를 발견했을 때 그 가치를 분별할 줄 알게 됨으로써 그 결과 점점 더 많은 정보를 갖게 된다. 정보는 남에게 제공하더라도 소멸되는 것이 아니고 증가되는 특성을 가지고 있다. 즉, 정보는 축적되고 결합되고 가공되어 보다 나은 정보로 발전한다. 정보 A와 정보 B가 결합하여 새로운 정보 C가 발생되어 시너지 효과(synergy effect)를 가져오게 되므로 보다 많은 정보를 가진 사람이 보다 정확한 의사결정을 내릴 수 있게 된다. 과거 일정기간 동안의 신문을 모아 한꺼번에 훑어보다 보면 단편적으로 보았을 때 파악하지 못한 중요한 사실이나 흐름들을 발견할 수 있고 앞으로의 추세도 예견할 수 있게 된다. 이렇듯 정보의 축적이 많아야 더욱 더 많은 정보를 얻고자 하는 의욕도 생기게 된다.

넷째로, 정보는 주체에 따라 선별적인 가치를 갖는다. 즉, 어떠한 사람에게 중요한 정보가 다른 사람에게는 중요하지 않을 수 있으므로 이질적인 정보의 활동이 요구된다. 따라서 자신에게 필요한 정보와 필요치 않은 정보, 중요한 정보와 중요하지 않은 정보를 판별해 낼 수 있는 식견을 가져야 한다.

또한 정보를 가지고 있는 사람은 늘 새로운 정보, 정보의 다음 단계의 필요성을 느끼는(정보 마인드) 반면 정보가 없는 사람은 정보에 둔감하게 되므로 점차 그 격차가 벌어지게 된다. 이러한 정보를 입수하고 처리하는 과정에서 비용이 발생하게 된다. 꾸준한 교제, 사회활동, 인맥유지, 관리 자료의 구입 등에 비용이 소요되기 때문이다. 그러나 이와 같은 직접적인 비용이 아니더라도 정보활동에 투여한 시간과 에너지, 반대급부에 대한 비용 등 간접적 비용도 요구된다. 사람이 시간을 할애하고, 행동이나 생각을 하는 것들도 결국 다 비용개념에 포함되는 것이기 때문이다.

이상과 같은 정보의 특성을 고려할 때, 정보활동은 연속적으로 수행되고 축적이 많을수록 유리하고 정보의 채널이 원활하며 정보의 전달이 빠를수록 유리하고 다양한 정보를 취급하는 쪽이 단순한 정보를 취급하는 쪽보다 유리하게 된다.

(3) 정보관리

정보의 관리는 계획-수집-처리-활용의 단계를 거친다.

◎ 정보활동시의 유의점

정보활동을 전개함에 있어서는 다음의 원칙을 염두에 두고 시작하는 것이 바람직하다.

- 대전제로서, 정보의 NEEDS(필요성)를 확실히 파악할 것.
- 정확 · 신속하며 경제적으로 정보를 수집할 것.
- 정확한 분석 · 추리 및 평가를 행할 것.
- 정확한 정보를 적격한 조직 또는 인물에게 적시에 전달할 것.

정보활동 과정 전반에서 주의해야 할 점으로서 다음과 같은 점을 들을 수 있다.

첫째, 통찰력을 길러야 한다. 정보를 수집하거나 분석할 때에는 그것이 무엇을 의미하는가를 꿰뚫어 볼 줄 알아야 한다. 정보시스템의 강화라는 것은, 결국은 그것을 관리하는 사람의 자질과 관련되기 때문이다.

둘째, 유형화의 효용과 한도에 주의를 기울이는 것이다. 개인이나 조직체가 의사결정을 행하는데 필요한 정보는 상당한 부분을 유형화하는 것이 가능하며, 이 부분에 대해서는 자동적이고 정기적으로 정보가 흐르도록 해두는 것이 경제면에서 중요하다. 그러나 유형화할 수 없는 정보도 있으며 시간의 경과와 함께 유형화된 범위 내에서 점차로 상황을 파악하기 어려워지는 경우도 있다.

셋째, 인간은 감정의 동물이라는 점이다. 사람에게서 입수하는 정보는 경제적인 대가만 치른다고 입수할 수 있는 것이 아니다. 정보수집이라는 면에서도, 전달이라는 면에서도 사람과의 유대, 즉 대인관계측면은 평소부터 중요시하여야 한다.

넷째, 상대의 입장에서 생각하는 것이다. 정보의 NEEDS를 파악하는 일에서 시작하여, 수집 · 전달 등에 임할 때는 상대의 입장에 서서 생각하는 일이 중요하다.

다섯째, 정보를 취급함에 있어서 사견을 배제해야 한다. 사람들은 보통 업무에 관한 한 보통 조직인으로서 행동하고 있다. 그러나 업무의 상대방이나 대상과 관계가 너무 깊어지면 심리적으로 하나의 입장을 고집하게 되어, 보이는 정보도 못 보게 되며 판단을 그르칠 수도 있다. 사심이나 아집을 버리고 조직인으로서 냉정하게 행동하는 것이 정보를 취급할 때에 유의해야 할 점이다.

1) 정보관리의 계획

가. 정보수집이 필요한 분야

상사에게 필요한 정보가 어떠한 범주의 것인가에 대한 파악이 우선되어야 한다. 회사의 업종 및 상사의 업무분야에 따라 정보가 필요한 분야는 다양해지게 된다.

나. 정보수집 매체의 선택

수집해야 할 각 정보의 성격에 따라 그 정보를 입수할 수 있는 매체가 어떠한 것인가, 어떤 경로를 통해 입수해야 하는가를 결정한다.

다. 수집 후 처리방법 결정

수집한 정보를 활용할 수 있게 하기 위하여 어떤 처리과정을 거쳐야 하며 어떠한 장비가 필요한가를 알아본다. 단순히 입수한 그대로 보고할 정보가 있는 반면 컴퓨터를 사용해서 분석하거나 가공 처리해야 할 정보가 있다.

라. 보고 및 정리보관

보고채널과 방법, 시기 등과 정리하는 방법에 관하여 일괄적이며 체계적인 방법을 모색한다.

2) 정보의 수집

가. 상사에게 필요한 정보

상사가 업무를 수행하는데 거시적 정치·경제정보에서부터 매우 세밀한 거래정보에까지 실로 각종 정보가 필요하다. 적을 알 뿐만 아니라, 자신을 알기 위해서는 사내 정보에도 유의하지 않으면 안 된다.

상사가 필요로 하는 사내·외의 정보는 대략 분류하면 다음과 같다.

표 9-2 상사에게 필요한 정보

사외 정보	사내 정보
(1) 정치 · 경제 · 군사정보	(1) 인사정보
(2) 법규정보	(2) 결산정보
(3) 산업 · 업계정보	(3) 재무정보
(4) 기업정보	(4) 계약정보
(5) 상품정보	(5) 조회·문의정보(거래정보)
(6) 기술정보	(6) 재고정보
(7) 외환정보	(7) 예산계획 정보
(8) 인물정보	(8) 기타 관리부문, 영업부문 활동에 관한 정보
(9) 국제정보	
(10) 국제기관에 관한 정보	
(11) 운수 · 보험정보	

표 이외의 정보가 뜻밖으로 필요하게 되는 경우도 있겠지만 정보를 취급하는 기본자세는 어떠한 작은 정보라도 보다 거시적인 관점에서 생각하는 습관이 필요하다.

나. 정보수집 매체

정보의 홍수 속에서 유용한 정보를 가려내기 위해서는 지속적으로 정보의 흐름에서 벗어나지 않으며, 다양한 정보소스 중에서 체계적이고 포괄적인 정보를 제공하는 미디어를 택해 꾸준히 정보를 입수해야 한다. 정보의 체계성과 지속성은 분석이나 활용에 있어 매우 중요하다. 더불어 신속성과 정확성도 충족시킬 수 있어야 한다.

① 대중적 정보원 : 정보제공 매체로는 가장 대중적인 정보제공 매체로 일간지를 비롯하여 경제신문, 주간전문지, 시사지 등을 들 수 있다. 전문성 있는 자료를 체계적으로 스크랩한 후 다른 정보와 비교분석이 필요하다. 방송매체는 신문에 비해 시청각적 매체이므로 실감 있고 신속한 측면에서 활용성이 있으나, 구체적 수치나 자료를 얻기에는 부적합하다. 최근에는 신문기사를 스크랩하여 별도로 책으로 엮은 것도 많이 활용되고 KETEL, HITEL 등 컴퓨터 통신망을 통하여 1차적으로 정리된 정보를 얻을 수도 있으며, 인터넷을 통해 광범위한 정보를 자유로이 접할 수 있게 되었다.

② 전문적 정보원 : 전문적인 매체로 특정분야의 단체나 기관에서 제공되는

정보는 어느 정도 전문가의 손에서 여과된 정보로서 이해관계가 연관되기 때문에 해당 분야에 상당한 수준의 전문지식이나 정확한 판단력이 서 있지 않으면 왜곡되게 받아들일 위험이 있으므로 여러 곳의 자료와 비교 검토한 뒤 사용하는 것이 안전하다. 그 정보를 다룬 사람이나 기관의 출처를 염두에 두고 정보를 받아들여야 한다.

③ 대인 정보원 : 대인관계로부터 얻는 정보는 직접적이고 다양한 활용이 가능하다. 신빙성이 높은 반면 인간의 개성과 가치 기준이 다르므로 왜곡과 첨삭이 쉽기 때문에 위험도가 높다. 상대의 신분과 능력, 신뢰성을 따져서 검토하고 다른 경로를 통해 사실 여부와 가치성을 제고한 후 채택하는 것이 바람직하다.

3) 보안의 유지

정보의 중요성이 날로 더해 가고 정보력이 곧 경쟁력으로 인식되어감에 따라 현대사회는 '정보전'의 양상을 띠어가고 있다. 가치 있는 중요한 정보를 누가 먼저 입수하여 활용하는가가 곧 기업의 장래를 결정지어 준다고 하여도 과언이 아니다. 따라서 기업들은 경쟁우위를 유지하기 위하여 정보력을 총동원하여 각종 정보를 먼저 입수하고 경쟁사의 근황을 파악하고 미래를 설계하고자 한다. 비서는 상사와 매우 근접하게 근무하면서 각종 정보를 취급하기 때문에 경쟁업체의 정보수집 목표가 되기 쉽다. 정보를 입수하는 것도 중요하지만 내부정보를 외부 인사에게 누설하지 않는 것도 그 못지않게 중요하다. 실제로 상사들 중에는 자기 비서가 이러한 기밀사항들을 제대로 관리할 능력이 없다고 생각하여 중요한 사항에 대하여는 비서를 거치지 않고 직접 처리하는 경우도 있다. 고의로든, 고의가 아니든지 비서에 의해 사외로 정보가 유출되어서는 안될 것이다.

비서의 도움을 받아 정보시스템을 활용하고 있는 상사

가. 보안의 대상

비서가 보유하고 있는 정보 중 보안을 유지해야 할 정보에는 첫째 상사 개인에 관한 정보로서 신상명세, 인맥이나 교우관계, 취미, 정치성향, 성격이나 건강에 관한 사항, 가족 및 인척관계, 재정관계, 업무 및 출장 등의 최근 동향에 관한 것과 둘째 회사전반에 관한 정보로서 회사의 재무 상태나 조직과 인사정보, 마케팅 전략, 생산 및 R & D, 법률관계, 각종 프로젝트 관련 사항, 경영계획이나 전략 등이 그것이다.

나. 정보누설의 요인

① 자동 누설 : 취급자의 부주의에 의해 누설되는 경우를 말하며 취급부주의, 파기 불철저로 인한 누설과 불안정한 통신수단의 사용, 커뮤니케이션의 미숙, 교육훈련 불충분으로 인한 보안의식 미비, 보안기자재 부족, 컴퓨터 및 데이터 취급부주의 등으로 인해 초래되는 누설이다.

② 타동 누설 : 외부에서 정보수집의 목적을 가지고 의도적으로 접근하여 발생하는 경우이다. 간혹 회유나 매수 또는 협박·강요 등의 수단이 동원되기도 한다. 절취나 복사, 외부출입 인원, 퇴직자, 불평불만자 등이 그 대상이 된다.

다. 보안관리 요령

기밀이 누설되는 정도는 기밀의 수량과 그 내용을 아는 사람이 많을수록 많아지고, 기밀 보호 대책의 수가 많을수록 줄어들게 된다. 비서가 보안의 유지를 위해 취해야 할 사항은 다음과 같다.

① 기밀의 내용을 분류하여 등급을 부여하고 그에 따라 어느 선까지 배포될 서류인가 등 원칙에 따라 철저히 관리한다.

② 외부인이 기밀에 접근했을 경우에 대한 대응책을 미리 마련해 둔다.

③ 전화, 팩시밀리, e-mail 등 통신 중에 방심함으로써 누설되지 않도록 한다. 특히 무선, 이동전화 등은 도청이 되기 쉬우므로 주의한다.

④ 사내적으로도 보안유지에 철저를 기한다. 기밀은 업무상 필요한 최소한의 인원에게만 알려져야 한다.

⑤ 외부장소에서는 회사내부의 일에 관한 아무리 하찮은 내용으로 여겨지는

것도 경우에 따라서는 상대방에게 중요한 단서를 제공할 수 있으니 유의한다.

⑥ 회사자료는 가급적 외부에 반출하지 않도록 한다. 부주의로 분실할 경우도 있고 사고가 날 수도 있기 때문이다.

⑦ 기밀서류, 메모지 등은 그대로 버려서는 곤란하고 반드시 세단기(shredder)로 파기하여 버려야 한다. 기한이 지난 서류라도 파기해 버려야 한다.

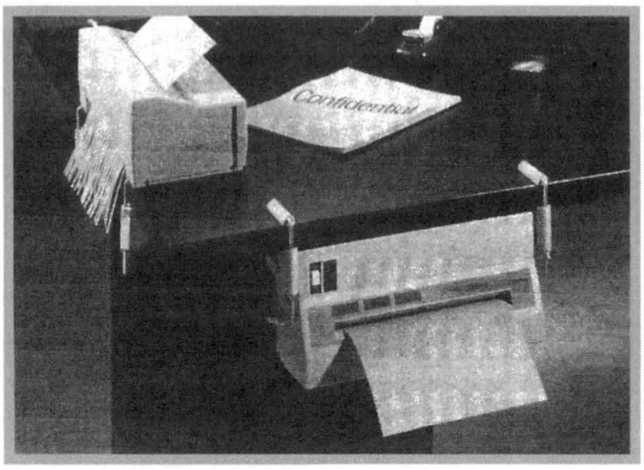

문서 세단기

(4) 정보화 사회에서 요구되는 비서의 자세

이상 논의된 바와 같이 정보를 관리하는데 있어서 비서는 항상 정보의 필요성과 중요성에 대해 충분히 인식하여 긍정적이고 적극적인 자세로 상사와 자신에게 필요한 정보를 수집하여야 하며 수집된 정보를 처리하는데 필요로 되는 정보처리 능력을 갖추어야 할 것이다. 또한 정보의 가치는 시시각각 변화하는 점을 명심하여 정보를 다루는데 있어서 타이밍(timing)의 중요성에 대하여도 각별히 주의를 기울여야 한다. 항상 변화에 앞장서서 새로운 것을 받아들이고 개척해 나가는 마음자세가 중요하다고 본다. 평소에 항상 상사와 관련된 기사에 유의하고 의도를 가지고 그 흐름을 파악하며 일단 입수한 정보는 최대한 활용하도록 한다. 또한 모든 정보 및 자료는 언제든지 찾아낼 수 있도록 잘 정리해 두며 반드시 정리는 자신이 직접 하는 것이 바람직하다. 자신이 정리・보관한 정보만이 언제라도 마음대로 활용할 수 있는 정보이기 때문이다.

한편 비서는 대외적으로 정보 수집의 대상이 된다는 점을 간과하면 안 된다.

자신이 속한 회사나 상사에 관한 업무적 또는 개인적 정보가 비서 자신을 통해 외부로 유출되지 않도록 각별히 유의해야 할 것이다.

연습문제

1. 정보사회와 산업사회에서 비서의 역할의 차이에 대하여 정리해 보자.

2. 자료를 효율적으로 정리하는 방법에 관하여 좀더 조사해 보고 어떤 방법을 사용하는 것이 좋을지 연구해 보자.

10 네트워킹(Networking)

10.1 네트워킹이란?

네트워크란 정보와 도움이 필요한 사람들 사이의 조직화된 '개별 접촉 구조'를 말한다. '네트워킹'이란 자신이 아는 사람을 상대방이 모르는 새로운 사람에게 연결시켜주는 기술을 말하며, 그 상대방들도 자신을 위해 똑같은 일을 하게 된다. 따라서 '당신이 아는 사람을 나에게 소개해주면 나도 내가 아는 사람을 당신에게 소개시켜 주겠다.'는 것이 네트워크의 기본 원칙이다. 이와 같이 자기와 관계된 사람들을 조직(organize)하여 네트워크를 구성하면 자신의 비즈니스에 여러모로 도움이 된다.

비즈니스란 기본적으로 혼자서 행할 수 있는 것이 아니다. 항상 상대방이 존재하는 쌍방적인 관계로 이루어지는 것이 보편적이므로 아무리 사소한 만남이라 하더라도 향후 비즈니스로 연결될 가능성은 있다고 볼 수 있으며 직접적인 비즈니스로 이어지지 않더라도 정도의 차이를 불문하고 각종 도움을 받을 가능성은 매우 많다고 볼 수 있다.

일반적으로 조직에서 중간 관리층 이상으로 올라갈수록 업무의 비중이 직접 서류를 작성한다든가 하는 시간보다는 회의나 사람들과 접촉을 통해 정보를 입수하고, 의사결정을 하고 비즈니스를 개척하는 일에 투여하는 시간의 비중이 월등히 커지게 된다. 특히 비서의 보좌를 받는 대다수의 최고경영자나 최고관리자는 그들의 대부분의 시간을 대인 접촉하는데 할애하게 된다. 더욱이 조직 외부인사들과의 접촉을 통해 정보를 입수하고, 환경변화를 감지하며 보다 적극적으로는 영향력을 행사하며 미래를 설계하는데 있어서 네트워킹은 매우 중요한 영역이 아닐 수 없다. 어느 정도 이상 단계에 이르면 실력보다도 대인관계에 따라 성패가 좌우된다고 하는 말도 이에 근거한다고 볼 수 있다.

비서는 상사를 보좌하는 과정에서 수 없이 다양한 분야, 다양한 조직 혹은 개인과의 접촉을 통하여 상사가 필요로 하는 정보나 자료입수 혹은 업무를 수행하거나 처리하여야 하는 입장에 있다. 이러한 비서에게는 각계각층의 사람이 직결되는 것이다. 이러한 네트워킹을 성공적으로 수행할 수 있는 비서가 상사에게도 상당한 기여를 할 수 있을 뿐 아니라 나아가 자기 자신의 경력관리를 확실히 할 수 있게 된다.

10.2 네트워킹의 본질

어떤 사람을 처음 만났을 때 직감적으로 그 사람을 알아둘 필요가 있다고 느꼈다면 그 사람과 관계를 맺을 이유는 충분하다고 볼 수 있다. 이 때 "그들이 나를 위해 무엇을 해줄 수 있을까?" 하는 의문보다 "그를 위해 내가 무엇을 할 수 있을까?"로 생각을 전환하여 먼저 상대방에게 도움을 주려고 노력한다면 최상의 관계를 맺을 수 있게 된다.

네트워킹을 구성할 때에는 대상을 신중히 선택해야 한다. 가장 이상적인 네트워킹은 자신을 중심으로 자신의 영향력을 확대하는데 도움이 되는 사람을 조직하는 것이다. 그들은 비서인 여러분의 개별적 인간관계를 알고 있으므로 여러분에게 어떠한 도움이 필요한지도 분명히 알고 있다.

표 10-1 대인 관계와 거리차이

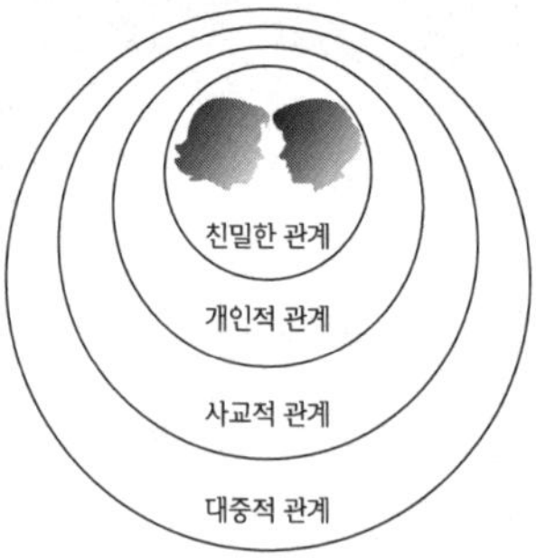

10.3 네트워킹의 단계

(1) 초기단계

네트워킹 초기단계에는 되도록 사람을 많이 접촉하는 것이 바람직하다. 우선 많은 사람들에게 자신을 알리는 것이 필요하며 그들에게 자신을 소개하는 과정에서 자신을 소개하는 능력을 훈련하는 데에도 도움이 되기 때문이다.

(2) 개발, 발전단계

일단 상호 소개한 후에는 지속적으로 그들과 접촉을 유지하는 것이 중요하다. 마음을 터놓은 대화와 정보의 교환이 자연스럽게 이루어지기 위해서는 공감대의 형성이 이루어져야하며 그러기 위해서는 "out of sight, out of mind"라는 격언에서도 알 수 있듯이 동서양을 막론하고 자주 대면하는 것 이상 효과적인 방법이 없다. 최소한 1개월에 1회라도 직접적으로 접촉할 수 없다면 네트워크의 범위가 너무 넓은 것이라 볼 수 있으며, 그러할 경우 기대한 만큼의 성과를 얻기 어렵다고 본다.

(3) 성취단계

지속적인 노력을 통해 상당한 정도의 신뢰와 공감대가 형성되어 안정적인 관계가 유지되는 단계로서 서로 실질적인 이익, 도움을 주고받는 단계이며 비즈니스의 개척 및 협조가 이루어질 수 있는 성숙한 단계이다. 일단 이 단계에 도달한 후에는 접촉하는 기간이 다소 뜸해 진다해도 기본적인 관계는 유지될 수 있는 단계이다. 그럴 경우에도 직접 대면접촉은 자주 못하더라도 지면이나 온-라인(on-line)상의 접촉은 지속적으로 유지하는 것이 바람직하다.

10.4 네트워킹의 원칙

(1) 네트워킹에서 일방통행은 없다

서로 간에 이익을 줄 수 있을 때 그 관계가 지속적으로 이어질 수 있다는 것이다. 즉, 'Give and Take'의 교제가 오래 지속될 수 있다. 만남이 거듭될수록 이익이 발생한다면 의례적인 관계 이상으로 발전할 가능성이 높아진다.

(2) 추수의 법칙이 적용된다

관계를 유지 · 발전시키기 위해 씨를 뿌리고 가꾸는 시간이 필요하다. 지속적으로 만나면서 어떤 영향이나 행동동기, 의욕이 생기게 해주는 경우 그 관계는 발전적으로 이어질 수 있다.

성과는 투자한 것에 정비례한다고 보면 틀림이 없을 것이다.

(3) 네트워크 기술은 훈련하면 할수록 발달하며 더욱 쉬워진다

지속적으로 관심을 가지고 연구 · 개발함으로써 know-how가 생겨 보다 확실한 능력을 발휘할 수 있게 되며 이러한 과정이 연속적으로 행해질 때 synergy effect(상승효과)도 발생하여 네트워킹이 더욱 용이해진다.

(4) 지위나 직급에 정비례하지 않는다

지위나 직급이 낮다고 네트워크 할 가치가 없는 상대라고 속단하는 것은 잘못된 생각이다. 조직 내부의 grapevine을 통해 자신이 직접 입수할 수 없는 정보를 입수하여 제공할 수도 있으며 하급자들을 통솔하거나 혹은 그와 연계된 조직 외부의 다른 네트워크를 통해 유용한 정보를 얻을 수도 있으며 여론을 형성한다든가 하여 예기치 못한 도움을 받을 수도 있기 때문이다.

조직 내의 grapevine

(5) 지위와 네트워크 내에서의 권한은 구별해야 한다

공식적 지위에서 행사할 수 있는 권한과 네트워크 상에서의 연계성은 명백히 구분해야 한다. 즉, 공과 사는 엄격히 구분하여야 한다는 것이다.

네트워크 내에서는 어디까지나 그 네트워크 구성원의 한 사람으로서 다른 구성원들과 대등하게 처신해야 한다. 그렇게 해야만 비공식 조직인 네트워크 관계가 오래 유지된다.

(6) 네트워크 대화에서 정보와 잡담을 구별하라

대화 과정에서 자신에게 도움이 될 수 있는 정보와 단순한 잡담은 구별하면서 진행시키는 것이 네트워킹을 효율적으로 수행할 수 있게 한다.

10.5 네트워크의 유형

(1) 퇴보하는 관계

평가가 낮은 사람이나 다른 사람들이 기피하는 사람과의 관계로서 이런 유형은 상대방을 아래로 끌어내려 퇴보시키는 관계이다. 이런 사람들과의 관계는 되도록 빨리 청산하는 것이 바람직하다.

(2) 표류하는 관계

힘든 상황에서 자신을 구해주는 사람으로, 상대방이 신뢰하는 사람이며 하소연을 들어줄 수 있는 사람이다. 이런 경우에는 그들에게 어떤 실천적인 조언 같은 것은 기대하지 못한다. 다만 감정의 중요한 탈출구가 되어주는 사람이며 직접적인 발전에는 별 영향을 미치지 못하는 관계이다.

(3) 발전적인 관계

이 유형은 상대방이 발전하는데 가속도를 낼 수 있게 도움을 주는 관계이다. 이 관계는 영향력의 안쪽 원에 속하며 두 사람이 '힘을 주는 관계'로 맺어지면 서로를 일깨워주며 서로 정보와 지식을 나누고 서로에게 영감을 주기 위해 노력함으로써 서로에게 힘을 주는 관계가 된다. 이 경우 강력한 정보의 교환이 이루어진다. 창조력을 발휘할 수 있게 해주며 능력을 최대한 발휘하도록 도와준다.

10.6 효과적인 네트워킹 방법

(1) 다양한 부문, 출신의 사람들과 교분을 나누도록 한다

소속에 연연해하지 말고 연고가 전혀 없는 사람과 교류를 트는 것이 좋다. 네트워크 대상을 물색하기 위해 가능한 모임과 시사회에 빠지지 말고 참석하며 내부 네트워크 조직을 위해 연구모임이나 직장 내의 위원회, 취미 동우회 등에 참석하는 것이 좋다.

우선 만남이 이루어진 바로 그 장소에서 상대의 특징을 파악하는 것이 좋다. 인상을 명함에 메모해두거나 하는 일에 대해 간단히 몇 마디 질문을 하는 것도 좋다. 상대의 신상명세를 메모하기 위해 항상 포스트잇을 손쉽게 꺼낼 수 있는 곳에 지니고 다니면 큰 도움이 된다. 이것은 단순히 명함을 교환하는 일로 끝나는 것보다 단 30초라도 말을 주고받는 편이 서로에게 깊은 인상을 남길 수 있다. 이 짧은 시간은 다음에 다시 상대방을 만났을 때 보다 친근감을 느끼도록 하는데 매우 효과적이다. 경우에 따라서는 회사에서 일괄적으로 제작해준 명함 외에 개인의 특성을 상세하게 나타낼 수 있는 개인 명함을 만들어 사용하는 방법도 생각해 볼 수 있다. 이때에는 명함의 디자인에도 신경 써서 눈에 잘 띠면서도 호감을 줄 수 있도록 제작해야 한다.

명함을 줄 때에도 가급적 상대에게 인상적인 대화로 기억에 오래 남도록 하는 것이 좋다.

예를 들면 " ----에서 ----- 하는 ooo입니다." 등등.

(2) 일단 만남이 이루어진 후에는 지속적으로 관계를 발전시키며 유지하는 것이 중요하다

명함은 교환함으로써 끝나는 것이 아니라 네트워킹으로 연결시키는 계기를 제공해주는 열쇠가 된다. 이를 성공적으로 하기 위해서는 정리하는 법이 매우 중요하다.

◈ **명함정리 기준의 예**

① 기업별, ② 테마별, ③ 시기별, ④ 행사별

명함을 교환한 날은 일과를 마친 후 상대방에게 먼저 연락을 취한다. 첫 만남에 대한 호감을 표시하고 이후에도 잘 부탁한다는 취지의 메시지를 적어 팩스나 e-mail로 보낸다. 이러한 연락은 빨리 할수록 효과가 크다. 보다 더 비중이 두어지는 상대일 경우에는 편지나 카드에 적어 우편으로 보내거나 특별한 경우에는 택배를 활용하는 방법도 있다. 간혹 자신의 저서나 다른 업적물 등에 대해 관심을 표명한 경우에는 반드시 돌아오는 즉시 언급되었던 것을 정성껏 포장해 보내주도록 한다. 이러한 작업은 시간과 경비를 소요하는 일이나 네트워킹의 중요한 첫걸음이다.

(3) 본격적으로 업무로 연결되는 경우에는 다시 한번 만나서 업무를 진행시키는 방법도 필요하다

교류가 진전되면 명절이나 연말에 한 해 동안의 관계를 다시 한 번 돌아볼 수 있는 기회가 온다. 이 때에는 가급적 의례적인 인사말을 쓰지 말고 신년을 어떻게 보낼 것인지, 앞으로 상대와의 관계를 어떻게 발전시킬 것인지에 대한 구체적인 내용으로 쓰는 것이 바람직하다. 그러는 과정에서 몇 번이나 연락을 했는데도 답장이 없는 경우는 목록에서 지워도 된다.

(4) 네트워킹으로부터의 이익이란 누구도 손해 보지 않는 상호간에 유리한 관계를 유지하는 것을 말한다

네트워킹 속에도 분명 수요와 공급이 존재하므로 사람들이 나의 중개로 인해 만족을 얻을 수 있다면 그것은 성공적인 네트워킹이라 볼 수 있다. 통신 및 기술의 발달로 이메일이나 통신을 통해 연락이 행해지나 역시 사람과 사람의 만남은 직접 얼굴을 마주하는 것이 기본이고 가장 효과적이다. 능력 있는 사람을 소개해 결과적으로 이익을 창출시키는 것이 진정한 네트워킹의 효력이다. 단순히 '어떻게 이용할 수 있는 사람을 알아두는가.'라고 생각하는 경향이 많으나 '나의 이익을 위해' 사람을 만나면 곧 상대에게 알려지기 쉽다. 그보다는 상대에게 이득을 주는 것을 우선적으로 생각하는 것이 중요하다. 직접적인 비용을 수반하는 것이 아니라면, 내가 알고 있는 사람을 소개시켜줌으로써 비즈니스의 기회를 넓혀 주어 결과적으로 모두로부터 감사받는 입장에 서게 되고 그러한 관계가 곧 나의 자산이 된다.

(5) 업무에 활용할 수 있는 정보원들을 개발하여 네트워크 한다

정보원은 가까운 일상생활 속에도 얼마든지 있다.

이 때 주의할 것은 그들의 수고와 기여에 대해 단지 금전적으로만 보상하겠다고 해서는 안 된다는 것이다. 정보원의 역할을 존중하고 관계를 소중하게 생각하는 마음가짐이 무엇보다 중요하다. 자신의 역할이 얼마나 큰지 알았을 때 누구나 더욱 의욕적으로 일에 매진하게 마련이다. 그렇게 할 때 질적으로 가치 있는 정보를 지속적으로 입수하는 것이 가능해진다. 자신의 업무에 도움이 되는 정보를 수집할 수 있는 관계야말로 훌륭한 네트워킹의 바탕이다.

중요한 것은 자신이 필요로 하고 있는 정보가 무엇이며 그 정보를 갖고 있는 사람이 누구인지 확실하게 알아내는 것이다. 그 과정을 통해 정보의 소유자를 찾기 위한 네트워킹이 작용하게 된다. 적합한 정보를 제공한 사람에게는 반드시 그에 따른 보상이 주어져야 한다. 선물을 할 경우에는 상투적인 평범한 선물은 지양하고 정성과 개성이 깃들어진 선물을 준비하는 것이 효과적이다. 직접 정성껏 제작한 물품도 좋고, 평소 상대방이 관심을 보이던 물품을 눈여겨보았다가 선물하는 것도 좋다. 이 때 주의할 것은 처음부터 상대방이 너무 부담을 가질만한 것은 피하도록 하고 평소 상대방이 사용하거나 구입하는 상품보다 질이 낮은 것은 절대로 하지 않도록 한다. 오히려 규모 면에서 작아지더라도 평소 상대방이 사용하던 물품보다 질적인 면에서 한 단계 상급의 물품으로 하는 것이 효과적이다.

(6) 미래지향적인 네트워킹이 되도록 한다

일반적으로 신문 등에서 활자화된 정보를 접했을 때 중요한 것은 그 기사 안에 숨어있는 작은 변화를 꿰뚫어 보는 능력이다. 활자를 통해 변화를 감지할 수 없다면 세상에 알려지기 전 단계에서 정보를 제공받을 만한 인맥을 활용하는 것이 바람직하다. 정말 요긴한 정보는 입에서 입으로 전해지는 것이다. 미래를 읽는 눈은 독자적인 정보원을 얼마나 확보해 두었는지에 따라 달라진다. 정보를 교환함으로써 상대와의 교분이 깊어질 뿐 아니라 양질의 정보도 확보할 수 있다. 인간관계란 우연히 깊어지기보다는 적극적인 시도에 의해 깊어질 가능성이 많다. 정보가 있는 곳에 사람이 모이고 그 곳에 다시 정보가 모이게 된다. 비즈니스 사회에서 인기인은 많은 정보를 소유한 사람이기 때문이다. 정보가 인맥을 만들고 인맥은 정보를 거두어들인다.

(7) 도움을 받은 후의 성실한 경과보고

최소한의 노력과 비용을 들여 균형이 잡힌 네트워크를 형성하는 방법은 당장 이익으로 연결되지 않더라도 여유를 가지고 상대를 배려하는 마음가짐과 성의가 중요하다. 진정한 네트워킹은 정보교환 이상의 무엇이 있다. 일단 도움을 받아 구체적으로 어떠한 일이 진행될 경우에는 지속적으로 그 진행상황이나 경과에 대해 알려주는 것이 바람직하다. 그렇게 함으로써 일단 상대방에게는 자신이 그 도움에 대해 상당히 중요하고 고맙게 인식하고 있다는 것을 확인시켜주는 계기가 되며 기쁨을 주게 된다. 경우에 따라서는 그 다음 단계의 정보나 조언을 얻을 수 있는 계기를 제공해주기도 한다.

10.7 네트워크 내에서의 바람직한 인간관계

- 존중: 상호존중은 모든 관계의 토대이며 지속적 인간관계를 유지시켜준다.
- 요구: 다른 사람의 요구에 반응을 보이는 것은 관계를 형성하는데 촉매역할을 한다.
- 안전성: 비밀을 털어놓아도 그것이 지켜질 것이라는 믿음이 있는 관계. 안전한 상태에서 개인적 생각, 감정, 요구를 공유할 수 있게 된다.
- 칭찬: 인간에게는 남에게 칭찬을 듣고 싶은 본능적 욕구가 있다. 서로를 칭찬하는 것은 관계를 견고하게 만드는 시멘트 역할을 한다.
- 의사소통: 원활한 의사소통은 관계를 발전시키는데 필수적이다.
- 해결: 어떤 관계든 갈등이 있게 마련이다. 갈등을 해소하는데 시간을 투자하는 것은 필연적인 과정이다.

- 비판: 비판은 모두를 발전시키는 활동이다. 가급적 상대의 기분이 상하지 않도록 충실한 의견표명을 하는 요령이 필요하다.

네트워크의 모든 사람들과 실제적인 접촉을 유지할 수 있는 방법은 다음과 같다.

① 일정표를 창조적으로 활용할 것 : 네트워크 구성원에게 중요한 특별한 날을 일정표에 기록하고 그들을 잊지 않고 있음을 보여줄 것.

② 조직의 변화를 주시할 것 : 구성원들의 승진이나 이동에 대해 발전에 축하하는 뜻을 전하라.

③ 자신의 중요한 변화에 대해 구성원에게 알릴 것.

④ 중요한 행사는 빠짐없이 참석할 것

⑤ 일정기간 마다 네트워크에 변화를 줄 것. 구성원과의 관계가 정체되면 소원해지기 쉽다. 정기적으로 새로운 사람을 추가하는 등 변화를 추구하는 것이 필요하다.

⑥ 네트워크와 조직을 위해 정보의 통로가 될 것 : 네트워크의 다양한 구성원에게 유익한 정보를 주기 위해 항상 관심을 기울여 공유할 정보를 확보하는 것이 중요하다.

이상 논의된 사항들에 유의하여 네트워킹 할 경우 수 없이 많은 분야의 지식 · 정보 · 사람들을 필요로 하는 비서업무를 성공적으로 수행하는데 많은 도움이 될 수 있을 것이다.

11 사무자동화 및 사무환경

현장이야기

사무자동화 시대

K사는 미국계 금융회사의 서울지점으로 이 회사는 세계 각지에 수십 개의 지점을 가지고 있다. 이 회사의 업무는 국내 유수의 기업이나 기관들이 해외자본 시장에서 채권이나 주식을 발행하여 자금을 조달하는 것을 주선하는 등 연간 몇 건의 커다란 거래중심으로 진행되므로 거래가 발생하였을 경우는 눈코 뜰 새 없이 바빠 밤을 새우면서 일할 때도 있는 반면에 그 거래가 종결될 즈음에는 한가한 편이다. 따라서 이 지점의 직원은 10명 남짓으로 구성되어 있다. 평소에는 그다지 많은 직원이 필요하지 않기 때문이다.

이러한 업무적 특성으로 인하여 이 회사는 1대1 비서제가 아니고 비서실이 고도로 숙련된 비서 3인으로 구성되어 회사의 업무를 전반적으로 관장하고 있다. 아침에는 가장 먼저 출근한 비서가 전화자동응답기 및 팩스, e-mail을 체크하는 것으로 하루 업무가 시작된다. 밤사이에 수신된 팩스를 정리하여 각 수신인별로 분류하고, 사본을 만들어 여러 사람에게 배부해야 할 것은 자동으로 분류(sorting)가 되는 복사기에 올려놓고 필요한 부수만큼 복사하도록 명령을 주고 나서 복사가 진행되는 동안 전화자동응답기의 메시지를 체크하여 각 해당자에게 메모를 작성하여 남긴다.

그 다음 퍼스널 컴퓨터를 켜서 e-mail을 열어 새로 들어온 메시지를 확인한다. 보통 e-mail에는 미국 본사 및 각 지사에서 매일매일 정규적으로 보내오는 전날의 국제금융시장에서의 금융관련 정보와 개개인 앞으로 오는 메모 등이 있다. 이 자료들을 프린트하여서 금융정보는 전 직원에게 모두 1부씩 배부하고 개개인 앞으로 오는 메모는 해당자에게만 배부하게 된다. 그리고 나서 처음에 복사기에 명령 주었던 것을 확인하여 해당자에게 배부하면 일단 기본적인 업무준비가 마무리된다. 여기까지가 회사차원에서의 근무 시작 전에 필요한 준비작업이므로 이 모든 업무가 완결되는 데는 적어도 30분 정도는 소요된다. 따라서 비서 중 한 사람은 정규 출근시간보다 30분 정도 먼저 출근하여야만 업무 준비가 완료된 상태에서 모든 직원이 근무를 시작할 수 있게 되는 것이다.

11.1 사무자동화의 진행과정

(1) 사무자동화의 정의

현대 사회에서 사무실은 다양한 형태의 업무가 진행되는 곳이다. 각종 문서 관련 업무의 처리를 비롯하여 정보 관리 및 대인업무에 이르기까지 비서가 처리해야할 다양한 업무 영역 중 컴퓨터와 각종 통신장비를 활용한 업무도 상당히 큰 비중을 차지하게 되었다. 따라서 이들에 대한 명확한 이해와 전문지식, 관심 여부는 사무실 업무를 효율적으로 운영하는데 필수적이라 하겠다.

사무자동화(office automation : OA)란 정보 처리 기술 및 사무기기 관련 기술을 사무실에서의 업무처리에 종합적으로 이용함으로써 사무직 종사자의 업무생산성을 향상시키고 보다 효과적인 사무 및 정보관리를 하기 위한 과정을 의미한다.

(2) 사무환경의 발전

사무자동화는 사무기기 면에서 뿐만 아니라 사무실 환경 면에서도 커다란 변화를 초래하였다. 사무실의 기능이 단순히 책상 위에서의 사무처리로 끝나지 않고 사무처리는 물론 정보의 관리, 커뮤니케이션 등의 종합적 기능을 수행하게 됨에 따라 사무실 기구들의 배치도 그러한 목적과 기능중심으로 이루어지게 되었다. 사무생산성을 향상시키고 사무여건을 쾌적하게 하기 위하여 사무환경에 대한 관심이 증대되고 있다.

종전의 사무실 Layout

현대의 사무실 Layout

사무실의 배치도 과거 폐쇄적인 구조로부터 업무상 작업흐름(work flow)을 원활히 하기 위한 개방식 구조로 바뀌고 있다. 사무실의 온도, 습도, 방음, 안전 등 환경적 요소에 대하여도 개선되어지고 있으며 보다 능률적이고 쾌적한 근무 여건을 조성하기 위하여 인체공학적인 연구는 물론이거니와 색채, 조명 등 디자인 분야에까지도 연구 개선하려는 노력을 하고 있다.

(3) 사무자동화의 배경

이와 같이 사무분야에 자동화 개념이 도입되어 급진적으로 발전하게 된 주된 요인은 다음과 같다.

1) 정보화 사회의 출현

지난 20~30년간 정보의 폭증으로 세계적으로 사회구조에 커다란 변화가 있었다. 선진국일수록 국민 총생산 중에서 1차 산업이나 2차 산업이 차지하는 비중보다 3차 산업, 즉 서비스 산업이 차지하는 비중이 훨씬 높아지고 3차 산업 중에서도 정보·통신 관련 산업의 비중이 높아지고 있다. 따라서 가능한 한 많은 정보를 신속하게 수집하고 가공 처리하여 사용하며 합리적으로 분류, 보관하는 것이 중요한 관심사로 대두되었다. 정보력이 곧 경쟁력으로 인식되게 된 것이다.

2) 사무생산성에 대한 관심고조

사무직 근로자와 생산직 근로자의 생산성을 비교해 볼 때 미국 SRI(Stanford

Research Institute)의 조사에 따르면 최근 10년간에 생산부문에서 공장은 90%의 상승을 보였는데 비해 사무부문에서의 생산성 향상은 4%에 미달하였으며 수적인 측면에서도 생산직 근로자보다 사무직 근로자가 월등히 증가하였다. 근로자가 증가하면 급여는 물론이거니와 사무실 공간, 사무용품, 비품, 통신, 복지후생 등 많은 비용이 급격히 증가하게 된다. 따라서 기업들은 고정비를 줄이고 업무를 효율적으로 처리하기 위해 사무직원이 담당하던 업무를 자동화기기로 대치할 수 있는 사무자동화를 진전시키게 되었다.

표 11-1 오피스 부문의 저생산성(미국의 경우) SRI 조사

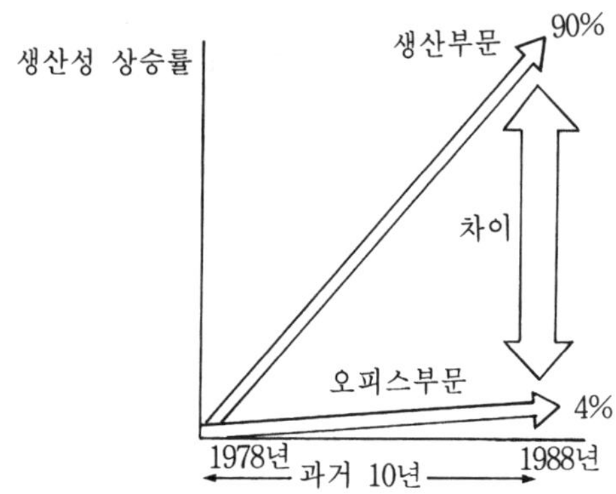

표 11-2 우리나라의 사무·생산 노동자의 추이

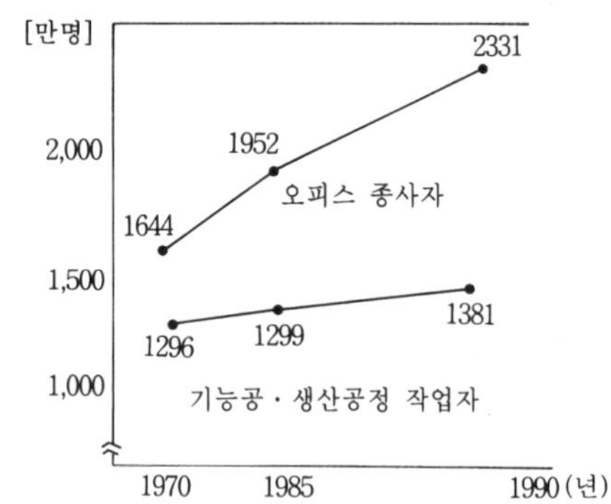

3) 기술의 발전

과학 · 기술의 발전으로 컴퓨터 및 주변 관련 기기는 물론 통신 기술에서 급

격한 진전으로 전자 및 통신기술을 결합한 놀라운 기능을 발휘하는 기기들이 속출하고 있다. 사무실내에서의 업무처리 뿐 아니라 처리한 업무를 컴퓨터 통신망을 이용하여 세계 각지에 문자나 그래프까지도 그대로 전송함으로써 수신자는 컴퓨터상에서 받은 자료를 다시 수정・보완하여 재생산까지도 가능해지고 있다.

4) 경쟁의 심화

정보화, 국제화, 세계화로 기업이 감당해야 할 영역이 기하급수적으로 확대되고 그 진전 속도가 급격히 빨라짐에 따라 자동화가 도입되지 않고는 성공적으로 대처해 나가기 어려운 실정이다. 이러한 여건 하에 기업이 경쟁력을 확보하는데 필요한 효과적인 의사결정을 지원하기 위하여 사무자동화는 필수불가결의 요소라 하겠다.

(4) 사무자동화의 접근 방법

1) 사무자동화의 영역

이상 살펴본 바와 같이 사무자동화란 매우 포괄적인 영역을 포함하고 있다고 하겠다. 사무처리의 효율화를 통해 조직의 목표달성에 기여하는 수단의 일부분으로서 조직의 목적과 경영관리자의 경영방침과 부합하면서 사무실 구성원들로 하여금 쾌적한 환경에서 개선된 업무제도 및 절차에 따라 혁신적인 사무기기와 통신시설을 최대한 활용하게 하는 것이라 할 수 있다.

표 11-3 사무자동화 접근방법

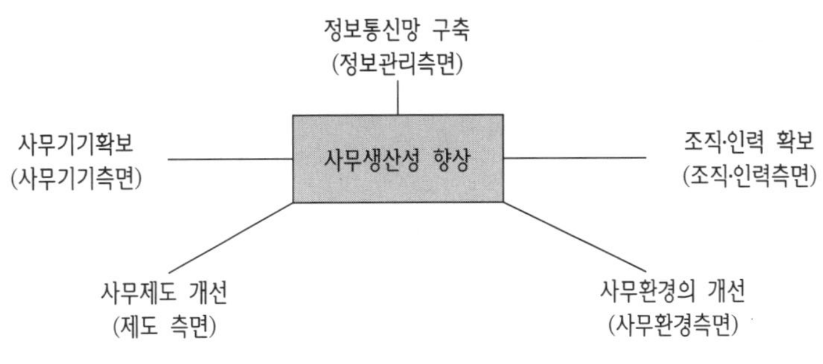

사무자동화에 관하여 여러 가지 정의가 내려지고 있지만 가장 기본적이며 보편적인 정의를 내리자면 사무나 업무의 효율을 증진시키기 위하여 컴퓨터, 통신기술, 인간공학, 사무절차, 사회과학 등을 결합시키는 과정이라고 할 수 있겠다.

2) 사무자동화의 발전방향

사무자동화를 구상함에 있어서 경영관리상 사무실의 기능을 어떻게 구상하고 평가하는가, 또 사무실의 물리적 공간 및 그 공간을 차지하는 사람, 물품 등을 어떻게 설계하고 환경과 관련을 맺을 것인가도 중요한 요소가 된다. 따라서 사무자동화에 있어서는 다음과 같은 사항이 고려되어야 하겠다.

첫째, 조직의 목표를 달성하는데 바람직한 형태

둘째, 사무실 구성원들에게 기능적, 물리적 공간제공

셋째, 정보교류를 효율적으로 할 수 있는 시설

넷째, 조직에 접촉하는 외부인들과의 교류기능 고려

그리하여 인간성을 반영하여 인간의 창조성을 최대한 발휘하게 함으로써 인간, 기계, 시스템이 하나로 조화되어 업무가 물 흐르듯이 원활하게 전개되어 생산성과 조직의 유효성을 증대시킬 수 있어야 한다. 그러면서 끊임없이 변화하는 인간의 사고, 지식, 생활여건, 작업환경에 적절히 대응할 수 있어야 하겠다.

궁극적으로 정보공간과 정보기능의 새로운 설계에 의한 시공간 효율을 향상시킨 오피스시스템의 실현이 사무자동화의 목표라 하겠다.

3) 사무자동화 접근방법

가. 환경 변화에 따른 OA 역할 변화 요구

① 인간의 욕구와 가치기준의 변화

예전보다 풍요로워진 사람들의 의식이 급변화 되고 가격이 저렴하더라도 개성에 맞지 않는 상품은 구입하지 않는 소비수요의 다양화와 개성화로 급진전되었다. 또한 단순 반복적인 일이 회피되고 일을 생계수단으로만 여기지 않고 개인의 지성적 욕구 충족 수단으로 변화되었다.

② 경영 여건의 급격한 변화와 위기 상황 출현

WTO 체제 출범과 세계화, 개방화로 절대 경쟁력이 있는 조직만이 생존할 수 있는 무한 경쟁시대가 도래함으로써 사회적 역할이나 기여가치를 갖고 있지 않은 집단이나 구성원은 몰락하거나 쇄락하게 되었다. 또한 부가가치를 창출하지 못한 상품과 역할은 가격이나 가치 파괴 현상이 보편화되고, 소비 구조의 고도화로 지금까지의 생산 및 마케팅 체제로는 더 이상 경쟁력과 문제해결이 불가능하게 되었다.

③ 정보력과 기획능력이 경쟁력을 좌우하는 시대

물건을 만드는 것보다 새로운 시장과 기회, 그리고 소비자의 기호를 파악하는 일이 더 중요하다. 시장 동향과 소비자 성향 파악은 체계적이고 풍부한 정보력에 바탕을 둔 기획능력에서 비롯된다. 따라서 기획력의 근간이 되는 정보수집 및 활용능력과 정보기술을 이용한 합리화, 자동화 기술이 무엇보다 중요한 경쟁력 핵심요소로 부각되었다.

④ 조직 내에서 개인의 역할과 입장 변화

급격한 정보화 및 자동화 추세에 따라 조직에서 인간의 역할에 대한 개념과 가치 재정립이 필연적이며 예전처럼 막연한 기획 및 관리직은 소멸되어가고 있는 추세이다. 자신이 투자한 시간이나 노력에 비례하거나 학력 등에 의해 보상받던 시대에서 실질적으로 창출한 부가가치와 기여도에 따라 보상과 평가를 받는 시대로 변화되고 있다. 또한 조직 내에서는 성실성이나 충성심을 강조하던 것에서 창의력과 주인의식으로 중요시되는 덕목이 변화하고 있다.

⑤ OA기능의 본질적인 변혁 요구

업무를 처리하고 난 후의 사후 관리적 성격을 갖는 지금까지의 OA로는 더 이상의 질적인 발전이 어렵게 되었다. 고도로 다양화, 개성화를 추구하는 새로운 수요 구조와 생산방식에 종래 OA로는 감당하기 어려운 현실이며, 종이문서체계에 의해 시간적, 공간적 제약 속에 물리적으로 일하는 방식으로는 모든 것이 시간을 전제로 하는 절대 경쟁체제에서는 적응이 불가능하다. 문서 및 사무 기능을 처리하는 과정 속에 완전히 통합되도록 하는 새로운 통합 시스템이 요구되어 진다.

나. 사무자동화 추진 시 유의사항

① 장기적인 관점에서의 철저한 계획을 바탕으로 신중하게 추진되어야 한다.

② 최고경영층을 비롯한 조직 구성원 모두의 적극적인 지원과 참여가 필수적이다.

③ 운영위원회(steering meeting)와 같은 조직 내 부문간의 조정 및 진행

상황의 통제를 담당하는 기구를 구성하는 것이 효과적이다.

④ 적용대상 업무의 합리화 및 표준화가 이루어지지 않은 상태에서 자동화가 추진될 경우 소기의 성과를 달성하기가 어렵다는 점을 인식해야 한다.

⑤ 기기부터 도입한 후 그 활용방안을 모색하는 것은 사무자동화에 있어 반드시 지양되어야 한다.

⑥ 사무자동화의 효과를 얻고 또 그 효과를 지속시키기 위해서는 사무자동화의 대상이 되는 업무를 수행하는 조직 구성원들에 대한 집중적이고 지속적인 교육훈련이 필요하며 사무자동화 기기나 시스템의 도입에 있어서 효율성이나 효과성에만 너무 집착하지 말고 조직 구성원들에 대한 인간공학적, 행태 과학적 배려를 해주는 것도 필요하다.

11.2 비서업무와 사무자동화

(1) 사무실 업무 분석

사무자동화를 구성하기 위하여 먼저 사무실의 업무진행 현황을 분석·파악하는 것이 필요하다. 오늘날 사무실의 업무는 〈표 11-5〉와 같이 계수 중심의 정형업무와 문장, 음성, 화상 등을 중심으로 한 비정형 업무로 크게 구분할 수 있다.

표 11-5 **사무실 업무 구분**

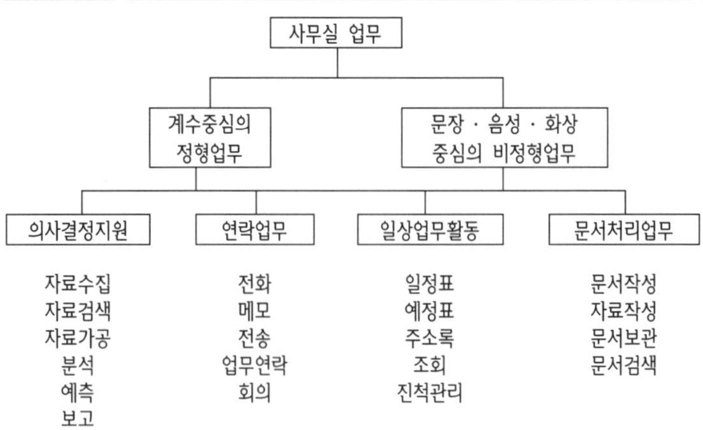

정형업무는 주로 컴퓨터를 중심으로 기계적으로 처리되며 비정형업무는 주로 사람이 각종 사무기기 및 통신기기들을 사용하여 상황에 따라 창의성과 융통성을 발휘하며 처리하게 된다.

취급하는 정보의 형태에 따른 사용 기기들은 〈표 11-6〉과 같다.

표 11-6 사무정보와 기기

사무정보의 형태
- ① 계수정보
- ② 비계수정보: 문서정보, 도형정보, 음성정보

계수정보처리기기	문서정보처리기기	원형정보처리기기	음성정보처리기기
① 범용컴퓨터	① 워드프로세서	① Facsimile	① 음성분석
② 사무용 컴퓨터	② OCR	② Display	② 전화기
③ 개인용 컴퓨터	③ 인쇄기	③ Plotter	③ 녹음기
④ 전자계산기	④ 전동 타자기	④ 복사기	④ 합성장치
		⑤ 마이크로필름	
		⑥ VTR	
		⑦ OHP	
		⑧ 실물 화상기	
		⑨ 전자칠판	
		⑩ Beam Projector	

사무실에서 수행하는 업무의 구성비율은 직종에 따라, 직급에 따라 아래와 같이 달라진다.

표 11-7 사무자동화의 적용영역과 사무기기

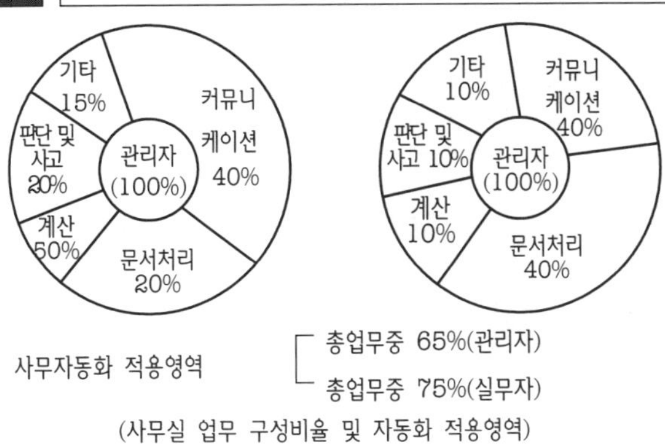

사무자동화 적용영역 ┌ 총업무중 65%(관리자)
└ 총업무중 75%(실무자)

(사무실 업무 구성비율 및 자동화 적용영역)

(각종 사무기기들)

팩시밀리

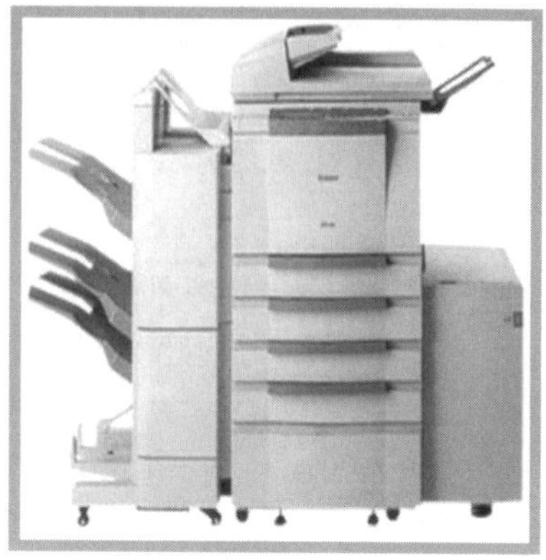

복사기

플로터

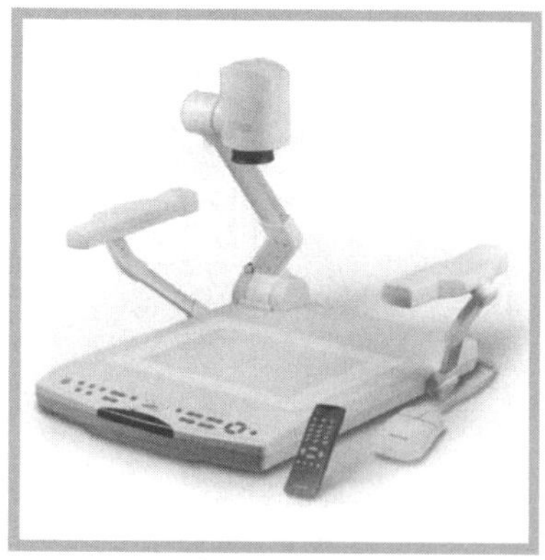

실물화상기

빔프로젝터

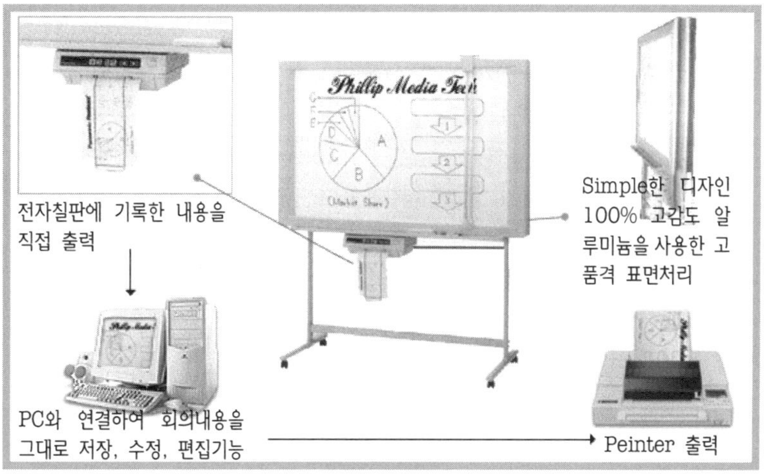

전자칠판

(2) 비서업무의 분석

비서의 업무는 앞서 언급한 사무실업무 구분 중 계수중심의 정형업무 보다는 문장, 음성, 화상중심의 비정형업무가 대부분을 이룬다고 할 수 있다. 사무자동화기기들을 사용하여 이루어지는 비서의 업무 및 활용방식은 아래와 같다.

1) 정보관련업무

① 상사가 조직에서 상층부에 속할수록 정보관리 업무의 중요성은 가중된다.
② 중앙 컴퓨터와 연결된 퍼스널 컴퓨터에서 각종 채널을 통하여 바로 상사가 필요로 하는 정보를 검색, 가공하여 제시할 수 있다.
③ 입수한 정보를 컴퓨터를 활용함으로써 체계적으로 보관·관리한다.

2) 커뮤니케이션

① 비서업무의 가장 큰 부분을 차지한다.
② 전화, 팩스, PC통신 등을 주로 활용한다. 용도나 목적에 따라 가장 적합하고 효율적인 수단을 선택한다. 전화가 가장 빈번하게 사용되나 정확을 기해야 할 사항은 팩스나 e-mail 등을 이용하는 것이 바람직하다(예약, 약속이나 메모전달).

③ 전화는 한번에 통화하기 어렵고, 상대가 부재중에도 메시지 전달이 가능하고 제3자의 중재를 필요로 하지 않는 팩스나 PC통신을 활용하는 회수가 점차 많아지고 있다.
④ 최근에는 다기능 전화기가 출현하여 비서업무의 효율을 증진시키고 있다.
⑤ 통신회사의 각종 부가서비스를 최대한 활용한다.

음성인식 인터넷 전화기

업무 연락을 취하고 있는 비서

3) 일정관리(Scheduling)

① 면담, 회의일정 조정 등의 업무를 위주로 일정을 관리한다. 일정의 변경이나 추가사항 등이 있을 때 처음부터 다시 작성할 필요 없이 컴퓨터를 이용하여 변경 사항만 추가 작업하여 신속하고 효율적으로 업무처리가 가능해졌다.
② 네트워크(Network)가 설치된 퍼스널 컴퓨터를 통해 비서가 자신의 컴

퓨터에 입력한 것을 상사는 일일이 보고 받을 필요 없이 상사의 컴퓨터로 언제든지 최신의 스케줄을 확인할 수 있다. 따라서 각기 컴퓨터에 작업함으로써 서로 알려주는 과정에서 착오가 생기는 것을 방지할 수 있다.

4) 문서 관련 업무

① 워드프로세서, 혹은 퍼스널 컴퓨터를 사용하여 작성한다.
② 작성한 모든 문서는 1부를 작성하여 복사기로 사본을 만들어 보관(filing)한다.
③ 참조처에도 사본을 배부한다.
④ 정규적인 보고서 등의 문서는 일정한 양식이 정해져 있어 변동사항만 수정, 보완함으로써 능률적으로 처리하게 된다.
⑤ 작성한 문서는 PC 통신을 통해서도 송・수신이 가능하며 원형을 보존해야 할 자료는 팩스를 이용하여 송・수신하거나 스캐닝 하여 보존 및 송수신이 가능하다.

(3) 사무자동화에 대응하는 비서의 자세

무엇보다 먼저 사무자동화는 인간의 사무・업무처리를 도와 능률을 올리기 위한 수단이라는 점을 감안하여 그 기능과 장점을 최대한 활용함으로써 자유로이 관리할 수 있는 시간을 최대한 확보하도록 해야 한다. 앞으로는 더욱 더 시간의 가치가 높아질 것이므로 시간관리의 성패가 모든 일의 성과로 직결되게 된다.

둘째로 사무자동화 추세는 끊임없이 진행되므로 사용자도 계속적으로 새로운 것을 받아들이고 배워서 사용할 수 있도록 해야 한다. 즉, 소프트웨어의 경우 새로운 Version이 상당히 짧은 주기로 출현하며 정보・통신 등의 분야에서도 계속적으로 새로운 첨단기능이 개발되므로 진부된 장치를 그대로 사용하는 일이 없도록 항상 관심을 기울이고 새로운 정보를 얻는데 노력해야 한다.

셋째로 자동화로 대치할 수 없는 분야의 업무능력의 향상을 꾀하기 위해 노력해야 한다. 자동화로 인하여 확보된 시간으로 보다 여유를 가지고 상사에게 필요로 되는 부분이 무엇인지 연구하는 자세로 임하는 것이 바람직한 태도라 하겠다. 앞으로의 업무의 진행을 예견하여 미리 대비하며 창의력을 증진시키고 정확한 판단력을 발휘하기 위해 보다 많은 지식과 정보를 습득하여야 할 것이다.

표 11-8 e-mail의 예

Author : Koji Endo at LBJ_Research
Date : 12/21/2006 2:58 PM
Priority : Urgent
Receipt Requested
To : S.Y. Kim at LBSeoul_IBD
Subject : Happy Holidays

----------------------Message Contents-----------------

Kim-san,

Probably this is the quickest way to say "Happy Holidays" to you through e-mail.
I was really glad that I came to Seoul three times this year and worked with you while having received a lot of assistance from you. It was a big fun and I learned so many things.

How are you going to spend the holiday season in Korea? I am taking just one day off before the year-end and we have breakes from December 31 to January 3. It is not exactly long enough for me to relax but there are so many piles of works on my desk to do ASAP.
Hope you can rest well before coming back to the office next year.

Anyway, I just wanted to thank you for all your assistance to my work this year and wish you Merry Christmas and Happy New Year. And just let me know your schedule in Japan as soon as it is fixed. See you soon!

Best regards,

Koji Endo

(4) 미래의 사무환경

컴퓨터와 통신, 각종 기기의 발전으로 인하여 앞으로의 사무환경이나 근무 방식에는 많은 변화가 일어날 것이라는 것을 예측할 수 있다.

1) 빌딩의 자동화

과거 빌딩에 대하여는 온도, 습도의 적절한 조절, 확실한 보안장치등 물리적

관리중심의 관점에서 컴퓨터와 통신, 기술의 발전으로 사무자동화 및 정보통신 기능이 부가된 인텔리전트 빌딩(Intelligent Building)으로 변화되었다. 빌딩 내에 LAN(근거리 통신망)이 설치되어 각종 사무기기가 연결되고 광통신 시스템, 화상회의시스템, 위성통신 시스템 등이 갖추어져 생산성을 높여줄 수 있게 되었고 이미 대다수의 새로 건립되는 빌딩들은 이러한 기능을 갖추어서 보다 더 효율적인 공간을 제공하고 있다.

2) 근무 형태

오늘날 컴퓨팅 기술과 광통신 기술의 눈부신 발전은 통신망의 광대역화와 초고속화를 가능케 하여 세계를 네트워크로 연결하여 지구촌화하고 있다. 이로 인해 기업에서는 근무형태나 조직구조, 나아가 기업의 기본개념까지도 변화하고 있다 이 같은 변화는 가상기업, 원격교육, 재택근무, 홈뱅킹, 홈쇼핑 등의 모습으로 우리들 눈앞에 다가서고 있으며 시간이 흐를수록 더욱 보편화될 것으로 전망되고 있다.

가. 가변시간 근무제(flexitime)

기존의 동일 근무시간제와 달리 개별적으로 사정에 맞추어 미리 정해진 시간에 근무를 할 수 있게 하는 제도이다. 대다수의 직원이 공통적으로 근무하는 시간대와 그 외에 자유로이 설정할 수 있는 시간으로 구성하여 업무를 수행하게 함으로서 개개인에게는 개인 형편에 적합한 근무시간을 택할 수 있는 장점과 도심지의 교통체증현상을 해소해줄 수 있는 방안이며 가정을 가진 여성들에게도 매우 편리하게 활용될 수 있는 제도이다.

나. 재택근무제

① 재택근무의 의의

시간, 장소에 관계없이 통신망과 컴퓨터를 연결함으로써 업무를 수행할 수 있어서 근로자 입장에서는 직장과 거리에 관계없이 거주할 수 있으며, 출・퇴근하는데 소요되는 시간과 경비를 절감할 수 있고 자신의 형편과 템포에 맞춰 일의 속도를 조절할 수 있는 제도이다. 한편 기업주 입장에서는 사무실 시설경비를 절감할 수 있는 장점이 있다.

재택근무와 관련 개념으로 모빌오피스(Mobile Office)가 있다. 이는 재택근무와 사무실근무의 중간 단계로 고객을 접할 수 있는 시간을 최대한 늘려 기업의 능률을 극대화하자는 데서 비롯된 근무시스템으로 고객을 만나는 곳이 곧 사무실이 된다. 이 제도는 출퇴근시간을 절약해 고객과 만나는 시간을 최대한 늘릴 수 있고 기업도 생산성을 향상시킬 수 있어 확산될 전망이다.

무선 인터넷을 통해 실현되는 모빌오피스
(출처 : 조선일보 2001.2.2)

② 재택근무의 현황 및 전망

한 연구보고에 따르면 재택근무제를 시행한 결과 근로자의 생산성이 크게 향상되고 근무의욕이 왕성해졌을 뿐만 아니라 가정생활과 업무의 조화도 잘 이루어지고 있는 것으로 나타났다. 아울러 재택근무제를 실시하면서 우려됐던 상하 및 동료간의 의사소통에 있어서의 문제가 없는 것으로 나타나 가정에서 업무 추진하는 것을 긍정적으로 받아들이고 있는 것으로 나타났다. 또한, 기업주 입장에서는 사무실 시설비와 유지비를 절감할 수 있으며 우수한 인력을 확보하고 창의성과 생산성을 높이는 데 크게 도움이 된 것으로 나타났다. 이러한 제반 여건들로 인해 재택근무는 앞으로 더욱 늘어날 것으로 예상된다.

모빌오피스 - 한 직원이 현장에서 노트북 PC를 이용해 주문처리를 하고 있다

☞ 사 례

사무자동화의 활용

K사는 최근 매우 중요한 고객으로부터 아주 큰 거래를 위임받았다. 그 일을 성사시키기 위하여 많은 작업이 요구되지만 그 가운데 하나가 약 100페이지에 달하는 영어로 작성된 업무추진계획서를 2-3일 내에 완성하여 제출하는 것이었다. 이러한 경우에 단지 몇 명뿐인 국내 지점의 인력으로는 도저히 지정된 기일 안에 수행하기 불가능한 일이었다. 그래서 이 회사에서는 본사 및 지사의 각 분야의 담당자들에게 연락하여 각기 맡은 분야에 관하여 자료를 준비시키고 그것이 준비되는 대로 팩스 및 e-mail로 자료를 받는 동시에 초안도 작성해 가면서 작업을 진행하였다. 전 직원이 모두 노력한 끝에 제출 마감일 바로 전날 업무추진계획서 초고가 겨우 완성되었으나 아직 워드프로세싱 작업 및 많은 그래프, 차트를 작성하는 작업이 수십 페이지 남아 있었다.

아무리 노력해도 서울지점의 인력만으로는 밤사이에 그 작업을 끝내기가 불가능하였다. 따라서 본사의 워드프로세싱 센터에 원고 및 자료를 팩스로 보내어 이곳은 밤 시간인 그곳 근무시간 동안 여러 명의 워드프로세서들이 나누어 작업하여 통합한 후 다음날 아침 서울지점 직원들의 출근 전에 완성된 업무추진계획서 원고가 e-mail을 통하여 컴퓨터에 들어와 있었다. 서울지점에서는 비서가 이 원고를 프린트하여 책임자로부터 최종 검토를 받아서 레이저 프린터(원고) 및 컬러 프린터(그래프 및 차트)로 프린트하여 정해진 시간 안에 거래처에 제출할 수 있었다.

연습문제

1. 사무자동화의 효과에 대해 정리해 보자.

2. 일간지에서 사무자동화에 대한 기사를 스크랩해서 최근의 추세를 알아보자.

3. 비서들이 근무하고 있는 사무실을 직접 방문하여 사무자동화 기기들이 어떻게 활용되고 있는지 살펴보자.

3 비서와 조직관리

조직의 경영자, 혹은 관리자를 효과적이고 효율적으로 보좌하기 위해서는 비서로서의 기본자세를 갖추고 다양한 실무처리에 필요한 기술 및 기능을 습득하는 것 이외에 자기가 속한 조직에 대한 기본 지식이 요구된다. 즉, 조직이 어떠한 일을 하는 곳이며 목표가 무엇이며 자기 상사의 위치와 역할은 무엇이고 어떤 방식으로 운영되는지, 조직의 구성원들의 성향은 어떠한지에 대하여서도 알고 있어야만 상황판단을 할 때나 솔선수범하여 업무를 처리하는데 있어서 창의력을 발휘할 수 있을 것이다.

따라서 본 편에서는 여러 조직 중 가장 대표적이라 할 수 있으며, 비서들이 가장 많이 진출하고, 또 그 운영원리가 다른 종류의 조직에서도 많이 적용되는 기업의 경영관리를 중심으로 비서가 반드시 알아두어야 할 지식과 조직관리 이론에 관하여 공부하고자 한다.

12 비서에게 필요한 경영관리 지식

기업의 운영과 관련하여 비서가 반드시 알아야 할 지식으로는 첫째 기업 현황을 파악하기 위해 알아야 할 지식, 둘째 회계적 지식, 셋째 기업관련 법률지식 등이 있다. 또한 기업의 목표 및 기능과 경영자의 역할에 대하여도 정확히 알고 있어야만 효율적으로 업무를 처리할 수 있을 것이다.

12.1 기업경영 전반에 관한 지식

(1) 기업의 현황파악

기업의 전반적 운영현황 및 환경여건을 파악하기 위해 알아두어야 할 사항들은 다음과 같다.

1) 기본자료

기업에 관한 가장 기본적인 사항으로서 회사의 연감이나 영업보고서(Annual Report), 감사보고서(Audit Report) 등을 통해서도 알 수 있고 대외 홍보용으로 발간한 책자나 사보 등도 도움이 된다.

비서로서 기본적으로 알아두어야 할 사항인 동시에 외부인사가 문의할 경우 답변해 주어야 할 경우도 있다.

- 기업의 형태, 사명과 설립목적
- 회사의 정관 및 역사
- 이사회의 구성과 배경
- 주주의 분포상태
- 관계회사의 내역
- 취급제품 및 진출시장, 지역

- 공장에 관한 사항
- 최근 수년간의 매출액 성장추이 및 시장점유율 추세
- 조직도에 관한 사항(권한과 책임의 분담)
- 상장주식수 및 주가
- 대정부 관계

2) 경영전략 및 경영계획에 관한 지식

회사에 관한 보다 전문적이고 깊이 있는 지식으로 보통 대외적으로는 보안을 유지해야 할 사항이 많다. 이러한 지식을 얻기 위해서는 사내에서 회의 자료나 보고서 등을 주의 깊게 읽어봄으로써 가능하다. 보다 비중 있는 역할을 수행하고자 하는 비서에게는 반드시 갖추어야 할 지식이다.

- 장기 경영계획의 목표와 정책, 주요방침
- 기업환경변화 및 업종의 전망 등
- 회사 자체에 대한 강·약점
- 제품별·시장별 경쟁력
- 다국적 경영전략
- 부문별 경영계획과 목표

3) 기타 부문별 업무와 연관된 지식

조직의 전반적인 흐름이나 추세, 구성원들의 분위기 등에 대해 파악함으로써 항상 진보되고 효율적인 업무처리가 가능해지고 의사소통에 도움을 줄 수 있다.

- 조직 및 인사관련 사항
- 조직의 형태 및 특징
- 직무분석자료
- 조직 내 커뮤니케이션 경로
- 인원현황
- 장기인력 수급계획
- 복지후생제도
- 인사고과제도 및 노사관계 등
- 기타 각종 공공 통계자료

(2) 회계적 지식

1) 재무제표

재무제표는 가장 보편적으로 많이 이용되는 기업관계 자료로서 기본적으로 대차대조표와 손익계산서를 들 수 있다. 대차대조표는 일정시점의 기업의 재무상태를 나타내 주며 손익계산서는 일정기간, 즉 보통 1년 동안의 기업의 경영성과를 집약적으로 표현해 주는 것이므로 기업의 재무적 상태, 재무적 강점과 약점과 영업실적에 대한 최소한의 정보를 얻을 수 있는 근거가 되며 자료를 얻기도 용이하다. 재무제표는 기업에서 경영관리자가 내리는 의사결정, 즉 투자결정, 자본조달결정, 운영(생산, 판매, 관리)결정의 결과를 나타내는 것이므로 비서에게는 필수적으로 파악해야 할 자료이다.

◈ 대차대조표(Balance Sheet)

대차대조표는 기업에 필요한 자본이 어떻게 조달되고, 조달된 자본이 어떻게 운용되고 있는가를 대조하여 표시해줌으로써 회사의 재무상태를 명확히 나타내준다. 대차대조표는 오른쪽 대변에 기업에 필요한 자본의 조달원천을 부채와 자본으로 나누어 표시하고, 왼쪽 차변에 조달된 자본의 운용내역인 자산을 대조하여 표시한다. 따라서 자산과 부채, 자본 사이에는 항상 다음과 같은 관계가 성립하게 된다.

자산 = 부채 + 자본

차변 = 대변

<table>
<tr><td rowspan="2">자산</td><td>부채</td></tr>
<tr><td>자본</td></tr>
</table>

① 자산항목 : 대차대조표의 차변 자산항목은 위에서부터 현금화하기 쉬운 순서대로 기록된다. 즉, 현금, 유가증권, 외상매출금, 재고자산과 같은 유동자산에 이어 투자자산, 고정자산의 순서로 유동성이 높은 항목부터 차례로 기입된다.

차변(운용내역)	대변(조달원천)	
자산	부채+자본	
유동자산 투자 및 기타자산	유동부채 고정부채	유동성 大
고정자산 이연자산	자기자본	小

유동자산은 기업의 정상적 경영활동과정에서 항상 회전하며 단기간(1년 이내)에 현금화할 수 있는 자산을 가리키며 당좌자산과 재고자산, 기타 유동자산 등으로 구성된다. 그 중 재고자산은 상대적으로 현금화되는 기간이 길고 현금화되는 데에 불확실성이 있으며 현금, 유가증권, 매출채권 등은 보다 단기간에 현금화됨으로써 당좌자산이라 불린다.

- 당좌자산 : 현금과 예금, 유가증권, 외상매출금, 받을어음, 미수금 등
- 재고자산 : 상품, 제품, 반제품, 원자재, 기타재고자산 등
- 기타유동자산 : 선지급금, 선급비용, 기타

투자자산은 타기업의 지배나 여유자금의 활용을 위하여 자금을 투하한 것 중 그 보유기간이 장기적이어서 정상적인 영업활동의 운용자금으로 이용할 수 없는 자산을 말한다. 장기성 예금, 투자유가증권, 출자금, 관계회사주식, 투자부동산 등이 이에 포함된다. 기타자산은 투자자산보다 유동성은 작으나 무형고정자산과 이연자산보다는 환금성이 높은 자산을 가리킨다.

고정자산은 토지, 건물, 기계설비 등의 정상적인 기업의 영업활동에 고착화되어 1년 이내에 현금화되기 어려운 자산이다. 실물의 구체적 존재 여부에 따라 유형고정자산과 상표권이나 특허권 같은 무형고정자산으로 분류된다.

- 유형고정자산 : 토지, 건물, 기계, 설비, 선반, 차량, 공구, 비품 등
- 무형고정자산 : 영업권, 상표권, 광업권, 특허권, 어업권, 기타

이연자산은 장래 기간의 수익과 관련하여 지급이 끝났거나 또는 지급의무가 확정된 비용을 차기 이후에 배분처리하기 위해서 자산으로 잡은 것으로 창업비, 개발비, 신주발행비, 시험연구비 등이 이에 해당된다.

② 부채 및 자본항목 : 대차대조표의 대변은 자본조달의 원천을 표시하게 되는데, 크게 타인자본인 부채항목과 자기자본인 자본항목순으로 표시된다. 부채항목도 상환만기가 빠른 순으로 기록되는데 1년 이내에 만기가 도래하는 유동부채와 1년 이후에 도래하는 고정부채로 구분된다.

유동부채에는 기업의 일상적인 영업활동 및 재무활동에서 발생하게 되는 지급어음, 외상매입금, 당좌차월, 단기차입금, 유동성 장기부채, 관계회사 단기채무, 미지급금, 미지급 법인세, 미지급 비용, 선수금, 예수금, 선수수익 등이 포함된다. 유동성 장기부채란 장기부채 중 1년 이내에 만기가 도래하는 부채를 말한다.

고정부채에는 회사채나 장기차입금과 같은 일반고정부채와 퇴직급여충당금이나 특별수선충당금과 같은 장기부채성 충당금, 그리고 관계회사나 주주, 임원, 종업원 등에 대한 장기차입금과 기타의 고정부채가 포함된다. 충당금이란 당기의 수익에 대응하는 비용으로서 장래에 지출될 것이 확실한 것과 당기의 수익에서 차감되는 것이 합리적인 것에 대하여 부채성 충당금으로 계상하는 것을 말한다.

대변에 표시되는 자본은 자산에서 부채를 차감한 잔액(equity)으로, 자기자본만을 의미하는 자본금, 자본잉여금, 이익잉여금, 자본조정으로 나뉘어진다.

자본금은 기업의 출자자가 기업에 출자한 금액으로 원칙적으로 회사에 영구히 남아 기업 활동의 기초가 되는 것이다. 주식회사의 경우 자본금은 납입 완료된 주식수에 액면금액을 곱한 금액이 된다. 자본잉여금은 자본거래에 의하여 발생하는 잉여금으로서 주식의 발행, 증자 혹은 감자 등과 같이 회사 내에 투하된 자본가치 그 자체의 증감에 관련된 잉여금을 말한다.

이익잉여금은 손익거래에 의하여 발생한 매기의 이익을 그 원천으로 한다. 이 이익잉여금은 주주총회의 결의에 따라서 사외에 유출되는 부분은 지급함으로써 소멸되지만, 사내에 유보되는 부분은 그것이 실제로 사용될 때까지 이익잉여금의 내용으로 대차대조표에 계상 된다. 이익잉여금에는 상법의 규정에 의하여 강제적으로 적립되는 이익준비금과 회사의 정관이나 주주총회의 결의 또는 계약이 정하는 바에 따라 적립을 하게 되는 임의적립금, 그리고 전기이월이익잉여금에 당기 중의 이익잉여금 증감액 및 당기순이익을 가감한 당기말 미처분 이익잉여금이 포함된다.

- 당기말 미처분 이익(손실) = 전기이월이익+전기손익수정이익 (손실)+당기순이익

표 12-1 대차대조표의 예시

대차대조표

한국제조(주) 2006. 12. 31현재 (단위 : 십억원)

자산		부채·자본	
Ⅰ.유동자산	53,973	Ⅰ.유동부채	52,052
1.당좌자산	31,510	매입채무	5,263
현금 및 예금	7,378	지급어음	8,803
유가증권	1,647	단기외국차관	20,809
매출채권	11,240	단기외국차관	16,684
받을어음	7,372		
기타당좌자산	3,873	Ⅱ.고정부채	34,063
2.재고자산	18,769	장기차입금	14,660
3.기타유동자산	3,694	사채	8,129
		외국차관	2,070
Ⅱ. 투자와 기타자산	13,252	부채성충당금	5,166
1.유형고정자산	51,459	기타고정부채	4,038
(건설가계정)	324	(부채총계)	86,088
Ⅲ. 고정자산	51,783	Ⅲ.자본	
1.유형고정자산	51,459	1.자본금	15,307
(건설가계정)	6,591	2.자본잉여금	11,768
2.무형고정자산	324	3.이익잉여금	6,773
		4.자본조정	0
Ⅳ. 이연자산	928	(자본총계)	33,848
자산총계	119,936	부채와 자본총계	119,936

◈ 손익계산서(Income Statement)

손익계산서는 일정기간의 경영성과를 명백하게 표시하기 위하여 그 기간에 발생한 모든 수익과 이에 대응하는 모든 비용을 한 표에 기재함으로써 순손익의 금액과 그 발생경과를 표시하는 보고서이다. 따라서 생산・판매・관리 등 주요 운영에 관한 의사결정이 경영성과에 미친 영향을 밝히고 그 발생원인을 나타낸다.

손익계산서는 경영분석의 기초 자료로서 당기의 경영성과와 수익력을 판단할 수 있는 정보를 제공해 준다는 점에서 의의가 크다. 손익계산서는 기본적으로 수익・비용대응의 원칙에 따라 다음 등식에 의하여 이루어져 있다.

순손익 = 수익 - 비용

표 12-2 손익계산서의 구성

차감 항목	이익
	매출액
매출원가	
	매출총이익(생산효율성)
판매비 및 일반관리비	
	영업이익(영업활동의 성과)
영업외수익·비용	
	경상이익(재무활동의 성과)
특별이익·손실	
	법인세차감전순이익
법인세	
	당기순이익

손익계산서는 크게 영업부문과 비영업부문으로 나누고, 손익계산을 매출총이익, 영업이익, 경상이익, 법인세차감전순이익, 당기순이익 계산으로 나누어 표시한다. 매출총이익에는 판매・제조부문의 성과를, 영업손익에는 일반판매관리부문까지의 성과를, 경상이익에는 영업외 활동까지의 성과를, 또 순손익에는 비경상적인 특별사건까지의 성과를 나타낸다. 매출총이익은 1 회계기간에 속하는 매출액에서 매출원가를 차감하여 계산되므로 판매와 제조활동의 성과를 나타내며 따라서 생산효율성을 측정하는 근거가 되고 있다.

영업이익은 매출총이익에서 그 매출활동을 수행하기 위하여 소요된 판매비와 일반관리비를 차감한 것으로 여기에서 산정된 영업손익은 기업의 주된 영업활동(제조・판매・관리)의 성과를 판정하는 기초 자료로 이용된다. 따라서 영업효율성을 측정하는 근거가 되며 동종산업 내의 경쟁업체간의 경영성과를 비교하는 기준으로 의미가 크다.

표 12-3	손익계산서의 예시

손익계산서

한국제조(주)	2006년 1월 1일부터 2006년 12월 31일까지		(단위 : 십억원)
Ⅰ.	매 출 액		118,188
Ⅱ.	매 출 원 가		99,194
	(매 출 총 이 익)		18,994
Ⅲ.	판매비와 일반관리비		11,882
	임 원 급 여	337	
	급 료 와 임 금	2,409	
	제 수 당	584	
	퇴 직 금	477	
	복 리 후 생 비	419	
	수 도 광 열 비	52	
	세 금 과 공 과	189	
	지 급 임 차 료	305	
	감 가 상 각 비	378	
	접 대 비	338	
	광 고 선 전 비	1,508	
	경상시험연구·개발비	137	
	보 험 료	97	
	운 반 비	1,148	
	대 손 상 각	165	
	기 타	3,789	
	(영 업 이 익)		7,112
Ⅳ.	영 업 외 수 익		3,650
	수 입 이 자	1,728	
	수 입 배 당 금	137	
	외 환 차 익	596	
	기 타 영 업 외 수 익	1,189	
Ⅴ.	영 업 외 비 용		7,812
	지급이자와 할인료	5,271	
	사채이자 및 차금상각	737	
	외 환 차 손	387	
	기 타 영 업 외 비 용	1,417	
	(경 상 이 익)		2,950
Ⅵ.	특 별 이 익		1,056
Ⅶ.	특 별 손 실		721
	(법인세차감전순이익)		3,285
Ⅷ.	법 인 세 등		1,410
	(당 기 순 이 익)		1,875

경상이익은 영업손익에 기업의 보조적 또는 부수적 활동(비영업부문)에서 발생하는 수익과 비용인 영업외수익과 영업외비용을 가감한 것으로서 영업외수익와 영업외비용은 주로 수입이자나 지급이자 등을 포함하는 재무적 활동의 결과이므로 재무활동의 성과, 즉 재무효율성을 측정하는 근거로 사용된다. 동종산업내의 경쟁업체를 경상이익 기준으로 비교하면 영업활동상의 경영성과 뿐 아니라 재무활동의 건전성까지도 평가된다.

당기순이익은 경상이익에 특별이익을 가산하고 특별손실을 차감한 다음 법인세 등을 최종적으로 차감한 손익계산서상 최종적인 순손익이다. 특별이익(손실)이란 기업의 경영활동과 관계없이 비경상적으로 발생하는 이익(손실)으로 투자자산처분이익(손실)과 고정자산처분이익(손실)등이 포함된다. 당기순이익은 기업의 총괄적이고 최종적인 수익력의 지표라고 할 수 있다. 그러나 순이익에는 특별이익과 특별손실 항목이 포함되어 있으므로 미래예측에는 경상이익이나 영업이익이 적합하다.

2) 재무제표의 활용

비서는 두 가지 측면에서 이러한 재무제표를 활용할 수 있다.

첫째는 자기회사의 재산상태와 운영실적을 파악하는데 필요하다. 자기회사의 자산구성이 어떻게 되어 있으며 자금이 풍족하게 유통되고 있는지, 자기자본의 비중이 높은지 부채의 비중이 높은지, 회사의 규모가 해마다 성장하고 있는지, 매출은 성장추세에 있는지, 또 총 매출액과 비교할 때 순이익의 비율은 얼마나 되는지, 이익이 증가하거나 감소했을 경우 그 요인이 어디에 기인하는지, 전년도에 비하여 어느 부문의 비용이 두드러지게 증가했는지(예를 들어 원료비가 증가한 것인지 혹은 환율의 변동 또는 인건비상승 등에 기인한 것인지) 등 기업의 경영상태를 파악하는데 도움을 주게 된다.

둘째로 자기회사와 경쟁관계에 있는 기업들의 상황을 파악하고 비교하는데 필요하다. 대부분 경영자에게는 경쟁사들의 재무자료가 입수된다. 이것을 기계적으로 상사에게 제시하는 것으로 그치기보다는 관심을 가지고 전년도의 재무제표와 비교해 보고, 또 자기회사의 것과 비교해 봄으로써 자사 및 경쟁사의 강점과 약점, 또 산업 전반적인 추세를 파악할 수 있는 안목을 기르게 된다. 좀 더 욕심을 부려 본다면 비서 스스로 자기회사와 경쟁사의 재무제표를 컴퓨터에 입력하여 간단한 비율을 산출하여 서로 비교할 수 있는 도표를 만들어 상사에게 제시해 보는 것도 좋지 않을까!

표 12-4 비교도표의 예시

(성장성비율)	우리회사			A사			B사		
	2004	2005	2006	2004	2005	2006	2004	2005	2006
매출액증가율	21.7	27.1	52.3	31.8	39.2	-7.8	63.1	27.8	8.2
총자산증가율	30.3	116.4	18.8	49.8	32.2	5.9	51.6	15.9	19.6
순이익증가율	9.2	194.8	55.6	7.0	-18.1	-0.9	63.5	46.9	-53.0
주당이익증가율	-1.9	79.3	-21.1	-26.0	-48.4	-9.8	-13.4	3.9	-22.0

(3) 법률적 지식

기업을 설립할 때부터 운영에 이르기까지 모든 기업 경영활동에는 법률적 지식이 필요하며 합법적으로 활동이 영위되어야 한다. 기업이 경영활동을 수행하는데 있어서 상법, 민법, 노동법, 공정거래법, 반트러스트법, 소비자보호법, 환경보전법 등 수없이 많은 법의 적용을 받게 된다. 예를 들면 주식회사를 설립하기 위해서는 7인 이상의 발기인이 정관을 작성하여 법원에 설립등기를 하여야 하는 등 기업의 의사결정 및 경영활동, 거래 등은 항상 적법하게 이루어져야 한다. 물론 전문적 사항이나 실제 법의 적용 등에 있어서는 변호사 등 전문가의 조언과 지도하에 수행되나 경영자를 보좌하는 비서도 기본적인 사항과 법률용어 등에 대하여 알아둠으로써 보다 정확한 업무처리가 가능해 진다.

12.2 기업의 목표와 경영자의 역할

(1) 기업의 목표

기업의 목표란 기업이 장차 달성할, 또는 성취할 미래의 상태나 결과를 말하는데, 보통 기업 활동의 목표는 영리추구 혹은 이윤의 극대화라고 인식되어 있다. 이는 기업 활동에 대한 단순하고 이해하기 쉬운 설명으로 누구나 수긍할 수 있는 목표라 할 수 있다. 그러나 현대사회에서 기업의 목표를 설명하기에는 충분하지 못한 측면이 있다.

기업 활동이 영위되는 과정을 살펴보면 일정규모의 자본금에 생산설비를 갖추고 원료를 구입하여 기술(인력)이 결합되고 이에 정보 등이 추가되어 재화(상품)나 용역(서비스)을 생산하게 된다. 생산된 재화나 용역을 판매하면 현금이 유입되고 유입된 현금은 다시 원료를 구입한다던가, 종업원들의 급료를 지급하고 차입금에 대한 이자지급 등 각종 필요경비를 지급하고 생산설비를 증설한다던가 미래를 위한 투자를 하기도 한다. 이렇게 하여 해당기간의 순이익(법인세 납부 전 순이익)이 산출되게 되며 이 순이익에 대하여 정부에 세금(법인세)을 납부하면 그 해의 당기순이익이 산출된다. 당기순이익은 기업이 처분할 수 있는 수익인 셈이다.

이 때에 필요경비를 제한 나머지 잉여부분에 대한 분배를 어떻게 할 것인가 하는 문제에 부딪치게 된다. 경영진들에 대한 보너스 지급, 종업원의 임금인상, 주주들에 대한 배당, 회사 내에 유보 등이 그 주요 항목이다. 또한 회사에 유보한 자금을 어떻게 운용할 것인가, 즉 기업 내에 현금으로 계속 보유하는 것이 유리한지, 혹은 신규사업을 위한 시설투자를 할 것인지, 장기적 관점에서 기술개발을 위한 투자를 할 것인지, 사원들의 교육훈련에 투자할 것인지, 혹은 당장의 재산증식을 위하여 유가증권 투자에 충당하거나 부동산을 매입할 것인지 등등 수많은 대안들 중 의사결정을 하여야 하는 매우 중요한 입장에 서게 되는 것이 경영자이다.

우선 당장의 이윤극대화에만 목표를 둔다면 어느 기업도 미래를 위한 장기적 투자를 감행하지 않을 것이다. 우선 필요 불가결한 경비만을 지출하고 미래를 위한 투자는 가급적 지양함으로써 당장의 순이익을 높이는 효과를 볼 수 있을 것이다. 그러나 그러한 방식으로 기업을 경영할 경우 급변하는 현대사회에서 단 몇 년 후의 기업의 입지도 보장하기 어려울 것이다.

타기업들과의 경쟁에서 도태되어 매출이 줄어들어 시장점유율이 떨어짐은 물론 현금유입이 감소함으로써 궁극적으로는 도산하게 될 것이 분명하다. 이렇게 되면 기업의 이윤추구는 말할 것도 없고 기업에 관련되어 있던 수많은 사람들(종업원, 원료 납품업자, 소비자들)에게도 피해를 주고 나아가 국가 경제에도 막대한 손실을 초래하게 되어 기업의 사회적 책임도 다하지 못하게 된다. 이는 당장의 이윤만을 추구하고 미래를 고려하지 못한 그릇된 경영의사결정의 결과라 할 수 있다. 따라서 기업의 목표는 현재의 이익뿐만 아니라 기업의 미래의 이익, 즉 장기적 관점에서 미래에 유입될 현금을 시간성과 위험을 고려하여 현재시점의 가치로 평가한 '부의 극대화', 즉 '기업의 가치의 극대화(Maximization of value of the firm)'로 되어야 한다. '부'라는 것은 이윤은 물론 그 이외에도 많은 요인을 고려하고 있는 명확하고도 훨씬 정확하고 포괄적인 개념이라 할 수 있으므로 현대 기업이 추구해야 할 목표는 부의 극대화 또는 기업가치의 극대화이다.

한편, 이러한 관점에서 볼 때 기업의 목표와 관련하여 기업의 목표가 경영자의 목표와 항상 일치할 것인가 하는 문제가 제기될 수 있다. 이러한 문제는 기업의 소유와 경영이 어느 정도 분리되어 있는가와 밀접한 관련을 맺고 있다. 즉, 기업의 소유와 경영이 분리되어 있지 않은 경우에는 기업의 부가 곧 경영자의 부이므로 기업의 목표와 경영자의 목표는 일치할 것이나, 소유와 경영이 분리되어 있으면 경영자와 주주의 이해는 상위되기 쉬우므로 기업의 목표와 경영자의 목표 사이에는 괴리가 생길 수 있다. 그러나 경영자의 경영성과는 자본시장에서 투자자들에 의하여 주가에 반영되어 평가된다는 사실을 감안할 때 기업의 목표는 궁극적으로 소유와 경영의 분리와는 관계없이 항상 경영자의 목표와 일치하게 될 것이다.

일반적으로 주가는 기업의 현재의 수익 실현 능력뿐만 아니라 미래의 수익력, 미래 수익의 시간성과 불확실성, 사회적 책임의 이행정도 등의 종합적인 요인을 반영하고 있다고 할 수 있다. 따라서 부의 극대화, 즉 기업가치의 극대화는 기업이 경영활동을 수행하는데 있어 추구하여야 할 목표가 되는 것이다.

(2) 기업의 기능

이상과 같이 기업의 가치의 극대화를 추구하기 위한 경영활동을 수행하면서 기업은 그 외에도 국가나 사회를 위하여 다음과 같은 여러 가지 기능을 하게 된다.

1) 고용기회의 제공

재화나 용역을 생산하기 위하여 시설을 갖추고 그 시설을 가동하며 운영하기 위하여 종업원을 채용함으로써 일터(job)를 마련해주어 안정적인 생활을 영위할 수 있게 한다.

2) 재화와 용역의 제공

기업의 활동을 통하여 재화나 용역, 즉 서비스를 생산하여 제공함으로써 보다 편리하고 윤택한 생활을 할 수 있도록 한다.

3) 이익 창출

기업의 활동을 통한 부가가치에 대한 이익의 창출로 기업이 성장하고, 성장에 따라 더욱 개선된 조건으로 확대 재생산이 가능해지고 저렴한 가격에 양질의 제품공급이 가능해진다.

4) 경제성장 및 국가 경제발전에 기여

이익의 재투자로 기업이 성장·발전하면 보다 나은 품질의 제품이 나은 조건으로 공급될 뿐 아니라 이익 중 일부분은 연구개발 투자에도 충당됨에 따라 기술수준 자체를 향상시켜 국가발전에 이바지하게 된다.

5) 사회적 요구의 충족

기업에 종사하고 있는 사람은 물론이거니와 그와 연관되어지는 많은 개인·조직들에게도 안정감, 소속감을 주고 자아성취, 자아실현 등이 욕구를 충족시킬 수 있는 기회를 마련해 준다.

표 12-5 경영자의 역할

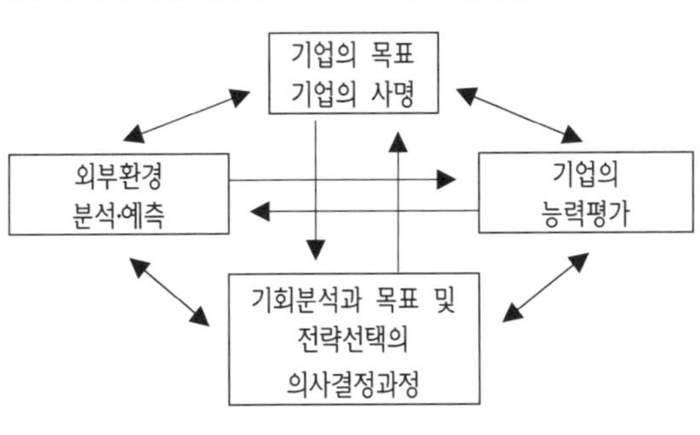

(3) 경영자의 역할

경영자는 앞서 언급한 대로 기업의 가용자원(available resource)과 능력(capability)을 환경상의 기회와 위협과 결합시켜 기업의 목표를 달성하면서 동시에 기업의 사명과 임무를 수행하기 위하여 활동방향을 결정하고 자원을 배분하는 의사결정을 내리는 과정에서 다음과 같은 유형의 역할을 수행하게 된다.

1) 유형에 따른 경영자의 역할

① 대인관계 역할 : 기업을 이끌어 가는데 있어서 모든 경영자들은 대표자로서 의식적이고 상징적인 의무를 수행하게 된다. 기업 내적으로는 리더로서 종업원을 고용하고, 교육시키고, 동기부여하고 훈련시키는 것을 말한다. 회사에 필요한 인적자원을 확보하기 위하여 종업원을 채용함에 있어서 면접을 통해 첫 대면을 하며 응시자들 중 회사의 목표달성에 가장 적합하다고 여겨지는 인재를 선발하고자 하며, 채용후에는 공식적·비공식적 대면을 통해 그들에게 기업의 목표를 주지시키고 그의 달성을 위해 전력투구하도록 통제, 교육, 훈련, 격려하는 역할을 하게 된다.

대외적으로는 조직의 환경과 조직내부를 연결해 주는 연락자로서의 역할을 담당하게 된다. 즉, 기업을 대표하여 거래처의 대표와 만나 협상이나 계약을 맺고, 감독관청의 담당자와 면담하여 정부의 방침이나 규정의 제정이나 변동사항에 대하여 파악하고 회사의 입장을 대변하며 종업원들에게 전달해 주는 역할을 한다.

② 정보상의 역할 : 모든 경영자들은 조직을 위한 정보수집자로서의 역할을 수행하게 된다. 관련된 외부기관과의 교류로부터 조직이 필요로 하는 정보를 입수하고 활용한다. 이러한 목적을 위하여 신문, 잡지, 전문지 등 다양한 매체로부터 정보를 얻으며 관련분야의 강연이나 세미나 등에도 참석한다. 특히 조찬강연회 등은 경영자들로 하여금 다른 일정에 지장을 주지 않고 전문지식이나 정보를 얻을 수 있는 행사 중의 하나라서 많이 참여한다. 그러한 행사에 참여함으로써 강연자체로부터 얻는 지식이나 정보는 물론이거니와 참석자들과의 정보 및 의견교환을 할 수 있게 되고 안면을 넓히는 계기가 되어 보다 폭넓은 비즈니스 기회를 가질 수도 있다.

교제나 접대 등도 정보를 얻기 위한 활동의 하나라 할 수 있다. 이러한 역할을 감시역할(monitor role)이라 부르기도 한다. 경영자들은 이렇게 입수한 정보를 분석하여 조직의 구성원들에게 전달하는 보급자로서의 역할도 수행한다.

③ 의사결정상의 역할 : 인적·물적·금융 자원의 합리적 배분 및 할당을 통하여 최대한의 이익을 산출하며, 외부 조직과의 협상이나 토의를 필요로 할 때 협상자로서의 역할도 하게 된다. 이와 같이 경영자들은 다양한 문제에 대하여 주어진 여건 하에서 항상 최적의 의사결정을 하여야 한다.

이상과 같은 경영자의 역할은 조직 내에서의 경영자의 위치에 따라 다소 차이가 있다. 조직의 상층부로 올라갈수록 계획 활동에 더 많은 시간을 할애하고 감독활동에는 상대적으로 적은 시간을 할애하게 된다. 또한 조직의 형태에 따라서도 그 역할에 차이가 생기게 된다. 예를 들면 공기업에서의 경영자의 역할과 사기업에서의 경영자의 역할, 영리조직과 비영리조직에서의 역할은 차이가 있게 된다. 그러나 모든 경영자들은 의사결정을 하고 목표를 설정하고, 조직의 존속을 위한 합법성을 유지, 보호하고 프로그램의 수행을 위하여 내부적으로 정치적 지지를 발전시키게 되는 점에는 공통이다.

조직의 규모에 의하여도 경영자의 역할에는 차이가 있게 된다. 중소기업의 경영자는 가장 중요한 역할이 기업 대표자의 역할이며 많은 시간을 대외적인 관계, 즉 고객과의 만남, 대 은행 관계, 새로운 투자기회의 개발, 변화에의 대응 등에 소비하게 된다. 이와는 대조적으로 대기업의 경영자들은 내부적인 일, 즉 조직의 단위가 어떤 이용 가능한 자원을 얻고 얼마나 얻을 것인가에 많은 시간을 소비한다. 즉, 대규모 조직의 경영자에 비하여 중소기업의 경영자는 더욱 더 종합적인 경영자이어야 한다. 상사가 수행하는 역할이 어떠한 역할인가에 따라 비서의 보좌형태도 달라진다.

2) 업무분야에 따른 경영자의 역할

어느 기업이나 공통적으로 존재하는 분야를 중심으로 그 역할 내용을 보면 다음과 같다.

① 마케팅 관리 : 마케팅 관리란 '기업 또는 기업의 사업부가 마케팅 목표, 정책, 실시계획 및 전략 등의 설정을 포함하여 마케팅 활동을 계획·관리하는 것'이라고 정의되고 있다.

마케팅 관리를 위해서는

첫째로 시장조사가 이루어져야 한다. 시장조사는 마케팅 활동의 기본이 되는 의사결정에 필요한 정보를 수집, 기록, 분석, 평가, 해석하는 것으로서 제품, 시장, 정책, 판매방법에 관한 것이 그 대상이다.

둘째로는 수집된 자료를 바탕으로 마케팅 계획을 수립한다. 이는 일정기간 동안 마케팅 활동의 목표를 설정하고 이들 목표를 달성하기 위해 필요한 제활 동을 명시하는 것이다. 제품계획, 가격계획, 경로계획, 광고계획 및 판매계획 등이 포함된다. 제품이나 서비스의 시장경쟁력을 향상시키기 위하여 전 사적이며 장기적인 관점에서 제품계획, 제품차별화, 제품믹스, 제품수명주기, 제품개발 등을 포함하여 제품정책을 수립하며 기업의 가격설정목적에 따라 가격정책을 수립한다. 그리고 고객, 제품, 중간상, 경쟁관계, 기업 및 환경적 여건을 고려하여 상품이 소비자에게 전달되기까지의 유통경로를 결정한다.

세 번째로는 판매촉진활동 및 성과를 측정한다. 기업의 잠재적인 수요자들에 대한 설득적인 의사소통을 수단으로 하는 마케팅 활동을 관리하는 것으로서 광고활동, 인적판매, 홍보활동 등을 통한 판매 증대효과를 측정하고 분석하여 차기 계획수립에 반영한다.

오늘날 일부 비영리조직을 제외한 거의 모든 분야의 조직에 마케팅 개념이 적용되고 있다. 즉, 조직마다 소비자가 존재함에 따라 그들을 만족시켜 구매를 촉진시켜야 한다는 원리가 인식되고 있다. 특히 최근에 와서는 경쟁에서 승리자가 되기 위해서는 소비자나 고객을 '만족'으로 그치지 않고 '감동'시켜야 한다는 주장도 나오고 있다.

② 재무관리 : 재무관리란 기업에서 필요로 하는 자금의 조달과 운용을 효율적으로 관리하는 활동을 말한다. 즉, 자금의 흐름에 관련된 활동을 얼마나 효율적으로 수행하는가에 관한 것이다. 자금이란 인체에서 '혈액'에 해

당하는 것으로서 이것이 원활하게 흐를 때만이 기업이 정상적인 활동을 수행할 수 있게 된다.

재무관리의 주요 기능은 다음과 같다.

첫째, 투자결정 기능이다. 즉, 조달된 자금을 어떤 자산에 투자할 것인가를 결정하는 것으로 자본의 효율적 배분과 관련이 있으며 수익성이 높은 자산에 투자할 때 기업의 미래의 수익성이 높아지게 된다.

둘째로 자본조달결정 기능이다. 기업의 경영활동 및 투자활동에 필요로 하는 자본을 어떻게 조달할 것인가에 관한 결정으로 기업으로서는 가급적 안정적인 장기의 자금을 낮은 금융비용으로 조달해야 할 것이며 자기자본과 타인자본(부채)의 구성비율을 어느 정도로 유지하는 것이 바람직하겠는가를 결정해야 한다.

셋째로 배당결정 기능이다. 기업 활동에서 창출된 순이익을 주주들에게 분배하는 배당과 기업의 미래투자를 위한 기업 내의 비축인 사내의 유보이익으로 얼마만큼씩 분배할 것인가를 결정하는 기능이다.

그 외에 기업의 재무관리자는 기업의 가치를 극대화시키기 위해 끊임없이 기업의 자금상태는 어떠하며 문제점은 무엇인가를 조사・분석하여 개선책을 마련해야 한다. 기업의 어느 영역의 활동도 자금이 공급되지 않고 실현될 수 있는 것은 없다. 기업적 차원에서 재무관리의 중요성은 아무리 강조해도 지나치지 않을 것이다.

③ 생산관리 : 생산관리란 기업의 생산 활동에 관한 관리로서 제품의 재료뿐만 아니라 생산계획, 일정계획, 품질관리, 원가관리, 자재관리, 작업관리 등의 영역을 모두 포함한다.

생산 활동에 필요한 인적・물적 자원이 일정한 생산 공정에 따라 유기적으로 결합되고 관리됨으로써 생산성이 향상되고 품질 및 기일까지 엄수되어야 한다.

기업이 생산하는 제품이나 서비스는 고객을 만족시켜야 하므로 제품은 곧 기업의 품질을 의미하며 나아가 기업의 이미지와 신뢰도와 연결된다.

수익성 측면에서 제품 각 단위별로 표준원가를 설정하여 라인관리자로 하여금 표준과 실적의 차이를 비교·분석 평가하게 하여 원가관리를 수행한다.

자재관리란 생산에 필요한 자재를 최소의 비용으로 적량을 적기에 공급하는 것으로 자재의 계획에서부터 구매, 출고, 창고관리, 외주관리까지 포함하며 합리적인 자재조달로 제품의 원가를 하락시키고 불필요한 자재의 소비를 억제하여 적정재고수준의 유지로 재고에 대한 과대한 투자나 과소투자로 인한 손실을 방지한다.

작업관리란 생산 활동의 합리적인 수행을 위하여 근로자 개개인의 작업을 합리적으로 수행되도록 관리하는 활동을 말한다. 근로자들의 하루의 작업량을 책정해주고 적정수준의 과업을 부과하며 과업의 달성을 평가하여 성공적인 경우 보상과 실패한 경우의 문제점 분석 및 보완책을 마련하는 등 관리하는 활동을 말한다.

④ 인사관리 : 인사관리란 기업의 인적자원을 관리의 대상으로 가장 효율적으로 관리하여 기업의 목적달성에 이바지하기 위한 활동이라 할 수 있다.

인사관리의 영역에는 인사방침 설정, 직무분석, 직무평가, 인사고과, 고용관리, 교육과 훈련관리, 인사이동관리, 임금관리, 복지후생과 안전관리, 노사관계관리 등이 포함된다.

기업의 장기적인 목표와 부합하는 필요한 인력의 질과 수의 결정이 전사적이고 장기적인 생산성 및 이익계획과 효과적으로 결합할 수 있도록 인사방침이 수립되어야 하고 각 분야별, 계층별로 직무의 내용을 파악하고 그에 적합한 지식, 능력, 책임 등의 제요건을 명확히 하는 직무분석이 이루어져야 한다.

인사고과란 개개 종업원의 자질을 파악하고 직무행동을 분석하며 평가하고 그 결과에 따라 대우를 해주는 것을 말한다. 인사고과는 관리적인 의사결정을 내리기 위한 것과 종업원의 능력을 개발하기 위한 것이다.

고용관리는 선발, 배치부터 해고에 이르기까지의 모든 활동을 말한다.

현대 사회에서 인적자원관리 중 중요하게 대두되는 것이 교육·훈련이다. 오늘날 기업 내의 모든 조직구성원이 지속적인 교육·훈련의 대상이 되고 있으며 이는 그들이 조직 내에서 능력을 최대한 발휘할 수 있도록 지식 및 기술을 주입시키는 것을 의미한다.

인사관리 부문에서 일하는 사람들에게는 기밀의 보완이 중요하며 반면에 귀는 항상 열고 다님으로써 직원들의 의견이나 분위기 등을 파악할 수 있도록 해야겠다.

⑤ 경영계획 및 경영정책 수립 : 기업에는 자사의 목표를 달성하기 위해 이상의 마케팅·생산·재무·인사관리 등 조직의 제활동을 통합하고 조정하는 역할이 필요하다. 기업 내의 각 부문들은 각기 독자적으로 움직이는 것이 아니고 서로 밀접하게 연결되어 영향을 미치면서 운영된다. 따라서 기업조직에서 이들 부문들의 통합·조정은 필연적이다.

오늘날과 같이 변화무쌍하고 복잡한 기업 환경에서 자사의 생존과 성장 발전에 영향을 미치는 외부환경 세력에 보다 잘 대처하기 위해서 경영자는 외부환경과 내부능력에 똑같은 관심과 주의를 기울여 기업이 기업능력을 환경적 기회와 위협과 결합시켜 기업목적을 달성하는 방책을 강구해야 한다. 이러한 경영전략의 수립은 장기적 차원에서 기업의 장래를 좌우하게 된다.

기업들은 이러한 역할을 담당하는 경영기획실, 기획실, 비서실이라는 부서를 설치하고 우수한 인재들을 유치하여 운영하면서 상황변화에 대처하고 있다.

연습문제

1. 오늘날 기업환경의 특징을 조사해 보자.

2. 기업의 윤리적 책임과 사회적 책임에 대하여 생각해 보자.

13 조직과 비서

13.1 조직의 정의

우리는 일상생활 중에 조직이라는 용어에 자주 접하게 되며, 우리 주변에는 각종 조직이 존재한다. 조직의 정의는 조직을 보는 관점에 따라 달라질 수 있고 학자에 따라 달라질 수 있으나, '하나의 협동체계'로 본 메이요의 정의[14]와 '유기적으로 협동관계를 맺고 있는 인간의 상호작용 체계'로 본 바나드의 견해를[15] 중심으로 볼 때 '조직이란 두 사람 이상이 공동의 목적 달성을 위해 커뮤니케이션 및 협동을 필수요소로 유지되고 있는 하나의 체계적 단위'라 할 수 있다.

비서가 보좌하는 경영자 혹은 관리자들은 목적은 각기 다를지라도 조직을 이끌어 가는 사람이다. 따라서 조직에 대한 이해는 비서에게 필수적이라 하겠다.

본 장에서는 기업조직을 중심으로 공부하고자 한다.

13.2 조직의 구분

(1) 계선조직과 참모조직 (line and staff)

기업의 조직형태를 살펴보면 크게 계선(line)과 참모(staff)로 구분할 수 있다. 계선이란 생산, 영업 등 조직의 목표달성에 직접적으로 기여하는 부문으로 조직계층에서 비롯된 상사와 부하와의 관계에 기반을 둔 명령 관계이다. 참모, 즉 스탭이란 전문적 지식에 기반을 두고 계선에 속한 관리자들이 조직의 목표를

14) Mayo, E., The Human Problems of an Industrial Civilization (New York : MacMillan, 1993), p24

15) Barnard, C.I., The Functions of the Executive (Cambridge, Mass. : Harvard University Press. 1938), p68

원활히 수행할 수 있도록 조언하고 자문하는 등 보좌적 기능을 가진 사람들을 일컫는다. 스텝은 서비스 스텝, 관리 스텝, 자문 스텝으로 구분된다. 그 중 비서는 서비스 스텝에 속한다.

라인과 스텝과의 관계를 보면 스텝이 제공하는 정보나 조언을 수용하거나 변경, 거부하는 것은 라인 경영자의 특권이다. 스텝의 제안을 따르는 것은 항상 라인 경영자를 위한 것이나 라인 경영자는 그렇게 해야 할 어떤 의무도 가지지 않는다. 스텝의 제안을 따를 때는 그 제안을 라인 명령으로 변형시키게 된다.

조직에서 스텝이 필요한 것은 경영조직의 규모가 어느 한도 이상으로 커지면 최고 경영자는 의사결정에 필요한 모든 정보를 완전히 파악하고 있을 수 없기 때문에 기술적 자료의 조언을 제공해 주는 스텝 조직을 고용하게 되기 때문이다. 스텝의 업무는 전문화된 업무의 수행, 기술, 지식의 활용 및 라인 경영자에게 중요한 기술정보를 제공하는 일들이다.

때로는 조직내에서 라인과 스텝 간에 갈등이 생기기도 한다. 그것은 라인은 스텝이 지나치게 학문적이고 이론적이며 비현실적이어서 기업 전체의 목표에 부합하기 어렵다고 하는 것이고 스텝은 라인이 새로운 아이디어를 거부하고 전문분야의 급속한 진보를 인정하려 하지 않는다고 불만스러워 하는 것에 기인한다. 이 두 부문간의 문제는 두 종류의 권한, 즉 직위에 의한 권한과 전문지식에 의한 권한의 갈등에서 비롯되며 이 두 부문의 의견의 합일점을 찾아내어 추진할 때 조직의 발전에 기여하게 되는 것이다.

(2) 공식 조직과 비공식 조직

조직 내에는 업무상의 명령계통이나 직책상 직위계통이 조직 내의 기구로서 체계화되어 있는 인위적 조직인 공식조직과 출신고장, 학교, 취미 등에 따라 자연 발생적으로 형성된 비공식 조직이 존재한다. 즉, 기업의 조직도상에 나타난 것은 공식조직이며 업무상의 명령, 지휘, 보고 계통상의 관계를 갖는다. 비공식 조직은 그레이프바인(grapevine)이라고도 불리는데 사적인 조직으로서 다음과 같은 특징을 갖게 되므로 유능한 경영자는 공식적 조직뿐만 아니라 비공식 조직도 잘 파악하여 활용함으로써 보다 효율적으로 조직을 관리・통솔할 수 있게 된다.

그레이프바인이 조직 내에서 차지하는 정보의 질, 정보전달의 양, 작업 성과와 조직성원에 미치는 영향력은 상당하여 조직성원의 문제점 파악과 그들의 태도 이해, 그들과의 정보격차를 추리할 수 있다. 일반적으로 부정확한 정보보다는 정확한 정보를 더 많이 가지고 있고 정보의 전달속도가 더 빨라 조직원들이 더욱 민감하게 영향을 받는다. 또한 비공식 조직의 리더들이 흔히 정보를 입수・해석하여 다른 사람들에게 분배하는 중심인물로서의 역할을 수행하기도 한다.

비서는 우선 상사와 관련하여 공식조직상의 위치와 관련되는 사람들에 관하여 정확히 파악하여야 함은 물론이거니와, 상사와 관련된 비공식 조직상의 관계에도 신경을 써서 파악해 두어야 한다. 내객이나 전화응대시, 약속을 정할 때 등에 있어서 상사가 중요하게 여기는 사람, 매우 가깝게 여기는 사람 등을 잘 알아두어야만 상사에게 만족스런 보좌를 할 수 있게 된다. 또한 비서 자신도 긍정적 측면에서 가급적 다양한 비공식적 조직에 소속하여 원만한 대인관계를 조성하고 나아가 조직내의 의사소통에도 기여할 수 있어야 하겠다.

(3) 조직의 계층

기업의 목표달성을 위하여 경영활동을 수행해 나가는 과정에서 모든 인적・물적 자원을 결합하고 통제・관리하는 것은 한 사람의 힘만으로는 불가능하다. 따라서 이를 효율적으로 관리하고 유지하기 위하여 조직은 명령・지휘계통을 확실하게 하기 위한 계층분화와 업무의 분야에 따른 전문성을 도모하기 위한 업무분화 측면으로 분화되어 구성되게 된다.

일반적으로 기업조직은 다음과 같은 최고경영층, 중간관리층, 하위감독층, 일반사원의 네 계층으로 구분된다. 최고경영층은 주로 회사의 경영방침, 정책, 목표수립 등 기업과 외부환경과의 관계에서 경쟁력을 확보하고 성장하기 위해 장기적인 관점에서 많은 중요한 의사결정을 내리게 된다. 중간관리층은 최고경영층에서 내린 결정을 하부층에 전달하며 목표를 달성하기 위한 세부계획을 수립한다. 계획한 것을 실행에 옮기는 과정에서 업무진행이나 부하직원들을 관리하고 통솔하며 하부직원과 최고경영층의 의사소통 통로역할을 하면서 실제 수행상의 책임을 맡게 된다. 하위감독층은 중간관리자들이 설정한 업무계획에 따라 직원이나 종업원들을 감독, 통솔하면서 그때그때의 업무목표 달성을 확인하는 역할을 한다.

표 13-1 조직의 계층구조

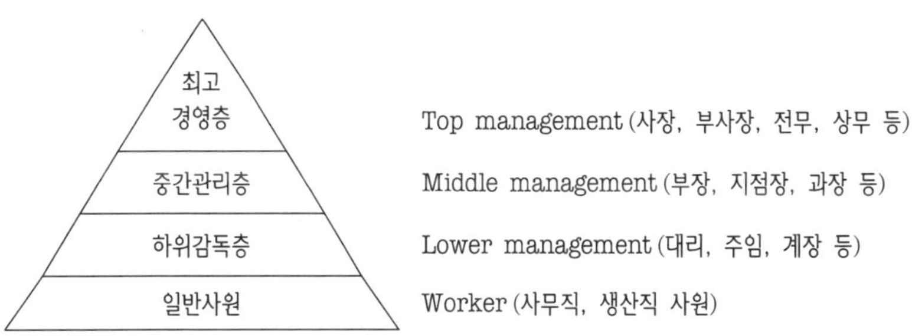

주로 최고경영층은 전문비서의 보좌를 받으며 업무를 처리하게 되며 중간관리층은 조직에 따라 차이가 있으나 공동비서 혹은 비서와 소속부서의 워드프로세싱 업무를 겸하는 형식으로 업무보좌를 받게 된다. 따라서 비서역할의 연구대상은 주로 최고경영층과 밀접한 연관이 있다고 볼 수 있다.

(4) 조직의 유형에 따른 분류

1) 단순조직구조 (Simple Organization Structure)

개인기업체와 같이 공식화가 거의 이루어지지 않아 권한이 한 사람에게 집중되어 있는 조직구조로서 모든 사람들이 그 한사람에게 보고하고 지시도 받는다. 이러한 조직은 단순하여 책임이 분명하고 비용이 적게 들며 환경변화에 신속하고 유연하게 반응할 수 있으며 조직 내의 의사소통에 장애가 되는 계층이 없고 각 구성원의 기여도를 명확하게 파악할 수 있다는 장점이 있는 반면 조직의 규모가 증대될 경우 한 사람이 모든 의사결정을 내려야 함에 따라 방대한 정보 및 지식을 입수하고 활용하는데 있어서 능력의 한계로 인하여 의사결정의 속도가 느려지고, 질적으로도 떨어지며 한 사람에게 모든 권한이 집중되는데서 오는 많은 비효율성을 나타내게 된다는 한계점을 가지고 있다.

계층적 분화가 거의 이루어지지 않은 조직이므로 한 사람이 모든 구성원을 직접관리・감독하여야 하는 데에서 비서의 역할도 그 만큼 복잡하고 다양해지게 된다. 그러나 역량 있는 비서는 충분히 그 능력을 발휘할 수 있는 기회를 가지게 될 수도 있다.

표 13-2 단순조직구조

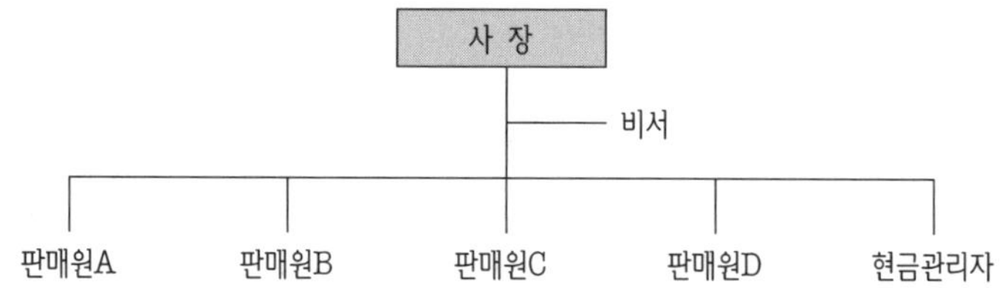

2) 기능조직구조 (Functional Organization Structure)

전문화에서 오는 이점을 최대한 활용하는 조직구조로서 규모의 경제 효과(economy of scale)와 업무의 효율성을 높일 수 있으며 전문분야에만 집중함으로써 경쟁우위를 유지할 수 있으나, 다른 한편 기능적 목적달성에만 관심을 가짐으로써 조직의 궁극적 목적을 소홀히 하기 쉽고 최종결과에 대해 전적으로 책임을 지는 부서가 없어 다른 기능부서의 일에 대해 이해와 관심이 부족되기 쉽다. 따라서 미래의 최고경영자를 양성하는 데에는 부적합하고 경영다각화 및 시장 다변화 등에 대응하는 능력이 취약하다.

기능조직구조에서의 비서는 비교적 업무의 영역이 한계가 분명하고 단순한 편이나 반면 단조로운 업무로 인하여 무사안일주의에 빠지기 쉽다.

표 13-3 기능조직구조

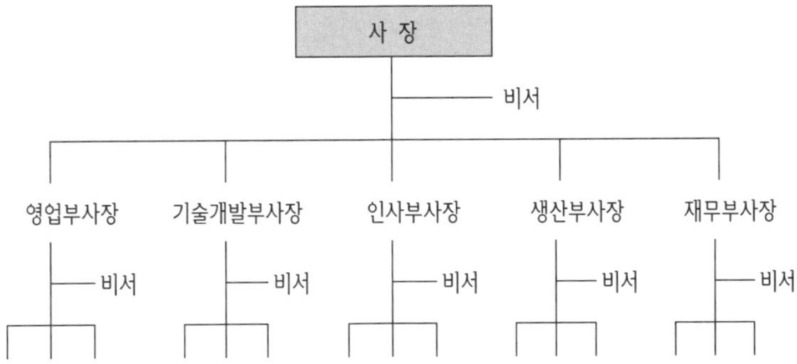

3) 사업부제 조직구조 (Divisional Organization Structure)

이 조직구조는 조직의 성과에 큰 비중을 두고 있는 구조로서 각 사업부마다 부문 경영자가 성과에 대해 전적으로 책임을 지고 완전한 전략적 · 운영적 의사결정 권한을 가지고 독립적으로 운영된다. 각 사업부 조직 내에는 각기 다양한 기능부서가 존재한다.

장점으로는 조직의 성과에 초점을 두고 운영함으로써 총체적으로 성과를 올리기에 좋으며 본사의 스텝은 일일이 각 부문의 사업에 관여하지 않아도 되며 이미 각 부문별로 경영자로서의 역할을 수행해 봄으로써 전반적 경영자 양성에 적합하다. 단점으로는 조직 활동과 자원의 중복투자로 비용이 증대하고 능률이 하락할 수 있으며 각 부서간의 통제 및 조정이 어려워 질 수 있다는 점이다.

표 13-4 사업부제 조직구조

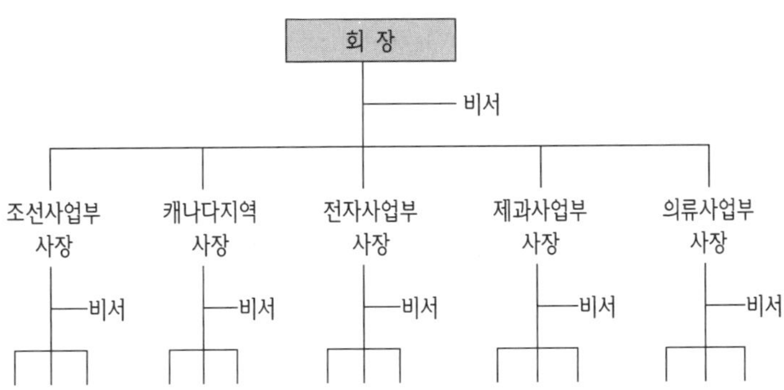

4) 매트릭스 구조 (Matrix Structure)

기능적 구조의 장점인 전문화의 이점과 사업부제 조직의 장점인 제품의 부문화가 제공하는 책임과 조직성과의 중요성을 함께 얻을 수 있는 조직구조로서 매트릭스 구조는 명령일원화의 원칙을 위반하는 명령이원화(dual chain of command)를 유발시킨다.

표 13-5 프로젝트 매트릭스 조직구조

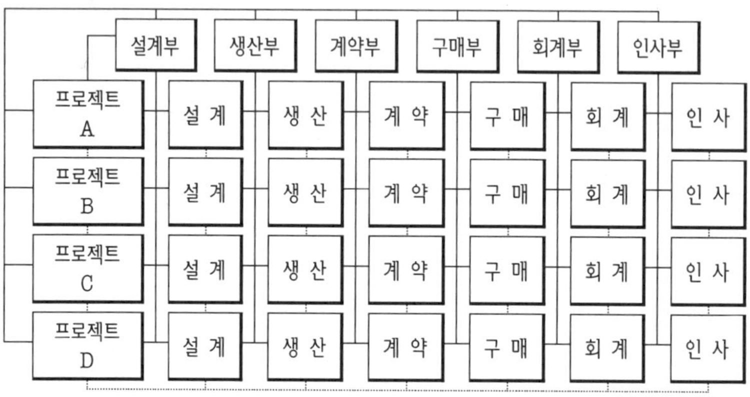

즉, 조직 내에서 수평적 및 수직적 권한을 결합한 조직구조로서 구성원으로 하여금 수직적으로는 기능별 조직의 일원으로서, 수평적으로는 프로젝트 조직의 일원으로서 조직에 이중적으로 소속하게 한다. 1960년대 미국의 항공우주산업에서 처음 시작되었으며 프로젝트 매트릭스, 제품 매트릭스, 프로그램 매트릭스 등이 있다. 【표 13-5】는 프로젝트 매트릭스이다.

5) 네트워크 구조 (Network Structure)

새로운 형태의 조직설계로서 최근 매우 각광받는 조직 구조이다. 이 구조는 경영자에게 신기술, 유행 또는 낮은 비용의 외국기업과 경쟁에 반응하는데 있어서 많은 유연성을 제공한다. 계약에 기초하여 제조, 분배, 마케팅, 기타 중요한 사업기능을 수행하는 다른 조직에 각기 분배하여 의존하는 작은 중앙조직이다.

네트워크 구조는 소규모 조직을 위해 유용한 조직구조이다. 수송수단이 원활한 곳에 작은 조직을 두고 모든 활동을 다른 조직에 의존하고 있는 구조로서 대규모 조직에도 적용이 가능하다. 미국의 Nike 등과 같이 계약에 기초하여 그들이 필요로 하는 기능을 수행하는 독립적인 디자이너, 제조업자, 판매 대행업자 등을 연결시키는 일만 한다.

따라서 시대적 변화나 경기변화에 민첩하게 대응할 수 있고 유행의 변화 등과 같이 항상 새로운 흐름을 좇을 수 있어 비교적 위험부담이 적은 조직구조이다.

각 부문별로 최고의 수준을 유지하는 업자와 연결할 수 있어 각기 그 장점을 취할 수 있으며 불황이 닥쳐도 인원을 감축해야 한다거나 기존 시설투자에 투입한 자금에 대한 부담이 없다.

표 13-6 네트워크 구조

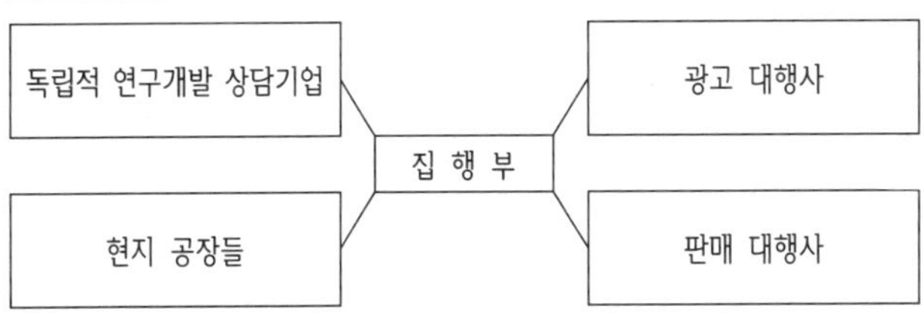

6) 기타 유기적 조직구조

이상의 조직 전체에 적용되는 조직설계 유형 외에 조직구조의 유연성을 필요로 할 때 경영자가 이용할 수 있는 대체안의 하나로 태스크포스(task force)와 위원회 구조(committee structure)가 있다.

① 태스크포스(task force) : 태스크포스는 일시적이고 규모가 작은 매트릭스 구조로서 기존의 공식조직으로부터 선발된 전문가들로 구성된 임시적 조직형태이다. 이러한 태스크포스는 목표과제가 완수되면 해산되고 구성원들은 새로운 태스크포스로 이동하거나 그들 본래의 영구적인 기능부서로 돌아가거나, 또는 조직을 떠나게 된다.

② 위원회 구조(committee structure) : 특정한 문제를 취급하기 위하여 개인의 지식배경과 경험을 결합시키고 기능적 라인을 단축시키는 또 다

른 형태의 조직구조이다. 위원회는 공동으로 업무를 수행하는 사람의 집단이며, 구성원이 정상적으로 부가적 업무를 처리하며 그 시간의 일부만을 위원회에 투입한다는 점에서 다른 경영조직 단위와 다르다. 조직의 필요에 따라 정책위원회, 재무위원회, 인사위원회, 고충처리위원회 등 다양한 위원회가 존재하게 되며 위원회 구조는 일시적이거나 영구적일 수 있다. 일시적인 위원회는 태스크포스와 동일하다. 영구적인 위원회는 태스크포스가 수행하는 것과 같이 다양한 투입의 통합을 촉진시키며, 매트릭스의 안정성과 일관성을 제공한다. 위원회의 구성원은 영원히 기능적 부서에 소속되어 있다. 위원회 조직은 경영활동에 책임과 권한을 가지고 있는 라인 위원회(line committee)와 경영활동에 대한 자문 역할만을 담당하는 스텝 위원회(staff committee)가 있다.

(5) 조직에서 비서의 위치

상사의 업무를 원활하게 보좌하기 위해서는 조직내에서의 상사의 위치와 자신의 위치를 명확하게 파악하고 있어야 한다. 기업 전체적 차원에서 업무적으로 어떻게 분화되어 있으며, 계층적으로는 어떻게 분화되어 있는지, 또 그에 따라 지휘·명령 계통이 어떻게 형성되는지, 의사소통은 어떠한 경로를 통해 이루어지는지, 권한과 의무의 내용에 대하여 알아둘 필요가 있다. 스텝으로서 비서 자신은 어디에 속하는가도 매우 중요해 진다. 이러한 사항을 파악하기 위해서는 조직도가 활용된다. 자신의 상사에게 보고하는 사람과 상사가 보고해야 하는 사람, 비서 자신이 상사에게 직속으로 속해 있는지 혹은 비서실이나 총무과에 소속되어 있는지에 따라서도 업무분담과 행동양식이 다소 달라진다.

자신의 회사뿐만 아니라 주요 거래회사, 고객인 기관, 감독관청의 조직도들도 입수하여 그 구조를 파악해 둘 필요가 있다. 그렇게 함으로써 본래의 담당자가 부재중일 경우 대신 연락해야 할 사람을 적절히 모색할 수 있게 된다. 조직도를 통하여 그 조직의 사업의 성격을 파악할 수 있으며 권한과 명령체계, 의사전달계통 및 부서간의 업무의 분담과 책임의 한계, 승진체계 등을 알 수 있다.

표 13-7 기업의 조직도 및 비서의 위치

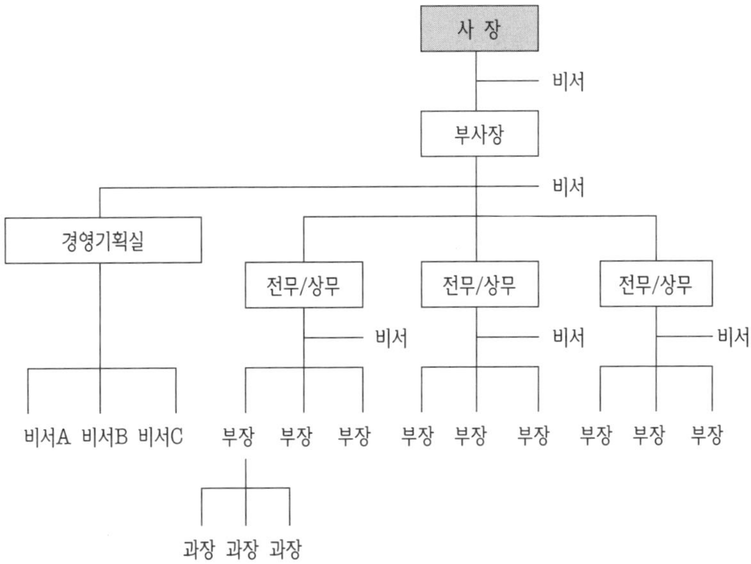

연습문제

1. 각 분야별로 기업의 조직도를 구하여 각기 그 특성을 비교해 보자.

2. 비서가 사내의 비공식 조직에 참여할 때 유의해야 할 점에는 어떠한 것이 있는지 생각해 보자.

14 조직문화

최근 대기업을 중심으로 많은 기업들이 조직문화 연구에 관심을 가지고 있으며 그 중요성에 대한 인식이 날로 높아 가고 있다. 실제로 성공한 많은 기업들은 우수한 조직문화를 가지고 있었음이 밝혀짐에 따라 조직문화의 개발에까지 노력을 기울이고 있다. 조직에서의 의사소통 통로로서 교량적 역할을 수행하는 비서에게 조직문화에 대한 이해는 필수적이라 하겠다.

조직문화에 대한 이해를 돕기 위해 우리주변에서 볼 수 있는 기업의 예를 보자.

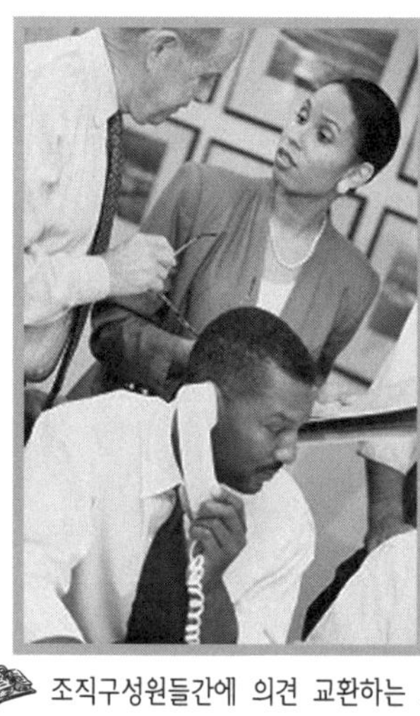

조직구성원들간에 의견 교환하는 모습

〈기 업 S〉

기업 S는 어느 대그룹 계열의 회사로서 이 회사는 사원들이 근성이나 소신을 버리고 긍정도 부정도 아닌 얄팍하고 무난한 처세술만 익히려 한다. 사람보다 도장을, 합리성보다 규정을, 일의 결과자체 보다 근거서류를 남기는 데 힘쓴다. 업무처리 시에는 결재권자에게 일일이 물어 수행한다. 자기를 개발하려는 노력이나 성과보다는 지위와 급료에 많은 신경을 쓴다. 조직 내에 전체를 생각하는 시스템 사고가 결여되고 근시안적 사고가 팽배해 있다. 관리자들이 과거 지향적이고 경험적이어서 창의적인 신입사원들의 의욕을 상실하게 한다. 합리적인 설득보다는 고위층의 지시나 메모를 붙여야만 일이 풀린다. 새로운 일보다는 일상적이고 반복적인 업무가 많다. 합리적인 절차가 무시되고 하부층의 의사가 변질되어 상달되거나 상부층의 의사가 각색되어 하달된다. 회의나 보고가 지나치게 많고 통계수치의 결과를 중요시한다. 간부들은 일방적 충성을 강요하며, 상부의 지시와 관심에 과잉반응을 보여 사원들에게 불편을 준다. 부서 간에 책임회피를 위한 공문이 핑퐁게임 같이 오간다. 부서마다 벽을 높이 쌓고 불가침의 성역을 조성한다. 그리고 부서의 책임자간의 알력이 업무를 마비시킨다.

이외에도 평소 직장에서 오가는 말들이 이 기업의 특징을 나타낸다. '일 더 한다고 누가 알아주나' '잘해보슈' '그건 내 책임이 아냐' '지금까지는 이렇게 해왔는데' '시키는 대로 해' '윗분이 싫어 할거야' '처자식 생각하라구' '그것 봐 내가 뭐랬어' 등이다.

〈기 업 E〉

반면에 기업 E는 S기업과는 달리 대그룹 계열도 아니고 규모가 그리 큰 기업은 아니지만 이 회사는 다음과 같이 운영되고 있다.

첫째, 최고경영자인 사장이 경영이념과 창업정신에 대해 지대한 관심을 기울이고 있을 뿐만 아니라 최고 경영자 스스로 그 정신에 따라 모든 일을 처리함으로써 조직원들에게 모범을 보이고 있다. 또한 관청과의 관계를 포함한 모든 거래는 정직하게 수행하고 있다. 사장을 포함한 모든 사원은 어떠한 거래에 대해서도 관청이나 거래처에 가서 접대를 하지 않는다. 그래서 업무수행에 많은 어려움을 겪고 있다. 이런 이유 때문에 이 회사의 손익계산서에는 접대비라는 항목이 없다. 그리고 세금을 정직하게 납부할 뿐만 아니라 앞으로 국내 기업 중에서 세금을 가장 많이 내는 회사가 되는 것을 목표로 삼고 있다. 본사 사옥을 방문해 보면 사장실은 다른 어느 사무실보다도 검소하다는 것을 알 수 있다. 사장은 스스로 회사의 대청소 등에 같이 참여하며, 아직 전셋집에 살고 있을 정도이다. 그리고 이 회사의 비품은 모두 중고가구를 사용하고 있으며, 사장 자신도 낡은 중고 승용차를 사용하고 있다. 이 회사에서는 사원들이 인정받게 되는 10가지 사항이 무엇인지를 구체적으로 제시하고 있는데, 이 10가지는 모두 경영이념과 창업정신에서 나온 것들이다.

둘째, 이 회사는 모든 사원들에게 경영이념과 창업정신을 철저하게 교육시키고 있다. 매주 실시되는 교육시간을 통해 조직문화가 강조되고 있을 뿐만 아니라 정기적으로 갖는 직원수련회를 통해서 철저하게 교육되고 있다.

셋째, 신입사원을 선발하면 강 훈련을 통해 조직의 신념과 가치관을 주입한다. 신입사원은 3개월의 오리엔테이션 기간동안에는 일반사원보다 1-2시간 일찍 출근하여 이 기간동안 과중한 교육을 받게 된다. 경영이념과 창업정신으로 제시된 22가지에 대해 철저한 교육을 받을 뿐만 아니라, 교육시간 중 많은 부분을 실습을 통해 몸에 익히도록 하고 있다. 또한 모든 사원은 30권의 필독도서를 읽어야 하며, 필독도서에 대한 테스트를 실시하여 인사고과에 이를 반영함으로써 늘 공부하는 자세를 갖도록 한다.

S기업은 조직의 발전을 저해하는 일종의 대기업 병인 이러한 증상을 파헤쳐서 자기반성의 계기로 삼는 동시에 이 진단을 배경으로 정체된 분위기를 일신하고 활성화시키는 등 외부에 발표하고 기업문화 재정립 작업을 추진해오고 있다.

반면에 E기업은 우리나라 기업 중 조직문화를 가장 분명하게 제시하고 그것을 빈틈없이 실천에 옮기고 있는 회사로 혼탁한 사회 속에서 바르고 정직하게 기업을 운영하는 데에서 오는 여러 가지 제약에도 불구하고 이 기업이 보기 드문 고속성장을 할 수 있었던 것은 위에서 제시한 바와 같이 독특한 조직문화가 강하게 형성되어 있어서 조직구성원들에게 하나의 구심점이 되기 때문이라고 생각된다.

14.1 조직문화란 무엇인가?

(1) 조직문화의 정의

조직문화란 오랜 세월에 걸쳐 형성된 조직특유의 성격을 말하며, 조직구성원의 행동과 조직전체에 영향을 미치는 조직이 공유하는 가치관, 신념, 규범 및 관습 등에 관한 것이다. 문화란 주변 환경과 지속적인 영향을 주고받으면서 오랜 시간에 걸쳐 형성된 제각기 독특한 성격을 지니고 있으며 이러한 가치관은 쉽게 변하지 않고 계속 유지되는 것이 일반적이다. 따라서 '특정 상황에서 어떻게 행동해야 할 것인가' 등에 대한 조직 구성원들의 공통된 이해라 할 수 있는 일단 정착된 문화는 쉽게 변화하지 않으므로 특정한 조직에 최적합한 경영관리 방식을 개발하려면 조직문화에 대한 이해가 선행되어야 한다.

(2) 조직문화의 생성배경

이러한 조직문화가 생성되게 된 배경을 보면

첫째, 조직문화는 조직구성원의 행동에 영향을 미치고, 조직구성원의 행동은 조직문화의 형성에 중요한 요인으로 작용함으로써 상호 밀접한 관계를 가지고 있다. 이는 기업이 목표로 하는 바를 사원들에게 구체적으로 주지시키고 사기를 앙양시키며 나아가 충성심을 불러일으킴으로써 모든 종업원이 일체감을 갖고 공동의 목표를 향해 열심히 일하도록 해주기 때문이다.

둘째, 조직문화란 생산성을 향상시키기 위한 방안의 하나이다. 성공한 기업들의 대부분이 공통적으로 강한 조직문화를 갖고 있음이 밝혀졌다. 즉, 조직문화 연구는 기업의 조직문화를 강하게 키워서 기업의 생산성이나 기업성과를 증진시키기 위한 노력의 일환으로 시작되었다고 볼 수 있다.

셋째, 조직문화란 인적자원의 중요성에 대한 인식에서 비롯된 결과이다. 기업을 움직이는 데에는 자금이나 시설운용보다도 그 조직 내에 속해 있는 사람의 관리가 더욱 중요하다는 점을 깨닫게 된 데서 기인한 것이다. 즉, 인간은 감정을 지닌 존재로서 기업의 분위기나 역사와 전통 등 문화적 요인에 민감한 반응을 보일 뿐 아니라 다른 물적 자원과는 달리 저마다 다양한 욕구를 지닌 존재로서 성격이나 가치관도 다르고 행동패턴이나 사고방식도 다르다. 따라서 오랜 기간에 걸쳐 형성된 개인의 성격이나 가치관을 고치기란 대단히 어려운 일이다. 더구나 특정조직의 성격을 나타내는 조직문화나 가치관을 변화시키기란 더욱 어려운 것이다.

넷째, 조직문화 운동은 조직구성원들이 공통적으로 생각하는 사고방식이나 가치관, 행동패턴을 파악하여 기업목표에 일치시키려는 노력의 일환이라고 이해해야 한다. 즉, 전략적 기업경영(strategic business management)의 구체적인 실천방안이 되어야 한다. 여기에서 전략적이라 함은 각 기업이 상대적인 우위를 확보하기 위해 장기적인 목표를 설정하고 이를 달성하기 위해 외부의 환경적 기회와 위협에 대응하여 회사의 모든 인적·물적 자원을 집중시키는 노력이라 할 수 있다.

14.2 조직문화의 중요성과 기능

기업의 경영전략 또는 경영혁신을 성공적으로 수행하기 위해서는 그 기업의 구성원들이 공유하고 있는 조직문화를 정확히 파악하는 것이 중요하다. 그것은 경영전략을 성공적으로 수행하기 위해서는 조직구성원들의 신념·가치관·규범·관행 등이 경영전략의 목적이나 경영이념과 일치해야만 하기 때문이다. 따라서 조직문화란 전략적 기업경영의 구체적인 실천방안이 될 수 있다. 그러나 오랜 시간에 걸쳐 형성된 조직문화를 기업의 전략수행을 원활히 할 수 있도록 변화시키기란 대단히 어려운 일이다. 따라서 우선 자기 기업에 대한 정확한 이해와 판단을 근거로 기업전략을 수립하는 것이 중요하다.

(1) 조직문화의 중요성

첫째, 전반적으로 사회가 변화함에 따라 기업도 변화하고 있다. 즉, 정보 및 서비스가 중시되는 후기 산업사회(post-industrial society)에서 그에 적합한 새로운 관리모형이 필요하게 되는데 조직문화에 의한 접근방법이 이에 대한 대안이 될 수 있다. 즉, 제조업 중심의 산업사회에서 정보 및 서비스가 중시되는 후기산업사회로 이행됨에 따라 치열한 경쟁과 급격한 변화에 대응하여 전략경영의 기법이 중요시되는 등 새로운 관리기법이 필요하게 되었다.

둘째, 새로운 환경변화에 대처하고 계속적으로 우수한 기업으로 도약·발전하기 위해 실무적으로 필요한 방안이다. 기업의 문제를 해결하고 조직을 활성화시키며 우수한 기업을 탄생시키기 위한 노력의 일환으로 조직구성원들의 행동, 조직성, 의식, 가치관 등 문화적 측면에 대한 연구가 시도되어 우수한 기업의 조직문화를 연구하기 시작하게 됨에 따라 비롯된 것이다.

셋째, 기업경영 방식이 발달되고 점차 국제화·세계화 되어감에 따라 각 국가의 문화적인 특성에 관심이 높아지게 되었다. 즉, 기업이 경쟁에서 우위를 차지하고 생존·발전하려면 자국의 조직문화뿐만 아니라 상대방 국가의 조직문화를 충분히 이해하여 적절히 대응하지 않으면 안 되게 되었다. 문화적 이해를 바탕으로 국제적인 경쟁력을 가진 기업전략을 수립해야 하기 때문이다. 이와 같은 문화적 이해를 통해 국가간, 기업간의 간격을 메우고 기업의 본래 목적에 충실할 수 있다.

넷째, 급격한 가치관의 변화, 즉 종업원들이 직장생활을 통하여 부의 축적보다는 자신의 성취도나 생활의 질(quality of life)을 중요시하는 등 성공에 대한 개념이 달라짐에 따라 경영자들은 그들의 적응, 즉 사회화과정을 돕기 위하여 문화적 측면에서의 노력이 필요하게 되었다.

이상과 같이 여러 가지 사회적인 변동과 국제화·세계화에 부응하고, 새로운 경쟁력의 원천을 확보하려는 기업계의 요청에 부응하여 조직문화에 대한 기대와 중요성이 더욱 커지고 있다.

표 14-1 **경영학적 사고의 확장과정**

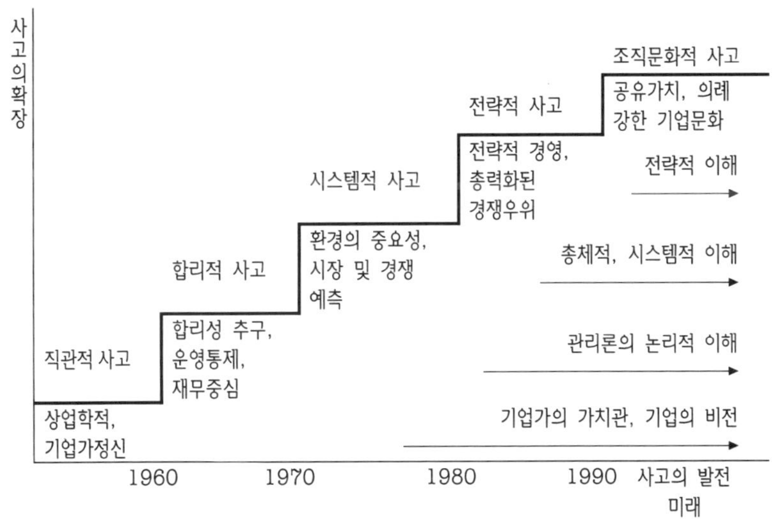

▶ 자료 : 박내회, 김원석 공저, 「조직의 전략적 개발」, 1994, p.23.

(2) 조직문화의 기능

조직문화란 하나의 조직을 결속시켜 주는 사회적 또는 규범적 접착제로서의 기능을 발휘한다고 알려져 있다. 조직문화의 기능으로는 다음과 같은 것이 있다.

첫째, 조직문화는 조직 구성원들에게 조직문화를 통해 정체감(sense of identity)을 갖게 한다. 조직문화를 공유함으로써 조직의 구성원들은 일체감 내지는 동질감을 갖게 된다는 것이다. 동질감은 외부환경이나 상황이 변화할 때 조직구성원들의 결속력을 강화시켜 주고 외부상황에 대응하여 조직구성원들을 하나로 뭉치게 하는 역할을 한다. 우수기업들의 사원의식은 다른 기업들의 그것보다 결속력과 단결력이 높은데 이것이 그 한 예라고 볼 수 있다.

둘째, 조직문화는 조직에 대한 충성심 혹은 전념도를 갖게 만든다. 조직문화는 조직구성원들의 인지도를 마련해주고, 이를 통해 조직에서의 행동을 이해하게 해주기 때문이다. 더욱이 조직구성원들이 수행하는 것에 대하여 정당성을 부여함으로써 결국 조직을 더욱 결속시켜 주고 협동체계를 강화시켜 주기 때문이다. 즉, 조직문화는 구성원들에게 조직에서 기대되는 행위패턴 및 조직이 지향하는 바를 암시함으로써 구성원들의 행동을 정당화시켜 강한 조직문화에서는 구성원들의 전념도가 자부심과 함께 더욱 더 높아지게 되어 조직의 결속을 더욱 확고하게 해주게 되는 것이다.

조직전념도(organizational commitment)란 조직구성원들의 조직에 대한 충성심과 조직의 목표 달성을 위해 자신의 모든 노력과 능력을 기꺼이 바치고자 하는 마음자세이다. 조직전념도는 나이가 많을수록 그리고 회사에서 근무한 경력이 많을수록 증가하며 조직 내에서 자신의 중요성을 인정해 주는 사람이 많을수록 조직전념도는 더욱 증가하는 경향이 있다. 그리고 이와 같은 조직 전념도를 증대시키는 데 있어서 조직문화가 매우 중요한 역할을 한다. 바람직한 집단의 구성원으로 받아들여진다는 것은 개인으로 하여금 그 집단의 문화를 수용하도록 영향을 준다.

셋째, 조직문화는 조직의 안정성을 증진시켜 준다. 일반적으로 강한 조직문화를 가진 기업에서는 조직전념도가 높게 나타나고, 조직전념도가 높은 기업에서는 이직률이나 결근율이 낮게 나타난다. 실제로 많은 기업에서 이직률과 결근율이 증가하게 되면 조직구성원들의 사기가 떨어지고 불량률이 늘어나며 기업 이미지의 하락을 가져와 기업운영에 어려움을 겪게 된다. 강한 조직문화를 보유한 기업일수록 비교적 안정적인 상태를 유지하고 있는 것으로 나타나고 이와 같은 조직의 안정성은 조직구성원들의 단결심과 일체감을 높여 주게 된다.

넷째, 조직문화의 가장 중요한 기능 중의 하나는 조직구성원들에게 행위지침을 마련해 준다는 것이다. 특별한 문제가 없는 한 그 기업이 평소 일하던 방식대로 대응하게 되나 위급할 때 선택할 수 있는 행동의 지침을 마련해 준다. 즉, 조직구성원에게 기대하는 것이 무엇인가, 어떤 행동을 하면 보상을 받게 되는가, 조직 속에서 해야 할 것과 하지 말아야 할 것은 무엇인가 등의 질문에 대한 해답을 제공해 준다.

14.3 조직문화의 개발 및 실행

조직에 최적합한 조직문화를 개발하려면 먼저 조직의 환경을 분석할 필요가 있다. 외부환경 요인에 대하여는 국가별 사회 문화적인 비교연구를 통하여 각 나라들의 조직문화를 이해하는데 많은 도움을 얻을 수 있다. 내부 환경요인으로는 각 기업의 고유한 경영이념과 경영철학 또는 경영이데올로기를 거론할 수 있으며 그 기업의 관리형태에 대한 요인분석을 철저히 행하여야 할 것이다. 일반적으로 내적 요인들은 어느 정도 관리층에서 통제 가능한 것이므로 기업은 자체의 조직문화를 개혁하는 시점에서 현존의 환경요인을 가능한 최대한으로 분석하여 기업의 위치를 확인함과 동시에 앞으로 바람직한 조직문화의 형태를 적절하게 계획하여야 한다.

기업 내・외부의 환경분석이 이루어지고 바람직한 조직문화의 정립방향이 설정되면 조직문화 개발을 위한 마스터플랜을 작성하여야 하며 그에 따른 구체적인 실천계획이 이루어져야 한다. 주어진 모든 자원을 동원하여 원하는 조직문화를 구축하기 위하여 기업은 적절한 조치를 취하여야 하며 이러한 조치는 종업원들로 하여금 바람직한 행동을 오랜 기간 지속적으로 유지・강화시켜줄 수 있는 것이어야 한다.

일반적으로 조직문화를 변화시킬 수 있는 효과적인 방법으로서 최고경영자의 강한 리더십, 조직 내의 원활한 의사소통, 계획성 있는 변화유도, 그리고 교육훈련방법 등이 있다. 조직문화의 개발은 조직의 유효성 또는 조직의 생산성 향상과 연계된 것이어야 하며 최고경영층의 적극적인 지원과 협조가 절실히 요청된다. 또한 조직문화개발은 교육・훈련 및 조직개발 프로그램과 연계되어 실시되어야 효과를 높일 수 있으며 경영전략이 아무리 훌륭하더라도 조직문화와 경영전략이 완전히 결합하지 않으면 탁월한 기업성과를 달성하기가 어렵게 된다.

14.4 조직문화의 유지전략

조직구성원들에게 소속감을 부여하고 바람직한 행동을 하도록 하려면 일관성 있고 강한 문화를 사원들에게 내면화시켜 계속적으로 조직문화를 유지·발전시켜야 한다. 그러기 위해서는 의식과 의례, 사회화, 팀 관리, 코칭, 보상제도와 같은 방법을 적절히 이용하여 조직문화를 유지할 수 있어야 한다. 우수한 조직문화를 정립하기 위해서는 최고경영층, 관리자, 사원들이 모두 일심동체가 되어 조직문화 관리자의 역할을 수행해야 할 뿐 아니라 기업의 비전과 경영철학을 전 사원들이 공유케 할 책임이 최고경영자에게 있다. 왜냐하면 조직문화란 현재 최고경영자의 생각이 어떠하느냐에 따라 성공할 수도 있고 실패할 수도 있기 때문이다.

(1) 최고경영자의 사고방식

경영자는 현실적이고 감정적인 측면이나 지적인 측면에서 조직구성원들에게 호소력이 있는 비전을 제시함으로써 기업을 통합시키고 앞으로 나아갈 방향을 제시할 수 있어야 한다. 비전이 확고한 언어로 표현되면 기업철학이 된다.

경영자는 항상 미래지향적 사고를 가지고 합리적 상황판단을 내릴 수 있어야 한다. 환경변화는 급격하고 앞날은 매우 불확실하므로 변동하는 경쟁적 환경에 적응할 수 있는 능력을 갖춘 학습조직을 창조해야 한다. 최고경영층이 전사적인 조직변혁을 성공적으로 수행하려면 무엇보다도 균형 감각이 필요하다. 즉, 가장 능력 있는 경영자란 특정 방법을 구체적으로 제시해 주지 않고서도 부하직원들이 스스로 조직변혁과정에서 솔선수범하도록 책임을 지워 주는 유형의 관리자들이라 할 수 있다.

(2) 관리자들이 가져야 할 사고방식

최고경영층의 노력 뿐만 아니라 그의 측근 관리팀들이 보다 더 높은 차원의 목표에 도전하면서 장려된 행동양식을 스스로 채택하면서 자기실현의 기회를 포착하는 것이 중요하다.

관리자란 최고경영자와 사원사이에 존재하는 중간관리층의 일원으로서 조직의 중추신경을 담당하고 있다고 할 수 있다. 연결핀의 역할, 즉 부하의 지도 및 육성, 공정한 고과 및 평가 등을 책임지고 있는 OJT 리더로서의 역할뿐만 아니라 조직문화를 전파하고 관리하는 조직문화의 관리자로서의 역할도 동시에 요구되고 있다. 따라서 긍정적인 자세를 가지는 것이 중요하며 추상적인 조직문화를 충분히 이해하여 구체적인 직무현장에 적응시켜야 하는 어려운 역할을 담당하고 있다. 실제로 기업이념이나 구호가 무엇을 의미하는지 충분히 이해하는 것이 선행되어야 하며 또 이를 부하직원들에게 충분히 납득시킬 수 있는 능력을 갖추어야 한다. 단위부서의 업무에 대한 지식과 그 업무를 분석하고 설계할 수 있는 직무분석능력도 매우 중요한 역할이다.

(3) 사원들이 가져야 할 사고방식

아이디어를 실제로 구현시키는 것은 조직의 구성원들이다. 새로운 환경과 도전에 직면하여 사원들이 가져야 할 바람직한 의식구조는 다음과 같다.

첫째, 직무수행의 목표를 더 높게 책정하여 항상 도전의식을 가지고 일을 하게 되면 개인의 발전뿐만 아니라 회사의 비전이 곧 이루어지게 된다. 업무수행에 대한 최대한의 노력은 곧 자기목표의 달성뿐만 아니라 회사의 목표와 그 맥락을 같이한다. 이러한 과정에서 성장과 발전이 있으며 궁극적으로 직무수행에 대한 보람이 있다.

둘째, 스스로 끊임없이 배우고 능력을 개발하여 새로운 아이디어를 창출하는 것이 필요하다. 한 직장에서 일정기간 일하게 되면 가지고 있던 지식이 더 이상 쓸모가 없어지고 자신의 행동과 태도가 관료주의적인 풍토에 젖어 버린다. 이러한 사람들은 관리능력이 진부화 되어 자기 방어적으로 변화하게 된다. 이러한 사람이 많은 조직은 자연 그 풍토가 바람직하지 못하게 된다.

셋째, 조직이 효율적으로 유지되기 위해서는 수직·수평적으로 상호협동이 이루어져야 한다. 앞으로 더 큰 도약과 발전의 계기를 만들기 위해서는 모든 구성원들이 응집력과 집단력을 발휘하여 공동목표를 달성하려는 주인의식이 무엇보다 요구된다.

(4) 비서가 가져야 할 사고방식

비서는 조직 내에서 커뮤니케이션과 코디네이션(coordination)을 주로 담당하는 입장에 있으므로 속한 조직의 연혁에서부터 조직구성원들의 성향, 일 처리방식, 가치관 등 조직고유의 문화를 이해함으로써 구성원들이 각기 그들의 능력을 최대한 발휘할 수 있는 분위기 조성에 적극 협력하여야 한다. 조직문화 개발 및 유지에 있어서 상사의 역할이 무엇인지 이해하여야 할 뿐 아니라 상사가 추구하고자 하는 기업 비전을 실현시키기 위해 필요한 사항이 무엇인지 연구하고 조직을 통합하는 데에 적극적으로 참여함으로써 보다 효과적이고 차원 높은 보좌가 가능해 질 것이다.

연습문제

1. 우수한 조직문화를 가진 기업들을 찾아 서로 비교해 보자.

2. 바람직한 조직문화를 유지하는데 있어서 비서의 역할은 어떠한 것인지 연구해 보자.

15 동기부여

15.1 동기부여의 의의

동기(motive)란 인간으로 하여금 그의 행동이 어떤 목적을 지향하도록 하는 인간의 심리적 상태를 말하며 동기부여(motivation)는 개인이 어떤 목표를 달성하기 위해 열심히 노력하도록 해 주는 과정을 일컫는다. 따라서 동기부여에는 목표지향적인 측면이 내포되어 있다. 종업원들에게 동기부여를 시킨다는 것은 경영자가 종업원으로 하여금 기업의 목표를 달성하도록 적극적이고 지속적으로 노력하도록 만드는 과정이라 할 수 있다. 따라서 동기부여는 경영자의 매우 중요한 역할의 하나라 할 수 있다.

동기부여 과정을 살펴보면 첫째, 조직의 목표에 따라 각 종업원들에게 목표가 주어진다. 둘째, 목표달성 측면과 보상측면에서 주어진 목표를 달성하기 위해 노력을 할 만한 가치가 있는지 평가하게 된다. 셋째로 평가결과 노력할 만한 가치가 있다고 판단되면 자신에게 주어진 목표를 향하여 열심히 노력하게 된다. 여기서 종업원들이 주어진 목표에 대하여 노력할 만한 가치가 있다고 판단을 하도록 만들기 위해서는 목표 달성시에 종업원들이 가지고 있는 여러 가지 욕구나 기대를 충족시켜 줄 수 있어야 한다. 이때 종업원들의 성과에 영향을 미치는 요인으로 첫째, 종업원 개인의 업무수행 능력이다. 능력이 절대적으로 부족할 경우에는 아무리 동기부여를 하여도 그 성과에는 한계가 있기 때문이다. 둘째, 기업이 보유하고 있는 설비이다. 종업원의 능력이 비슷할 경우 능률적이고 발달된 설비를 갖추고 있는 경우에 성과가 높게 나타난다. 셋째, 주어진 여건 하에서 맡은 직무를 열심히 수행하려는 종업원들의 의욕이 성과를 좌우하게 된다. 이 세 가지 요인들이 모두 충족될 때 성과는 높게 나타날 수 있다.

상사의 인정은 비서에게 가장 큰 동기부여 요인

15.2 동기부여의 이론

(1) 초기의 동기부여 이론

동기부여에 관한 연구는 1950년대에 활발하게 수행되었다. 이 기간 동안의 대표적 이론들은 그 타당성에 대하여 의심을 받고 있지만 아직도 가장 잘 알려진 이론들이다. 이들 이론들은 현대 동기부여 이론 발생에 기초를 제공했으며 아직도 산업현장에서 가장 많이 활용되고 있다.

1) 욕구계층이론(Hierarchy of Needs Theory)

① 이론의 내용 : 가장 잘 알려진 이론으로서 머슬로(A. Maslow)에 의해 주장된 이론이다. 모든 인간은 여러 가지 욕구를 만족시키기 위하여 동기부여가 되는데 이들 욕구들은 중요도에 따라서 다섯 개의 욕구계층을 이루고 있다고 가정하였다.

a. 생리적 욕구(physiological needs) : 가장 낮은 단계의 욕구로 음식, 수면 및 성적인 만족, 그리고 기타 신체적인 욕구가 여기에 해당된다.

b. 안전의 욕구(safety needs) : 물리적 그리고 감정적인 이해로부터 안전과 보호의 욕구이다. 여기에는 경제적인 안정이 포함된다.

표 15-1 머슬로의 욕구계층

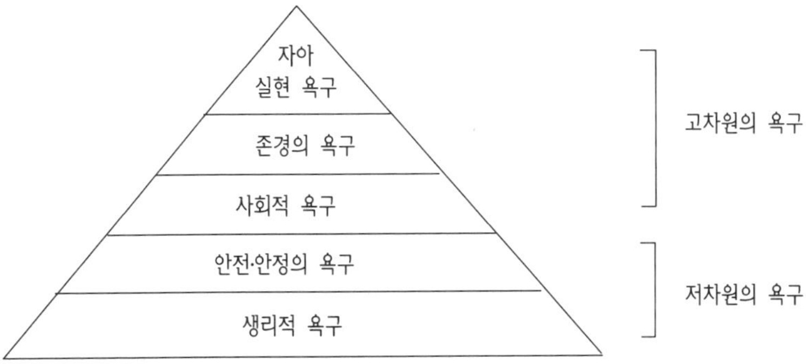

c. 사회적 욕구(social needs) : 소속감, 사랑에 대한 욕구로서 어떤 집단에 소속하고 싶어하며 다른 사람들과 친하게 지내고 싶어하는 욕구이다.

d. 존경의 욕구(esteem needs) : 여기에는 내적인 존경요소와 외적인 존경요소가 있는데, 내적인 존경요소에는 자아존중, 자율, 그리고 성취가 있으며, 외적인 존경요소에는 지위, 인정, 관심 등이 있다.

e. 자아실현 욕구(self-actualization needs) : 여기에는 성장의 욕구, 자신의 잠재력을 발휘하고자 하는 욕구 등이 있다.

인간은 충족되지 않은 낮은 단계의 욕구충족을 위해서 행동하며, 이 단계의 욕구가 충족되고 나면 다음 단계의 욕구충족을 위한 행동을 한다는 것이다. 인간들은 이러한 과정을 가장 높은 욕구인 자아실현의 욕구가 충족될 때까지 계속한다.

머슬로는 다섯 가지의 욕구를 고차원의 욕구와 저차원의 욕구로 분류하였다. 저차원의 욕구에는 생리적 욕구와 안전의 욕구가 포함되고, 고차원의 욕구에는 사회적 욕구, 존경의 욕구, 그리고 자아실현 욕구가 포함된다. 두 개 차원의 욕구간의 차이는 고차원의 욕구는 내부적으로 만족되는 것에 반하여 저차원의 욕구는 외부적으로 만족된다는 전제하에 만들어졌다.

② 욕구계층이론의 이용 : 기업의 경영자들이 종업원들에게 동기부여를 시키기 위해서는 첫째, 기업의 종업원들이 현재 어느 단계의 욕구를 충족하고 있으며 어떤 단계의 욕구를 소유하고 있는지를 파악해야 한다. 이는

다른 단계의 욕구를 소유하고 있는 종업원은 욕구를 충족시키는 방법을 달리해야 하기 때문이다. 이러한 욕구충족의 단계를 파악하고 나서는 미충족 욕구를 충족시키는 방법을 선택하여 수행함으로써 효과적인 동기부여가 가능하다 하겠다.

2) X이론 Y이론(Theories X and Y)

맥그리거(Douglas McGregor)는 인간의 본성에 관하여 두 가지 구별되는 견해를 제시하였다. 기본적으로 인간의 본성에 대한 부정적인 관점인 X이론과 긍정적인 관점인 Y이론이 그것이다. 따라서 경영자가 종업원을 취급하는 것을 관찰한 후 인간의 본성에 관한 경영자의 관점을 일단의 가정에 기초를 두고 이들 가정에 따라서 종업원들에 대한 그들의 행동을 형성한다고 보았다.

표 15-2 X이론과 Y이론의 비교

X이론 하에서의 가정	Y이론 하에서의 가정
1) 원래 종업원들은 일하기 싫어하며 가능하면 일하는 것을 피하려고 한다.	1) 종업원들은 일하는 것을 놀이나 휴식과 동일한 것으로 볼 수 있다.
2) 따라서 바람직한 목표를 달성하기 위해서는 통제되고 위협되어야 한다.	2) 종업원들은 조직의 목표에 관여하는 경우에 자기지향과 자기통제를 행한다.
3) 종업원들은 책임을 회피하고 가능하면 공식적인 지시를 바란다.	3) 보통 인간들은 책임을 수용하고 심지어는 구하는 것을 배울 수 있다.
4) 대부분의 종업원들은 작업과 관련된 모든 요소에 대하여 안전을 추구하며, 야심이 거의 없다.	4) 훌륭한 의사결정의 능력은 모든 사람들이 가지고 있으며, 경영자들만의 영역은 아니다.

동기부여에 관한 맥그리거의 분석은 머슬로에 의해 제시된 이론에 잘 표현되어 있다. X이론은 저차원의 욕구가 개인을 지배하며, Y이론은 고차원의 욕구가 개인을 지배한다고 가정을 한다. 맥그리거 자신은 Y이론의 가정이 X이론의 가정보다 타당하다고 믿는다. 따라서 그는 의사결정, 책임, 그리고 도전적인 직무에 종업원들을 참여시키는 것은 직무동기를 극대화시킨다고 주장하였다.

X 이론과 Y 이론의 이용 : 이 이론은 경영자가 종업원을 통하여 조직의 목표를 달성하기 위하여 동기를 부여하는 방법에 있어서 우선 종업원의 본성에 대한

파악을 해야 한다는 것이다. 종업원들이 X이론적인 인간들이라면, 이들을 통하여 조직의 목표를 달성하기 위해서는 강제, 명령, 처벌 및 위협의 방법을 이용해야 한다. 이들의 동기는 대체로 저차원 수준의 욕구, 즉 생리적 욕구와 안전의 욕구 수준에 머무르고 있다고 가정되기 때문에 이들에게는 저차원 욕구를 충족시키는 방법을 이용하여 동기를 부여시키는 것이 효과적이다.

한편, 자신의 종업원이 Y이론적 인간들이라면 이들에게는 조직 목표를 달성하는데 경영자가 지원자적인 역할을 수행하는 것이 효과적이다. 그들은 일일이 명령과 통제를 받지 않더라도 자기지향과 자기통제를 행하기 때문이다. Y이론에 따르면 인간의 동기는 대체로 저차원 수준의 욕구를 만족하고 있기 때문에 고차원의 욕구를 충족시켜야만 동기부여가 된다. 따라서 경영자는 종업원들의 고차원의 욕구를 충족시키는 방법을 모색하여야 한다.

3) 동기-위생 이론(Motivation-Hygiene Theory)

심리학자인 허즈버그(Frederick Herzberg)에 의해 제안된 이론으로서 미국의 회계사와 엔지니어들을 상대로 하여 사람들이 직무로부터 원하는 것이 무엇인가를 파악하기 위하여 그들의 직무에 대하여 특히 만족한 경우와 불만족한 경우를 자세히 서술하도록 요구하여 그에 대한 응답을 분석한 것이다.

이러한 분석결과 그들이 직무에 대하여 만족을 느낄 때의 응답과 불만족할 때 응답이 전혀 다르다는 것을 발견했다. 어떤 특성은 일관성 있게 직무만족과 관련이 있으며, 다른 특성은 직무불만족과 관련이 있다는 것이다.

동기요인(motivation factors)이란 일을 통해서 얻을 수 있는 성취감, 남으로부터의 인정, 책임감과 같은 내적 요소들을 말하며 이들은 직무만족과 관련이 있다.

반면에 회사의 정책, 감독자, 작업조건, 동료와의 관계, 금전・지위・신분・고용의 안정성 등과 같은 직무 자체가 아닌 직무가 수행되고 있는 작업환경과 작업조건에 관련된 외적 요인은 불만족감을 주거나 동기부여 정도를 낮추는 역할을 한다는 것을 발견하였으며 이를 위생요인(hygiene factors)이라 불렀다.

이 분석은 만족의 반대가 우리가 그동안 생각해 온 불만족이 아니라는 것을 제시한다. 즉, 직무에서 불만족 특성을 제거하는 것이 반드시 직무만족을 시키지는 못한다는 것이다. 즉, 만족(satisfaction)의 반대는 만족 없음(no satisfaction)

이고 불만족(dissatisfaction)의 반대는 불만 없음(no dissatisfaction)이 되는 것이다.

직무만족을 주는 요인들과 직무불만족을 주는 요인들과는 서로 분리되고 별개의 것이다. 따라서 직무불만족을 제거할 경우 평화를 가져올 수 있지만 동기부여를 할 수는 없다. 그것은 종업원들에게 동기부여를 하기보다는 회유하는 것이다. 이와 같이 종업원들에게 동기부여를 할 수 없으므로 직무불만족을 만드는 요인을 위생요인이라 부른다. 이들 요인들이 충분히 만족되는 경우에 종업원들은 불만이 없으나 또한 만족도 없다. 종업원들에게 그들의 직무에 대하여 동기부여를 시키기 위해서는 직무만족을 증가시키는 요인인 동기요인을 강조해야 한다고 허즈버그는 주장하였다.

이상의 이론들을 비교해 볼 때 머슬로와 허즈버그의 이론은 일맥상통하는 점이 있다. 즉, 허즈버그는 인간의 욕구나 동인을 만족시키는 행동목표(유인)에 관한 연구를 하였고 머슬로는 욕구와 동인에 관한 연구라 할 수 있다.

두 학자의 이론을 요약하면 【표 14-3】 과 같다

표 15-3 머슬로와 허즈버그의 관계

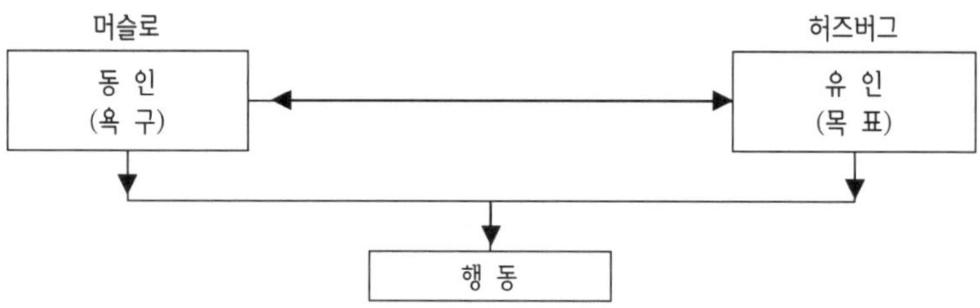

▶ 자료 : 유기현, 「인간관계론」, p99.

따라서 머슬로와 허즈버그의 이론을 병행하여 이용하려면 대면관계에서 일차적으로 개인의 욕구수준 및 강도를 추정·파악하여 설정된 개인의 행동목표를 동기화시키고, 위생요인은 점차 단계적으로 감소시키면서 동기부여 요인에 충실하게 되면 개인의 자발적인 사기앙양의 효과로 생산성 향상과 집단목표달성의 효과를 증대시킬 수 있다.[16]

16) 유기현, 「인간관계론」, 무역경영사, 1994, p100.

(2) 현대 동기부여 이론

1) 기대이론(Expectancy Theory)

동기부여에 관한 가장 포괄적인 설명을 하는 이론으로서 브룸(Victor Vroom)이 주장하였다.

인간은 특정한 결과가 달성되리라는 기대와 결과의 매력에 근거하여 행동하는 경향이 있다는 것으로 이에는 다음과 같은 세 가지 결정요인이 있다.

① 노력-성과의 연결(기대) : 자신이 노력하였을 때 기대하는 성과를 달성할 수 있으리라고 개인이 인지하는 정도.

② 성과-보상 연결(수단성) : 특정한 수준의 기대했던 성과가 바람직한 결과(보상)를 가져다 줄 것이라고 믿는 정도.

③ 매력(유의성) : 개인이 직무로부터 달성할 수 있는 잠재적인 결과 또는 보상에 대하여 가지고 있는 중요성의 정도를 나타낸다. 이러한 결과들을 원하는 정도는 사람마다 다르다. 즉, 어떤 종업원은 승진보다는 높은 임금에 가치를 둘 수 있고 다른 종업원은 임금보다는 근무여건 등에 더 큰 가치를 둘 수도 있다.

2) 기대이론의 이용

경영자가 종업원들을 동기부여 시키기 위해서는 우선 종업원들이 무엇을 원하고 있는지를 정확히 파악해야 한다. 이것은 종업원들에 따라서 다른데 주로 각자의 가치관에 의해 결정된다.

경영자들은 종업원들이 열심히 노력하면 기대했던 성과를 달성할 수 있고 그로인해 자신이 원했던 바람직한 결과(보상)를 얻을 수 있다는 확신을 종업원에게 심어 주어야 동기부여가 된다.

(3) 동기부여 방법

이상의 이론들은 각기 독립적으로 보기보다는 상호보완적으로 함께 결부시켜 활용할 때 동기부여 방법의 이해는 극대화된다. 따라서 이로부터 실제적으로 종업원들을 동기부여 하는 방법을 생각해 보면 다음과 같다.

① 개인차의 인식 : 종업원들은 동질적이 아니라는 것이다. 종업원들은 각자 다른 욕구(needs)를 가지고 있으며, 태도, 퍼스낼리티(personality), 능력, 가능성(potentiality) 그리고 다른 개인적인 변수에 있어서도 많은 차이가 있다.

② 직무와 인간의 연결 : 인간을 직무에 연결시킨다. 성취 욕구가 있는 자들에게는 적당히 도전적인 목표설정에 참여하는 기회가 제공되고 자율과 피드백이 존재하는 직무가 적합하다. 모든 사람들이 높은 자율성, 다양성, 그리고 책임이 있는 직무에 의해서 동기부여가 되는 것은 아니므로 각기 개인에게 적합한 방법을 적용한다.

③ 목표의 이용 : 조직의 목표를 달성하기 위한 활동을 수행하는 과정 속에 이러한 조직의 목표는 조직구성원들이 조직의 목표달성을 위하여 얼마나 노력했는가에 따라 목표달성 정도가 결정된다. 구성원들이 조직의 목표달성을 위하여 노력하기 위해서는 조직의 목표가 종업원 각자의 목표로 전환되어 일치되어야 한다. 더불어 조직이 자신들에게 요구하는 것과 자신들이 해야 할 일이 무엇인지를 명백히 알고 있어야 한다. 그렇게 하기 위하여 경영자들은 종업원들이 자신들의 명확한 목표를 갖도록 도와주어야 한다.

이렇듯 목표가 동기부여의 도구로 활용되기 위해서는 첫째, 명확한 목표가 제시되어야 한다. 둘째, 적절한 정도의 어려움이 있는 목표가 설정되어야 한다. 노력을 해야 이룩할 수 있을 때, 그것은 동기부여 효과를 갖기 때문이다. 셋째, 설정된 목표에 대하여 그 목표를 수행할 종업원들의 수용이 있어야 한다.

④ 목표달성에 대한 확신 : 열심히 노력하면 목표를 달성할 수 있다는 확신이 있어야 하며 그 직무를 수행할 능력이 있고 그리고 성과에 대한 평가과정이 신뢰할 수 있어야 한다.

⑤ 개인적인 보상 : 보상에는 봉급인상, 승진, 자율, 그리고 목표설정과 의사결정에의 참여기회 등이 있는데 경영자들은 그들이 통제하고 있는 보상을 개인에게 분배하는데 있어서 개인의 차이를 활용하여야 한다.

⑥ 성과와 보상의 연결 : 성과에 대하여 반드시 보상을 해야 한다. 봉급인상, 승진과 같은 중요한 보상은 종업원들의 특정한 목표의 달성에 대하여 제공되어야 하며 보상의 가시성을 증가시키는 방법을 모색해야 한다. 모든 종업원들에게 보상에 관하여 알리고, 성과에 대한 보너스에 대하여도 널

리 알리도록 한다.

⑦ 공정성의 확보 : 성과 또는 보상은 노력한 만큼 이루어지며 공정하게 평가된다는 것을 인식시켜야 한다. 경험, 능력, 노력, 기타 보상을 제공하는데 영향을 미치는 요소들에 대해 명백한 가중치를 두고 적용시켜야 한다.

이상과 같은 경영자의 동기부여 활동에 있어서 비서는 긍정적인 교량적 역할을 수행함으로써 도움을 줄 수 있도록 해야 한다.

15.3 비서직에 대한 동기부여

(1) 제도적 차원의 동기부여

비서는 업무의 특성상 고차원의 욕구를 충족하기 어려운 경우가 많이 있다. 그것은 우선 비서직이 상사를 보좌한다는 직무의 성격으로 인하여 자신의 능력이나 창의력을 최대한 발휘하여 일할 수 없는 여건에 처하기 쉬우며, 직접적으로 성취 욕구를 달성하기보다는 상사의 성취를 통하여 간접적으로 성취 욕구를 달성하며, 다른 직종과 달리 채용 시부터 체계화된 제도나 자격요건을 기준으로 하여 직급구분이 명확하게 마련되어 있지 않고 전임자가 퇴사함에 따라 발생한 공석을 개별적(case by case)으로 충원시키는 경우가 대부분이므로 비서의 자격이나 능력과 회사 내의 지위가 반드시 정비례하지 않게 된다. 또한 상사의 지위에 따라 비서의 지위도 좌우되는 경우가 많아 비서들의 직무불만족의 큰 요인이 되고 동기부여에 저해요인으로 작용하고 있다. 채용 후에도 비서직에는 일부 기관들을 제외하고는 인사고과제도나 이렇다 할 승진체계가 마련되어 있지 못한 실정이다.

표 15-4 비서직에 대한 동기부여 요인분석

	국 내 기 관	외 국 기 관
1순위	상사로부터의 인정	상사로부터의 인정
2순위	회사의 분위기나 근무환경	봉급인상
3순위	교육, 훈련 등 직접적 업무능력배양	승진기회 부여

따라서 무엇보다 먼저 비서직에도 학력이나 경력 등 능력에 바탕을 두고 직급별 기준을 마련하여 체계화 하여야겠다. 그리하여 직위(position), 즉 '~의 비서'라는 것과 별개로 '수석 비서' 혹은 '선임 비서' 등과 같이 직급에 의해 처우하도록 함으로써 기본여건을 마련하는 것이 시급히 요청된다. 그리하여 비서가 보좌하는 상사의 지위와 관계없이 맡은 바 업무를 성공적으로 수행하고 일정기간이 경과하면 그에 따라 직급상으로 승진할 수 있도록 제도적 기틀을 마련하면 비서직에서 가장 문제점으로 지적되고 있는 불만이 제거되고 동기부여 효과를 기대할 수 있겠다. 승진체계의 진급기준으로는 학력, 근속년수, 종합평정, 시험, 연수평가 등의 결과가 활용되어 합리적이고 객관적인 인사가 이루어져야 하며 조직의 성격 및 구조에 적합한 방안이 연구되어야 하겠다.

참고로 비서직의 직급체계에 의한 자격요건, 주요 업무분장 및 동기부여 방안 등을 생각해 보면 〈표 14-5〉와 같다.

(2) 기타 동기부여 방안

그 외에 상사는 비서에 대하여 개인적 상황을 상세히 파악하고 자주 대화함으로써 한 팀의 구성원으로서 소속감을 느끼도록 하며 비서가 추구하는 이상이나 관심을 가지고 있는 사항, 중요시하고 있는 것들에 관하여 비서의 입장에서 이해하려고 노력하면서 그에 적합한 동기부여 요인을 제공하고 근무성과에 대하여 공정한 평가를 내려 적절히 보상함으로써 인력을 최대한 개발, 활용할 수 있도록 하는 것이 바람직하다.

상사자신이 비서를 동기부여 하는 방안으로는 다음과 같은 방법들을 고려해 볼 만하다.

① 호칭을 '미스 ~'로 부르기보다는 '~씨' 혹은 '~비서'로 부른다.
② 대화시 존댓말을 사용함으로써 인격을 존중한다는 인상을 심어 준다.
③ 가급적 비서 스스로 판단하여 일할 수 있도록 자율성을 부여한다.
④ 비서에게 많이 의지하며 신뢰한다는 것을 타인 앞에서 인식시킨다.
⑤ 칭찬을 자주 한다.
⑥ 제안의 기회를 마련해 주고 적극적으로 참작하려고 노력한다.
⑦ 비서들의 모임을 만들어 각기 자기부서의 업무에 관하여 차례로 설명하도록 함으로써 자아실현 욕구충족과 동시에 회사의 전반적 업무진행 상황에

대한 이해를 높인다.

⑧ 상사가 비서의 비공식적 활동에 어떠한 방법으로든 지원을 해준다.

표 15-5 직급별 업무분장 및 동기부여 방안

	자격요건	주요업무	동기부여 방안
수습비서	전문대졸 정도	응접업무, 내객접대, 우편물 수·발신, 회의실과 집무실관리, 문서의 워드프로세싱, 전화의 중개 등 보조적 업무.	총무, 인사, 기획 등 관련부서로 직무순환 시킴으로써 단기간에 조직을 파악시킴. 2-2.5년 정도 후 비서로 승진시킴.
비서	대졸, 경력 2-4년 정도	회의자료준비, 의사일정준비, 회의장소예약, 상사의 출장관련준비 및 예약, 경비보고서작성, 문서관리, 기타.	적절한 수준의 업무를 부과하며 업무처리의 우선순위를 스스로 결정하여 수행할 수 있는 여건 조성해 줌. 2-4년 정도 근무 후 능력에 따라 승진기회 부여.
선임비서	대졸, 경력 4-7년 정도	임원을 단독으로 보좌하며 중요한 서류의 초안작성 및 상사가 기안한 초안으로 서류를 작성하여 자기 책임 하에 발송, 여행일정 등을 작성, 문서의 보관 및 필요정보 색출, 상사의 개인적 자료보관, 속기로 받아쓰기 등.	업무처리에 있어서 자신의 책임 하에 수행하도록 함. 신입비서 혹은 하급비서들을 지도·조언하도록 함. 일정기간 근무 후 승진기회부여.
수석비서	경력 7-10년 정도	부사장급 임원을 보좌, 바쁜 상사를 대신하여 많은 중요한 업무를 수행함. 문제의 해결책 강구, 상사의 인맥관리, 정보관리 등 창조적이고 주체적인 업무처리가 요구됨.	신입비서 및 하급비서들을 교육하는 기회 부여. 자격을 갖추고 기여도가 높은 비서는 상급 교육기관에서 교육기회 제공. 모범적으로 근무한 비서에게 승진기회 부여.
수석보좌역	경력 10년 이상	조직목표달성을 위해 경영관리상 중요한 정보의 분석·처리. 분배와 조직전체의 문제를 예측하고 대처하는 것. 적절한 의사결정능력 필요. 예산에 관계하고 경비를 관리함. 회의에 참여 기밀서류의 관리. 신입비서의 채용 및 교육에 관여 등	최고관리자와 팀을 이루어 경영관리에 참여기회 부여. 신입비서의 채용 시 심사 및 선발 후 교육, 감독권한 부여. 경력 및 능력을 갖춘 비서에게 관리자로 승진기회 부여.

실제로 일부 실적 중심으로 운영되고 있는 외국기관의 경우 상사가 그 해의 실적에 따라 연례 성과급 보너스(performance bonus)를 받으면 그 중 일부를

자신의 임의대로 비서에게도 분배해 주는 경우가 있다. 이는 우선 상사가 비서를 자신의 업무상의 팀의 중요한 일원으로 인식하고 있다는 것을 나타내는 동시에 자신의 성공이 부분적으로 비서의 공헌에 기인한다는 것을 인정하는 것이 되므로 비서에게는 여러 측면에서 커다란 동기부여 효과를 주게 된다.

연습문제

1. 상사가 그의 부하직원들을 동기 부여 하는데 비서가 기여할 수 있는 방법을 연구해 보자.

2. 자신이 하급비서를 데리고 업무를 수행할 때 어떻게 하는 것이 하급비서로 하여금 최고의 능률을 올리며 일할 수 있겠는지 생각해 보자.

16 의사결정

16.1 의사결정의 본질

(1) 의사결정의 의의

의사결정(decision making)이란 두 개 이상의 대체안(alternatives) 중에서 최종대안을 선택하는 일련의 과정이다. 즉, 의사결정이란 효과적인 목표달성을 위하여 여러 대체 가능한 활동과정 중에서 하나의 활동과정을 선택하는 것이다. 현대 경영에서 의사결정의 비중은 경영관리가 의사결정이라고 할 만큼 중요하다. 이러한 경영자의 의사결정은 조직행동, 조직구성원의 행동과 밀접한 관련이 있으며 경영관리직능, 즉 계획, 조직, 충원, 조정, 통제는 의사결정에 의하여 수행되고 있다.

의사결정은 물론 조직의 모든 계층에서 이루어지고 있다. 일반적으로 최고경영층(top management)에서는 경영목적과 조직 전반에 걸친 방침을 결정하고, 중간관리층(middle management)에서는 최고경영층에서 결정한 전반목표 및 방침을 실행하기 위한 부문 목표 및 방침을 결정하고 이것을 하위감독

층에게 전달한다. 하위감독층(lower management)에서는 생산계획 및 작업 할당에 대한 의사결정을 수행하게 된다.

기업의 모든 계층에서 의사결정이 이루어지지만 의사결정의 중요성은 상층부로 올라갈수록 증가하게 된다. 이렇게 의사결정의 내용과 중요성은 다르지만 조직의 모든 구성원들은 의사결정을 수행하고 있다.

(2) 의사결정의 과정

기업의 경영자가 의사결정을 수행하기 위해 취하는 단계는 다음과 같다.

첫째, 문제의 인식이다. 즉, 현재의 상태와 바람직한 상태와의 차이인 문제의 존재를 확인하고 어떤 문제가 존재하는가를 파악하기 위해 상태를 관찰하고, 자료를 분석하며 제3자의 비판을 듣기도 한다.

둘째로 의사결정 기준을 인식한다. 즉, 문제해결에 있어서 중요한 요소와 덜 중요한 요소를 결정하여 그에 따라 의사결정을 내리게 된다. 예를 들면 사무실을 구하려고 할 때, 사무실의 위치, 임대료, 건물의 시설, 노후도 등 여러 가지 조건 중 결정에 주로 영향을 미치는 사항들이 의사결정의 기준이라 할 수 있다.

셋째로 기준에 가중치를 할당한다. 고려대상이 되는 여러 기준들이 동일하게 중요성을 가지는 것이 아니므로 각 기준별로 중요도에 따라 가중치를 부여할 필요가 있다. 즉, 사무실을 선정할 때 어떤 기업은 가중치를 위치에 50%, 임대료에 20%를 부여하는가 하면, 또 다른 기업은 임대료에 50% 위치에 20%를 할당할 수 있다.

넷째, 대체안을 개발하고 분석한다. 기준이 마련되면 문제를 해결하기 위한 대체안을 개발하고 그 각각의 대체안을 분석하여 그 대체안이 조직의 목표와 능력면에서 실행 가능한 것인가 면밀히 분석한다. 즉, 아무리 수익성이 높고 확실한 투자안이라 할지라도 그 기업으로서는 도저히 감당하기 어려운 거액의 자금을 필요로 하는 방안이라면 의미가 없기 때문이다.

표 16-1 의사결정의 과정

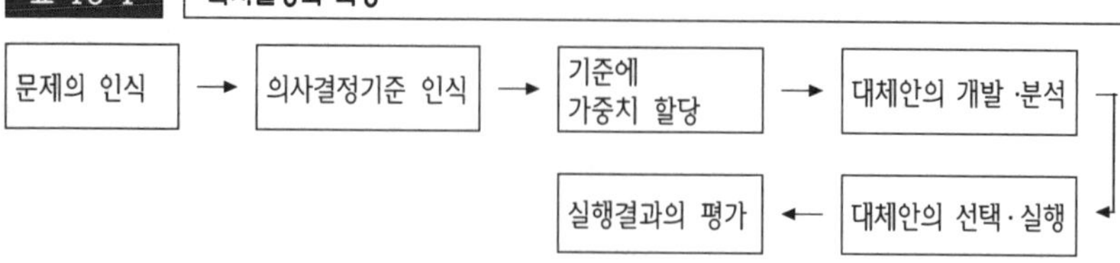

다섯째, 대체안을 선택하여 실행한다. 이상의 여러 조건들을 충족시키는 대체안들 중에서 최상의 대체안을 선택하여 구체적인 실행에 옮기는 것을 말한다. 아무리 최상의 대체안을 선택하였다 하더라도 실행단계에서 적절히 수행되지 못하면 성공적인 결과를 기대하기 어렵게 된다.

여섯째, 실행결과를 평가한다. 전 과정을 통하여 대체안의 실행이 바람직하게 이루어 졌는지를 관련정보를 수집・분석하여 검토한다. 이러한 평가는 연속적이고 반복적으로 이루어지는 것이므로 매우 중요하다.

(3) 의사결정의 유형

의사결정의 유형에 관하여는 학자에 따라 견해가 다양하다. 의사결정 상황에서 경영자가 직면하는 문제의 형태는 문제가 취급되는 방법을 결정하게 한다. 의사결정자의 목표가 분명하고, 익숙한 문제이며, 문제에 관한 정보가 쉽게 정의되고 완전한 경우의 문제를 잘 구조화된 문제(well-structured problem)라고 하며 그러한 문제들은 완전한 합리성을 기초로 해결되는 것이 보통이다. 그러나 경영자가 직면하는 대부분의 상황은 덜 구조화된 문제(ill-structured problem)들이다. 그러한 문제들은 새롭고 특이한 것이며 그러한 문제에 대한 정보는 모호하고 불완전하다. 즉, 새로운 기업의 본사를 설계하는 건축가의 선택, 새롭고 증명되지 않은 기술에 투자하는 의사결정 등이 그것이다.

1) 정형적 의사결정과 비정형적 의사결정

H. A. Simon에 의한 분류방법으로 정형적 또는 일상적인 의사결정은 잘 구조화된 문제를 취급하는데 가장 효율적인 방법이다. 그러나 문제가 덜 구조화되어 있을 때, 경영자들은 독특한 해결안을 개발하기 위하여 비정형화된 의사결정에 의존해야 한다.

① 정형적 의사결정(programmed decisions) : 흔히 일어날 수 있으며 그 문제를 취급하는 어떤 표준화된 절차가 있는 정형적 의사결정을 위해서 경영자들은 체계적인 절차, 규칙, 또는 정책을 갖게 된다. 절차(procedure)란 구조화된 문제에 대한 처리를 위해 경영자가 이용할 수 있는 일련의 상호 관련된 시차적 단계를 말한다. 규칙(rule)은 경영자들에게 해야 할 일과 하지 말아야 할 것을 알려주는 명확한 지침을 말한다. 정형화된 의사

결정에 대한 세 번째 지침은 정책(policy)이다. 정책은 구체적인 방향으로 경영자를 인도하는 지침역할을 하는 것을 말한다.

이러한 정형적인 의사결정은 다음과 같은 특징을 가지고 있다. 첫째, 정형적 의사결정은 대부분 조직의 하층부에서 이루어지고, 의사결정의 영향이 조직의 일부분에 국한되며, 영향을 미치는 기간도 비교적 단기적이다. 둘째, 정형적 의사결정은 대부분이 조직의 내부문제 해결에 관한 것이다. 따라서 조직의 외부요인이 의사결정에 큰 영향을 미치지 않는다. 셋째, 정형적 의사결정은 명확한 문제에 대한 의사결정이 대부분이다. 따라서 대체안을 평가하는 기준이 명확하다. 직원들의 승진에 관한 결정, 어느 부서의 예산증액신청에 관한 사항, 사직하는 사원에 대한 충원 등이 그 예라고 할 수 있다.

② 비정형적 의사결정(non-programmed decisions) : 우리 조직을 다른 조직과 합병할 것인가, 조직의 효율성을 개선하기 위한 재조직의 방법, 또는 손실을 입고 있는 부서의 폐쇄 여부 등과 같은 의사결정이 비정형적 의사결정이다. 이러한 의사결정은 독특하며, 반복적인 것이 아니다. 경영자가 덜 구조화된 문제에 직면했을 때, 그런 문제를 해결하는 지름길이나 단순한 해결안은 없다. 이러한 경우에 경영자는 그때그때 해결안을 찾아야 한다.

비정형적 의사결정의 특징은 첫째, 비정형적 의사결정은 조직의 최고경영자가 관심을 가지고 있는 문제이며, 의사결정의 수행에 장기적인 예측을 필요로 하며, 조직의 생존과 관련이 있다. 둘째, 비정형적 의사결정은 강제성이 있다. 즉, 의사결정자의 의사와 관계없이 의사결정을 수행해야 한다는 것이다. 또한 시간적인 여유가 없는 경우가 대부분이다. 셋째, 비정형적 의사결정은 예외적인 문제를 내포하고 있다. 이는 수행해야 할 의사결정이 대부분 예외적으로 발생하는 문제를 내포하고 있다는 것이다.

표 16-2 **문제의 유형, 의사결정 유형, 조직의 수준**

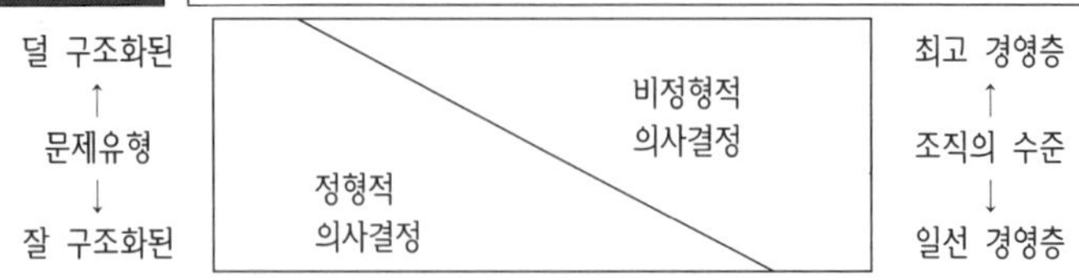

2) 전략적, 관리적, 업무적 의사결정

H.I. Ansoff는 의사결정을 전략적 의사결정(strategic decisions), 관리적 의사결정(administrative decisions), 업무적 의사결정(operating decisions)으로 분류하고 있다.

① 전략적 의사결정 : 전략적 의사결정은 기업의 최고경영층에서 주로 담당하는 의사결정으로서 기업의 외부문제와 관련이 있다. 따라서 전략적 의사결정은 기업의 환경요소들의 영향을 받게 된다. 예를 들면 제품구성을 어떻게 할 것인가, 기업의 목표선정 문제, 기업의 다각화 문제, 시장개척 문제 등이 전략적 의사결정에 포함된다.

② 관리적 의사결정 : 관리적 의사결정은 기업의 중간경영층이 주로 담당하게 되는 의사결정이다. 주로 조직의 성과를 극대화 할 수 있도록 조직을 구조화하는 것과 관련이 있는 의사결정이다. 예를 들면, 조직편성, 책임관계, 유통경로, 입지의 결정, 자원의 조달과 획득, 자금의 조달, 인적자원의 조달과 배치 등에 관한 의사결정이 여기에 포함된다.

③ 업무적 의사결정 : 기업의 자원 변환과정에서 능률을 극대화하는 과정과 관련이 있는 의사결정이 업무적 의사결정이다. 업무적 의사결정은 구체적인 자원의 배분, 일정계획, 통제활동 등을 포함한다. 예를 들면, 제품의 가격결정, 생산일정계획의 작성, 재고수준의 결정 등이 여기에 포함된다.

(4) 의사결정의 접근방법

1) 집권화 대 분권화된 접근방법

집권화된 접근방법은 조직에 있어서 의사결정이 주로 최고경영자에 의해서 이루어지게 된다. 조직의 규모가 큰 경우에는 의사결정이 중간경영층이나 하위경영층에 위양되는 경우도 있지만 많은 조직에서 의사결정이 최고경영자에 의해서 이루어진다.

분권화된 접근방법은 대부분의 의사결정이 조직의 하부에서 이루어진다. 의사결정에 대한 책임을 최고경영자가 하위경영자들에게 위양하고 있다. 이러한 방법은 경영의 낮은 차원에서 보다 많은 의사결정이 이루어지도록 하는 방법이다.

표 16-3 계층별 의사결정의 특징

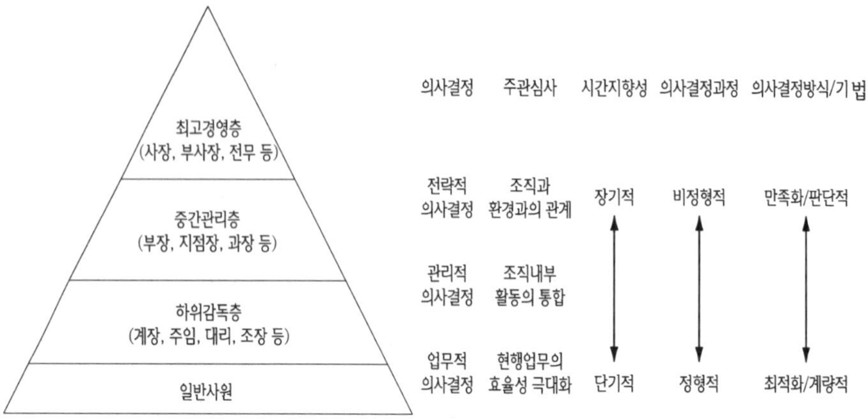

2) 집단 대 개인적인 접근방법

집단적 접근방법은 어떤 한 가지의 의사결정에 경영자와 종업원 그리고 여러 명의 종업원과 경영자가 함께 참여하는 것이다.

개인적인 접근방법은 보통 한 명의 경영자에 의하여 이루어진다. 이러한 개인적인 접근방법은 시간이나 비용면에서의 제약이 있는 경우 혹은 경영자가 조직의 종업원들보다 능력, 경험, 판단력 등의 측면에서 월등히 우월하다고 인식될 때 이용되는 방법이다.

조직에서 많은 의사결정 특히 조직의 활동과 구성원들에게 장기적인 영향을 주는 중요한 의사결정은 집단에서 이루어지는 것이 보통이다. 위원회, 태스크포스(task forces), 검토 패널(review panel), 연구팀, 또는 의사결정기구로서 이와 유사한 집단을 이용하는 조직이 많이 있다. 경영자들이 시간의 40%를 회의에 소비하고 있다는 것도 그런 시간의 대부분이 문제의 형성화, 이들 문제의 해결, 그리고 해결안의 수행을 위한 수단의 결정에 사용된다.

집단의사결정의 장·단점을 살펴보면 다음과 같다.

장점으로는

① 더욱 완벽한 정보의 제공 : 여러 명의 지혜가 한 사람의 지혜보다 나은 경우가 많기 때문이다.

② 더욱 많은 대체안의 창출 : 집단은 정보의 양과 다양성에 있어서 개인보다 우월하다는 것이다. 따라서 개인들이 찾는 대체안의 양보다는 집단의 여러 사람들이 찾는 대체안 수가 더 많다는 것이다.

③ 해결안의 수용도 증가 : 집단에 의해서 선택된 문제해결을 위한 대안은 집단의 구성원들이 그 행동을 취하게 되므로 일방적으로 특정한 사람에 의해서 선택된 행동대안보다는 수용도가 증가하게 된다. 즉, 자신들이 선택한 행동대안이므로 불평이 적다는 의미이다.

④ 합법성의 증대 : 집단의사결정은 민주적인 방법에 의해서 수행되며, 따라서 한 사람에 의해서 수행되는 의사결정보다는 합법적이다. 개인이 완전한 권력을 가지고 타인의 조언을 받지 않은 의사결정은 자의적이고 전제적으로 수행되기 쉽다.

반면 집단의사결정의 단점은 다음과 같다.

① 시간의 낭비 : 의사결정을 하기 위하여 하나의 집단을 구성하는 데는 많은 시간이 소요된다. 일단 집단이 구성되어 상호작용을 하기 위해서는 장소가 필요한데 이는 비효율적이다. 결과적으로 집단이 어떤 의사결정을 수행하는 데는 개인이 의사결정을 수행하는데 비하여 많은 시간과 비용을 필요로 한다.

② 소수에 의한 지배 : 집단의 구성원들은 결코 모든면에서 동일하지 않다. 그들은 조직에서의 지위, 경험, 문제에 대한 지식, 다른 구성원들에 대한 영향력, 언어 구사력, 의지력 등에 있어서 다를 수 있다. 이러한 것이 한 집단에서 어느 특정한 구성원이 다른 구성원들을 지배할 수 있게 하는 요인이 된다.

③ 순응 압력 : 집단에는 순응시키려는 사회적 압력이 존재한다. 그들은 집단사고(group think)라는 것을 유도한다.

④ 책임의 회피 : 집단의사결정에서 집단의 구성원들에게 책임을 할당한다. 그러나 최종결과에 대하여 누가 책임을 지는가 하는 문제가 대두된다. 개인의사결정에서는 책임자가 분명하다. 집단의사결정에서는 책임의 소재가 불분명해진다.

경영자가 수행하고 있는 모든 직무에서 의사결정의 중요성은 아무리 강조해도 지나치지 않다. 경영자는 불확실성 하에서 여러 대체안을 분석하여 의사결정을 내려야 하는 어렵고 도전적 상황에 처하게 된다.

의사결정이란 미래에 대한 예측을 기초로 하여 이루어지는데 미래에 대한 예측은 아무도 정확히 할 수 없는 것이며 문제해결을 위한 대체안을 찾는 것도 존재하는 모든 대체안을 찾는다는 것은 불가능하기도 하다. 또한 의사결정자들은 불충분한 정보를 가지고 의사결정을 내려야 하는 경우가 많이 있다. 부정확한 정보는 의사결정자의 판단을 흐리게 하고 나아가 부정확한 의사결정을 유도하게 한다. 그 외에도 인간의 능력에는 한계가 있어서 시간적인 제약을 받거나 스트레스를 많이 받는 경우에는 최선의 의사결정을 내리지 못하는 경우가 발생하게 된다.

경영자를 보좌하는 비서는 조직 내에서 상사의 위치와 역할, 조직의 특성, 상사의 의사결정 유형 등을 파악하고 상사가 의사결정을 내리는데 필요로 하는 최대한의 정보를 입수·활용할 수 있도록 적극 배려하여 최적의 의사결정을 가장 효율적인 방법으로 내릴 수 있도록 여건을 조성하여야 하겠다.

연습문제

1. 경영자의 역할 중 의사결정의 역할이 중요한 이유에 대하여 정리해 보자.

2. 계층별 의사결정 유형에 관하여 사례를 수집해 보자.

4 비서직의 주요 진출분야 및 취업

보편적으로 비서직에 관한 역할 정립이나 연구가 주로 기업의 비서들을 중심으로 이루어져 왔음에 비추어 전반적으로 이러한 경영관리원리가 적용되면서도 전문비서를 필요로 하는 여러 분야들 중 대표적으로 법률기관, 의료기관, 정치기관에서 조직의 특성에 바탕을 둔 비서역할을 중심으로 고찰해 봄으로써 향후 보다 전문화, 세분화된 비서역할정립 및 자기계발에 도움을 주고자 한다.

17 법률기관의 비서

17.1 개요

법률기관이라면 보통 관공서인 법원과 변호사들이 주축이 되어 설립·운영하는 사적 조직인 법률사무소로 구분된다. 그 외에 기업의 법률담당 임원도 법률비서를 필요로 하고 있다. 법원은 재판을 주로 다루며 판사들 위주로 구성되어 있는 대규모의 공적 조직으로서 다루는 사건의 내용 및 단계에 따라 지방법원, 가정법원, 고등법원, 대법원 등으로 구분되어 있으며 주로 내국인을 상대로 하는 조직으로서 우리말 문서를 작성하는 일이 대부분이고 외국어는 그다지 많이 쓰이지 않으므로 상대적으로 비서의 역할에 대한 기대가 그리 크지 않고 다른 조직과 비교하여 처리하는 업무에 별다른 차이가 없는 편이다. 일반적으로 비서의 업무라 여겨지는 문서작성이 제일 많고 사무실 미화, 전화연결, 손님접대, 서류의 관리를 위주로 상사의 스케줄 관리, 우편물 정리 및 보관, 팩스의 송수신, 사무용품 조달 등도 수행하고 있다.

표 17-1 법원의 조직도

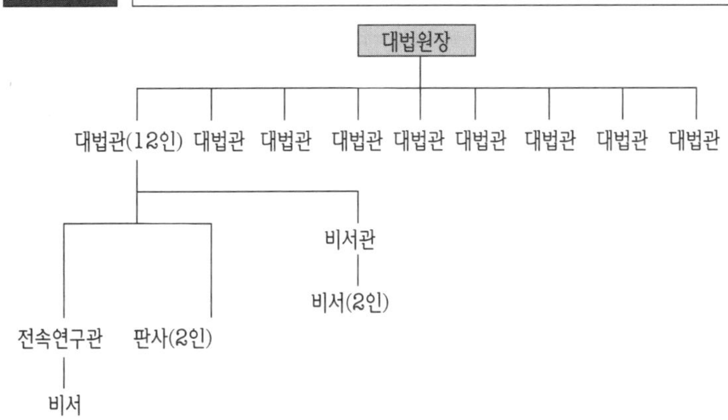

종합법률사무소는 각 분야의 법률을 전공한 변호사들이 국내 변호사뿐만 아니라 국제 변호사들까지 참여하여 partnership의 형태로 조직을 구성하며 때로는 해외의 법률사무소와 제휴도 맺어 상호 법률 정보교환, 업무협조 등을 통해 국내는 물론 국외기업들을 상대로 국내 및 국제 법률문제 전반에 걸쳐 광범위한 법률 자문을 제공하고 있다. 따라서 조직적 특성과 주로 다루는 업무의 특이성을 고려하여 본 장에서는 전문적 비서를 절실히 필요로 하고 있는 종합법률사무소의 비서를 중심으로 공부하고자 한다.

(1) 종합법률사무소의 주요 업무 영역

한국의 기업들을 위해서는 국내외의 사업, 특히 해외투자나 국제 자본시장에의 진출, 기타 국제적 사업에 관한 법률자문을 하고 있으며, 외국기업들을 위해서는 한국에 진출하는 사업, 특히 국내 투자 및 한국 관련 사업에 관한 법률자문을 하고 있다. 따라서 일반 기업에서의 경우와는 달리 고도로 전문성을 띤 조직이며 그 구성은 변호사와 비서를 위주로 팀을 구성하여 이루어지게 된다. 그 외에 변호사 수임료 청구업무(billing)나 회계를 담당하는 소수의 직원(staff)이 관리적인 업무를 처리하게 된다. 주로 처리하는 주요 업무는 구체적으로 다음과 같다.

① 회사의 설립 및 폐지, 기업의 인수 및 합병 계약, 무역관련 업무, 해외투자, 외국인의 국내투자, 외국기업의 국내지점 및 사무소의 설치, 국제금융, 증권 관련업무, 보험, 해상, 항공, 상사분쟁, 조세, 기술이전, 지적재산권, 부동산 등 국내 및 국제거래 전반에 걸친 국내법 및 외국법에 관한 제반 법률사무.

② 국내 및 해외에서의 상사, 민사, 세무, 특허, 행정, 형사 등 제반 소송 및 중재사건.

(2) 종합법률사무소의 조직구조

종합법률사무소의 구성을 살펴보면, 작게는 소수의 인원으로부터 크게는 수백명 규모의 초대형 사무소까지 업무의 영역이나 규모면에서 매우 다양하다. 조직의 구성상 크게 변호사계층과 비서 및 기타 관리직계층으로 구분할 수 있다.

1) 변호사계층

변호사계층에는 우선 Managing Partner라는 대표변호사가 있어서 실제로 고객(client)의 업무도 담당하면서 전반적인 조직경영에 책임을 지는 변호사로 기업으로 말하면 최고경영자에 해당한다. 여기서 partner라는 개념은 처음 법률사무소가 설립될 때 자기 지분을 가지고 있는 변호사를 뜻한다. Managing Partner 밑에 Senior Partner가 있는데 이는 partner들 중에서도 경력이 많고 자기 고유의 고객이 있는 변호사이며 그 밑으로 Junior Partner가 있다.

Junior Partner는 상대적으로 연륜이 짧은 변호사들로서 Senior Partner와 같이 팀을 이루어 업무를 수행하며 그 밑으로는 Associate라는 일종의 고용변호사들이 다수 있는데 이들은 주로 입사한지 1-5년 이내의 변호사들이다. 비서들은 이들 각 변호사 한 사람만을 보좌하는 경우도 있으나 보통은 업무적으로 연관되는 partner와 associate를 한 비서가 보좌하거나 3~4명의 변호사를 2명의 비서가 팀을 이루어 보좌하는 경우도 있다. 일반 기업의 조직과는 달리 분야별 전문성이 중요시되므로 직위의 높고 낮음이나 파워 등의 개념 대신 전문성이 보다 중요시된다.

그 외에 스텝으로 국내에서 법과대학을 졸업하거나 외국어에 능통한 사람들로 주로 번역일이나 법 이외의 기술적인 일을 하는 paralegal(법무조사역)이란 직종이 있다. 기타 법원 및 관공서에는 일반 민사업무절차를 담당하는 사무장이 있다.

2) 비서 및 기타 관리계층

비서직에 관하여는 고도의 전문성 및 숙련도를 요구하는 특성으로 인하여 대부분의 국제 업무를 다루는 종합법률사무소에서는 비서의 숙련도에 따라 직급을 부여하는 경향이 있다. 명칭은 회사마다 차이가 있으나 Chief Secretary 혹은 Executive Secretary, Senior Secretary, Junior Secretary로 구분하거나 혹은 근속 연수와 능력에 따라 대리, 과장, 차장, 부장의 직급을 부여하는 조직도 있다. 비서 중 상당기간 근무하여 업무에 대하여 기여도가 매우 높을 경우에는 법률적 지식의 정도에 따라 일정한 시험을 거친 후 사무장 등으로 승진하는 경우도 있다.

표 17-2 종합법률사무소의 조직도

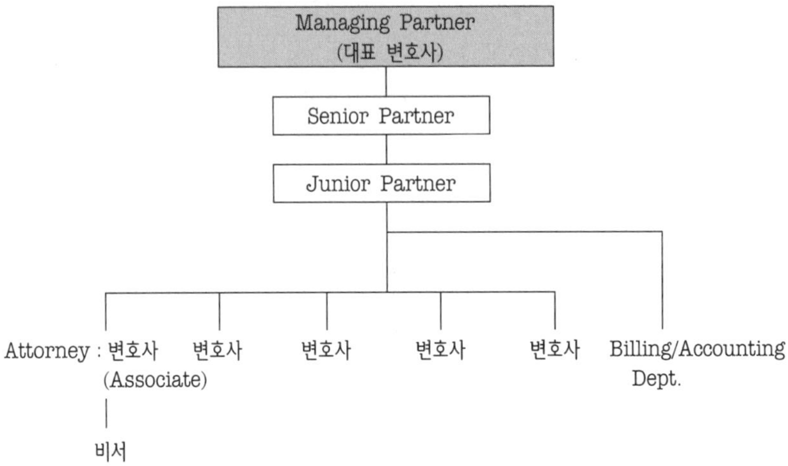

·비서 : Chief Secretary
(Executive Secretary)
Senior Secretary
Junior Secretary
Floating Secretary(Temporary Secretary)
Night Secretary
·안내비서(Receptionist)
·Messenger
·운전기사
* Paralegal (법무조사역)

그 외에 고객의 요구에 적기적시에 부응하여야 하는 업무적 특성으로 인하여 일반 비서들에게도 시간외 근무(overtime work)가 요구되기도 하며, 고정적으로 비서들이 퇴근한 후의 잔무를 처리해 주는 심야비서(Night Secretary)가 있다. 이 심야비서는 퇴근시간 후에 필요시 되는 업무를 지원하여야 하며 동시에 여러 변호사들의 일을 처리해 주어야 할 경우도 있으므로 더욱 능숙하고 책임감 있는 업무처리 능력이 요구된다. 비서들이 휴가갈 때 업무를 진행시키기 위해 일종의 임시직 비서인 Temporary Secretary 혹은 Floating Secretary를 고용하기도 한다.

그 외에 회계원과 사무원을 두고 안내비서(receptionist) 및 messenger를 두고 있다.

(3) 종합법률사무소의 조직특성

수인의 변호사가 공동의 계산과 책임 하에 공동으로 업무를 수행하고 지분에 따라 이익을 분배하는 동업형태의 사무실로 다음과 같은 장점이 있다.

첫째, 다수의 변호사로 말미암아 각자 전문분야별로 업무를 특화할 수 있고 정보의 수집 및 교환에 유리하다.

둘째, 각 구성원간의 대체가능성으로 인하여 변호사 개인의 사고 시에도 업무의 계속성이 유지된다.

셋째, 고정비를 경감시켜 일종의 규모의 경제(economy of scale)와 유사한 효과를 거둘 수 있다.

넷째, 분업의 효과로 능률을 향상시킬 수 있다.

종합법률사무소는 단순히 Partner 들로만 구성되는 것이 아니라 효율의 극대화를 꾀하기 위하여 젊은 고용변호사(Associate)를 많이 채용하여 동업변호사의 지휘, 감독 하에 일을 처리하게 하는 시스템으로 고용변호사들도 그 능력에 따라 일정기간 경과 후 사무실내에서 Partner로 될 기회도 부여되는 것이 대부분이다. 그러므로 이러한 제도는 많은 전문가와 인력을 필요로 하는 각종 기업 법률문제, 국제법률문제 등을 취급하는 사무실에서 유용하게 활용되고 있다.

스텝진에 관하여도 고도로 합리적인 운영을 통하여 효율의 극대화를 꾀하고 있으며, 이러한 운영이 다른 측면에서는 종사하는 각 개인 구성원에게는 자기계발 및 성취도를 높일 수 있는 계기가 될 수 있다는 장점이 있다. 즉, 일반 기업들과 같이 총무과, 인사과, 자금과, 회계과 등으로 부서가 세분되지 않고 계층별로도 분화되지 않아 비서들과 극히 소수의 인원으로 업무를 분담하여 수행함으로써 1인 2역 혹은 3역을 수행하게 되기도 한다. 그 한 예로 대표변호사의 비서(Chief Secretary 혹은 Executive Secretary)는 통상 비서일 이외에도 사무소의 전반적인 관리를 책임 맡게 되어 일반 기업의 총무부장 혹은 인사부장의 역할까지도 겸하는 것이 보통이다.

(4) 종합법률사무소의 업무처리

종합법률사무소의 업무는 고객(client)으로부터 사건을 의뢰 받는 것으로부터 비롯된다. 따라서 보다 많은, 비중 있는 사건을 의뢰 받기 위하여 변호사들도 일종의 마케팅 활동인 promotion 활동을 전개하기도 한다. 사건에는 앞에서 언급한 바와 같이 법률자문을 위주로 한 건과 소송과 관련된 건으로 대별된다. 법률사무소의 수익 측면에서 보면 소송은 건당 수임료를 책정하여 거래가 시작되는데 반하여, 법률자문 등 국제적 비즈니스 관련 업무에 관하여는 그 업무수행에 실제로 투여된 시간을 기준으로 비례적으로 수임료가 청구되며 그 외에 전화비, 팩스비, 교통비, 우송료 등의 경비가 실비기준으로 추가로 청구된다. 이 때 시간당 수임료는 담당변호사의 지명도나 경력에 따라 다르게 된다. 따라서 이러한 고객별 수임료 산출을 위하여 담당변호사는 모든 업무처리 시간과 그 내용을 상세히 기록(time sheet 작성)하여야 하며 추후에 이를 고객별로 분류하여 총계를 산출하여 지불청구하게 된다(billing 업무). 따라서 비서는 이를 고객에 따라 분류, 정리하여야 하는 업무를 처리하게 되기도 한다. 업무의 구체적 진행은 건별로 매우 다양하고 복잡하고 전문적이나, 일반적인 진행절차를 보면 일단 고객으로부터 업무를 위임받게 되면 그 고객에 대한 파일을 만들어 업무에 착수하게 된다.

의뢰 받은 업무의 내용에 따라 사실 및 상황, 해결해야 할 문제에 관하여 객관적이며 체계적으로 기록해 놓는다. 관련 당사자들에 대해 필요한 기본적 자료를 수집하고, 해당되는 법조문을 조사하며 종전의 비슷한 사례에 관한 조사도 행한다. 소송과 관련된 사건의 경우는 필요한 증거를 확보하기 위한 활동을 한다. 어느 정도 기초조사 및 자료가 준비되면 관련된 변호사들이 모여 협의하여 법률의견서, 조서, 계약서, 고소장 등 각종 서류를 작성하게 된다. 이 때에 회의석상에 비서가 참석하여 속기로 기록하여 서류를 작성하는 경우도 있다.

표 17-3 사건위임계약서의 예

사 건 위 임 계 약 서

의뢰인(갑):
수임인(을):
위 당사자들은 사건의 처리에 관한 위임계약을 다음과 같이 위임한다.

제 1조(목적) 갑은 을에게 다음 표기 사건의 처리(이하 "위임사무"라 한다)를 위임하고 을은 이를 수임한다.

사 건 번 호		사 건 명	
당 사 자		상 대 방	

제 2조(위임한계) 갑이 을에게 위임하는 위임사무의 한계는 당해심급에 한하고 파기환송된 사건이나 상소의 제기, 강제집행, 강제집행정지 보전처분 등 부수적 절차에 관한 사항은 따로 정한다.

제 3조(수권범위) 갑은 을에게 따로 작성하여 교부하는 위임장 또는 선임서에 적은 자격과 권한을 수여한다.

제 4조(수임인의 지위) 을은 변호사로서 법령에 정한 권리와 의무에 입각하여 위임의 본지에 따라 선량한 관리자의 주의로서 위임사무를 처리한다.

제 5조(자료제공등) 을이 위임사무를 처리하는 데 필요하다고 인정하여 요구한 자료 또는 조회한 사항에 대하여 갑은 지체 없이 이에 응하여야 한다.

제 6조(착수금) ①갑은 을에게 위임계약의 성립과 동시에 착수금으로 금 원을 지급한다.

제 7조(성공보수) 위임사무가 성공한 때에는 다음 구분에 의하여 성공보수를 지급하기로 한다.

1. 민사사건등의 경우
   가. 전부 승소한 경우 ······ 금 원
   나. 일부 승소한 경우에는 그로 말미암아 얻은 경제적 이익가액의 ······ %에 해당하는 금액
   다. 화해의 경우
   라.
2. 형사사건의 경우
   가. 무죄, 선고유예, 집행유예의 경우 ······ 금 원
   나. 면소, 공소기각, 형의면제, 파기환송 또는 검사상소 기각의 경우 ······ 금 원
   다. 벌금형 이하의 선고가 있는 경우 ······ 금 원
   라. 벌금형 이하의 선고가 있는 경우 ······ 금 원
   마. 보석, 구속적부심사청구에 의한 석방결정, 구속집행정지 결정이 된 경우 ······ 금 원
   사. 상소심에서 원판결이 취소 또는 변경된 경우 ······ 금 원
   아. 수사사건이 불기소, 약식명령청구, 가정법원(소년부)에 송치된 경우 ······ 금 원

제 8조(성공으로 보는 경우) 다음의 경우에는 전부 또는 성공으로 보고 제7조에 정한 성공보수 최고액을 지급하여야 한다.

1. 갑이 임의로 청구의 포기 또는 인낙, 화해, 소의취하, 상소의 취하 또는 포기를 하거나 상대방의 소취하에 대한 동의한 경우
2. 갑이 이 위임계약에 정한 의무를 이행하지 아니하거나 진술한 사실이 허위인 까닭에 을이 위임계약을 해세한 경우
3. 갑이 이 위임계약을 임의로 해제하거나 을에게 책임 없는 사유로 위임이 종료된 경우

제 9조(비용부담) ①을이 갑의 위임사무를 처리하는데 필요한 인지대, 송달료, 감정료, 예납금, 보증금, 등사료, 여비, 기타 필요한 실비는 법령, 관할기관 또는 변호사회가 정하는 기준에 따라 그 전액을 갑이 부담한다. ② 갑은 제 1항의 비용에 충당하기 위하여 금 원을 예치한다.
제 10조 (비용부담) ①을이 갑의 위임사무를 처리하는데 필요한 인지데, 송달료, 감정료, 예납금, 보증금, 등사료, 여비, 기타 필요한 실비는 법령, 관할기관 또는 변호사회가 정하는 기준에 따라 그 전액을 갑이 부담한다. ② 갑은 제 1항의 비용에 충당하기 위하여 금 원을 예치한다.
제11조(통지의무) 을은 갑의 청구가 있는 때에는 위임사무의 처리상황을 갑에게 통지하고, 위임이 종료한 때에는 그 결과를 갑에게 지체 없이 통지하여야 한다.
제12조(자료의 보관 책임) 을이 위임사무의 처리를 위하여 갑으로부터 제공받은 자료는 위임이 종료한 때로부터 3년이 경과한 때에는 을은 이를 임의로 폐기할 수 있다.
제13조(지급보장) ① 갈은 이 위임계약에 정한 비용 또는 보수의 지급을 확실하기 보장하기 위하여 을이 요구하는 때에는 을에게 그 금액에 상당하는 수표 또는 어음을 발행 교부하거나 연대 보증인의 보증서를 제출하여야 한다.
제14조(조정의 청구) 이 위임계약에 관하여 분쟁이 생겼을 때에는 소송을 제기하기 전에 변호사법 제59조에 의하여 이를 서울지방변호사회에 조정을 청구하여야 한다.
제15조(합의관할) 이 위임계약으로 인하여 생기는 일체의 소송에 대하여는 서울민사지방법원을 전속 관할 법원으로 한다.

특 약 사 항

이 계약의 성립을 증명하기 위하여 이 계약서 2통을 작성하고, 갑과 을이 각 1통씩 보관한다.

19 . . .

갑:의뢰인
주소:
성명: ㊞
(전화:)
갑의 연대보증인
주소:
성명: ㊞
(전화:)
을:수임인
사무소:
변호사: ㊞
(전화:)

이 사건 위임계약서는 서울지방변호사회 이사회결의
(1986.9.12에 의하여 표준화된 것임.)

17.2 종합법률사무소의 비서

(1) 비서의 역할

여러 변호사들이 처리하는 업무로부터 비롯되는 문서류의 완결이 무엇보다 우선

시 된다. 업무의 양이 절대적으로 많으므로 손님접대나 전화연결, 개인적인 업무처리 등은 비교적 중요시되지 않는다. 예를 들면 고객들로부터의 전화도 안내비서(receptionist)가 직접 해당 변호사에게 연결하는 등 사무직과 비슷한 측면도 있다.

① 비서들이 가장 많이 하는 일은 워드프로세싱을 이용한 문서작성이다. 회사의 약관, 규정, 계약서 등을 비롯하여 법률의견 등이 있으며 보통 수십페이지 정도의 분량이고 철저한 정확성이 요구된다. 또한 이들 문서는 정부나 기타 관련 기관에 사본을 제출하는 경우가 많기 때문에 복사의 양이 많다. 사본이 배부처에 정확하게 배부되도록 확실히 점검하는 일도 중요한 임무 중의 하나이다. 고객이 원하는 사항은 어떠한 일이건 원하는 시간내에 정확하게 처리해야 하므로 업무가 무엇보다 중요하며 상사의 개인적인 일은 그 다음에 처리하게 되는 것이 보통이고 그러한 것을 돌볼 시간적 여유가 없다.

② 종합법률사무소에서 특이한 업무의 하나가 수임료청구(billing)이다. 한 건당 비용이 정해지는 법소송 등과는 달리 법률사무소의 업무는 그에 소요된 변호사들의 시간 및 실제 비용을 기준으로 비용이 산출된다. 면담시간, 전화통화시간, 의견서작성에 소요된 시간 등을 매 건별로 기록하여 합계를 내고 그 것에 전화료, 팩스비용, 우편발송비, 교통비 등 지출된 비용을 가산하여 청구가 이루어지므로 이에 필요한 시간기록 및 정리도 비서의 업무가 된다.

(2) 비서에게 요구되는 자질

① 국제적 업무가 많아 문서의 70~80%가 영어로 작성되며 전화 통화 시에 영어로 의사소통이 가능해야 하므로 탁월한 영어실력이 요구된다. 회의진행상황을 받아써서 회의록을 작성하여야 하는 경우에는 법률속기가 필요하다.

② 정확성과 신속성이다. 법률의견이나 소송, 변호에 관한 사항, 계약서, 규정 등이 모두 절대적인 정확성을 필요로 하는 문서이므로 비서의 업무수행에 있어서 정확성이 매우 중요하며 가능한 한 신속하게 처리해야 한다. 정확성과 신속성을 동시에 갖추었을 때만이 고객에게 만족스러운 결과를 제시할 수 있다.

표 17-4 Time Sheet의 예

TIME SHEET

NAME　　　　　　　　　ATTY #　　　　DATE

CLIENT NAME	MATTER NAME OR FIRM TIME DESCRIPTION	DESCRIPTION OF WORK	TIME	
			HOUR	TENTHS
		TOTAL BILLABLE HOURS		
		TOTAL NON-BILLABLE HOURS		
		TOTAL HOURS		

③ 법률이나 시사적인 지식을 풍부히 지녀야 하며 법률수속 등에 관하여도 광범위한 지식이 요구된다. 자주 쓰이는 법률용어나 개념 등에 관하여 반드시 관련 서적을 찾아보거나 전문가에게 문의하여 알아둠으로써 보다 더 효율적인 업무처리가 가능하며 처리하고 있는 업무의 중요성이나 목적, 의미를 정확하게 파악할 때에 보다 더 창의적이고 완벽한 업무수행이 가능해진다. 이는 나아가 장기적 관점에서 자기계발에도 도움이 된다.

④ 조직적인 파일관리에 능숙해야 한다. 법률사무소에서 위임받아 수행하는 모든 업무는 그 자료를 체계적으로 보관하여 언제라도 고객이 원하거나 사무소에서 필요로 할 때 제시할 수 있어야 한다. 특히 어느 기관을 대행하여 수행한 법적 절차나 승인문제에 관한 것은 반드시 증빙으로서 잘 관리하여야 한다.

⑤ 그 이외에도 정보수집 및 처리기법에 관하여 항상 최신의 것을 익히고 있어야 하며 침착성, 논리성, 주의력, 빠른 두뇌회전 등이 요구된다.

(3) 비서의 직급별 업무 분장

1) Chief Secretary 또는 Executive Secretary

대표변호사의 비서로서 비서실장 급에 해당하며 비서역할과 총무부장이나 인사부장의 역할을 겸한다고 볼 수 있다. 법률사무소를 운영하는데 필요한 전반적인 관리를 책임 맡아 수행하게 된다. 웬만한 규모의 법률사무소에서는 부문별로 분화가 되어 있지 않는 것이 보통이기 때문이다. 그러나 법률사무소의 규모가 확대되면 보통 총무부장이나 인사부장 등의 직책이 주어지게 된다.

기본적으로 대표변호사의 비서로서 업무를 보좌하며 그 외에 아래와 같은 업무가 추가로 부여된다.

① 인사 관련 업무 : 변호사를 제외한 일반 직원들의 채용, 급여, 인사고과, 직원들의 통솔 및 관리, 교육 · 훈련의 계획 수립 및 실시

② 총무 관련 업무 : 사무실의 시설관리 및 유지 · 보수, 판촉 및 홍보 관련 업무, 보험업무, 비품구입 및 관리

③ 사무자동화 관련 업무 : 컴퓨터 시스템의 설치 및 유지관련, back-up(보관본) 및 각종 소프트웨어 및 하드웨어 관리

④ 파일 및 자료관리 : 각종 자료 및 도서의 주문 및 구독신청, 파일관리

⑤ 기타 : 종합법률사무소에서 발생되는 각종 관리업무 전반에 대하여 총체적으로 관할하여 책임지고 처리

2) Secretary

Chief Secretary나 Executive Secretary를 제외한 대부분의 비서들의 업무는 다음과 같다. 비서들의 경력에 따라 Senior Secretary 와 Junior Secretary로 구분된다.

변호사들이 수행하는 모든 업무를 보좌하며 전 과정을 통하여 상당한 정도의 책임감과 일일이 지시하지 않아도 알아서 처리할 줄 아는 능력이 있어야 한다. 예를 들어 법률조항을 워드프로세싱 하던 중 어느 한 조항의 번호가 수정되게 되면 뒤에 나오는 조항들이나 언급되는 조항번호 등을 모두 검토하여 그에 따라 자동적으로 바뀌어야 하는 부분들을 비서가 모두 점검하여 고칠 줄 알아야 한다. 변호사들은 그런 사항까지 검토할 시간적 여유가 없기 때문이다.

① 법률서류 작성을 위한 워드프로세싱을 기본으로 문서의 사본을 준비하여 배부하고 발송하며 사후처리(follow-up)를 담당한다.
팩스의 송・수신 업무 등도 처리한다.

② 변호사 수임료 청구(billing) 관련 업무 : 고객에게 청구서를 보내기 위해 필요한 변호사들의 timesheet를 정리, 분류, 집계한다.

③ 파일링 : 비서들이 주로 처리하는 파일링 업무는 주로 다음과 같이 분류되어 있다.

- Client file(고객 파일)
- Administrative file(인사 및 관리 파일)
- Personal file(개인 파일)
- Promotional file(업무촉진 파일)
- Subject matter file(주제별 파일)

④ 정보검색 및 자료조사 : 민감하고 중요한 정보는 변호사들이 직접 입수하는 편이고 그에 따라 필요한 참고자료나 정보들을 검색하고 조사하는 일을 비서들이 수행하게 된다.

⑤ 간단한 메모나 편지의 초안 작성 : 변호사가 내용의 요지를 설명해 주면 그에 따라 적절한 양식에 맞추어 초안을 작성하여 변호사에게 검토를 받아 최종적으로 완성시킨다.

⑥ 기타 비서의 일반적인 업무

(4) 종합법률사무소에서 비서직의 장·단점

1) 장 점

① 구조적 특성상 거의 모든 비서가 서류를 중심으로 업무적인 보조를 주로 하는 편이며 일반 기업에서의 임원 비서와 같은 주변적인 일, 개인적인 일을 처리하는 경우가 비교적 드물다. 따라서 전반적으로 전문직으로서 인식이 되어 있어 전문인으로서의 긍지를 가지고 일할 수 있다.

② 비교적 근무시간이 정확한 편이며 시간외 근무나 야근 시에는 시간외 수당이 지급되며, 통상적으로는 이를 별도로 전담하는 비서가 따로 있다.

③ 법률사무소에 따라 다소 차이가 있으나 비교적 예속되지 않는 성격으로 휴가 등 개인적 스케줄 관리가 용이하다.

2) 단 점

① 일반 기업의 경우와 달리 조직이 매우 단순하고 수적으로 제한되어 있기 때문에 조직 내에서 이동의 폭이 좁은 편이다.

② 법의 보수적인 특성 때문에 변호사와 일반 관리직간에는 커다란 격차(gap)가 있으며 이것은 경력으로 극복할 수 없는 영역이다. 따라서 스텝은 영원한 스텝일 뿐 핵심인물은 될 수 없다는 한계가 있다. 그러나 일부 적극적인 사람들은 법률사무소에 오래 근무하다가 법과대학이나 대학원에 진학하여 법률가가 된 경우도 있다.

③ 변호사라는 직종이 우리나라에서는 소위 엘리트 계층이기 때문에 그 내부에서 근무하는 비서들도 역시 유능하고, 다루는 문서도 거의 모두 영문이기 때문에 영어실력 면에서도 상당한 사람들임에도 불구하고 그에 대한 인식이나 인정하는 면에서 상대적으로 인색한 편이어서 사기가 저하될 경우가 있다.

☞ 사례

종합법률사무소 비서의 업무진행 모습

K법률사무소는 일반적으로 사람들이 알고 있는 민·형사 사건을 주로 다루는 단독 변호사 사무실이 아니라 각 분야의 법률을 전공한 국내 및 국제변호사들이 Partnership 형태로 조직을 구성하여 국내·외 기업들을 상대로 국내 및 국제 법률문제 전반에 걸쳐 광범위한 법률자문을 제공하고 있는 종합법률사무소(Law Firm)이다. 법률자문(advice)뿐 만 아니라 필요한 경우 소송(litigation) 및 중재(arbitration) 업무도 수행하고 있다. 대부분의 경우 고객이 요구하는 시한(time limit)을 정확히 지켜주어야 하기 때문에 늦게까지 일하거나 밤을 새우는 경우가 종종 있으며 필요하면 휴일에도 출근해야 한다.

현재 이 법률사무소는 2-3명의 변호사들이 팀을 이루어 업무를 수행하기 때문에 기본적으로는 비서 1명이 변호사 2명을 보좌하는 형태이지만 커다란 프로젝트를 맡아 단기간에 빨리 수행해야 하는 경우 자신의 담당변호사의 업무관여 여부와 상관없이 모든 비서가 업무를 분담하기도 한다.

이 법률사무소는 최근 국내의 대기업으로부터 법률자문의뢰를 받았는데 외국의 유명회사와 계약을 체결하는데 있어 협상에 참여하여 상대방 회사의 임원 및 변호사와 수십 페이지에 달하는 계약서를 작성해야 했다. 대부분의 경우 변호사만 참여하는 것이 상례이지만 이 경우는 비서도 함께 회의에 참석하여 Negotiation Status Report(일종의 회의록)를 작성하여야 했다. 노트북 컴퓨터를 앞에 놓고 계약서의 한 조항, 한 조항이 협상(nego)될 때마다 각 조항의 상황을 표를 만들어서 정리하여야 했는데 합의(agree)가 이루어지지 않은 조항의 경우는 추후 재협상을 위하여 양측이 주장한 내용을 간략하게 요약하여 정리해두어야 했다.(물론 회의는 영어로 진행되었다). 회의는 여러 날에 걸쳐 진행되었으며 담당비서는 고객의 회사로 계속 출장을 나가 업무를 수행하였다. 1차 회의가 끝난 후 다음 협상을 위하여 바로 계약서를 출력하여 검토한 후 양측에 제공한 것으로 비서의 업무는 마무리되었다.

연습문제

1. 법률기관에서 주로 사용되는 전문용어에는 어떠한 것이 있는지 조사해 보자.

2. 법률기관에서 사용되는 문서서식을 구해 보자.

18 의료기관의 비서

18.1 개요

의료기관에는 개인병원을 비롯하여 종합병원, 대학병원, 의학연구소, 보건소 등 많은 기관들이 포함된다. 이들은 그 형태나 규모, 운영방식에는 차이가 있으나 궁극적으로 인류의 보건문제를 다루고, 또 그의 향상을 추구한다는 점에 있어서 그 목적을 같이 한다.

본 장에서는 이러한 조직들 중 가장 복합적인 기능을 하고 있는 종합병원의 조직을 중심으로 하여 그 조직에서의 비서의 역할에 대하여 공부하고자 한다.

전통적으로 병원은 '환자를 수용 · 치료하는 곳'이라는 개념으로부터 오늘날에는 '예방과 치료를 포함하는 포괄적인 보건의료 전달체계의 일부'로서 사회복지적 관점에서의 이용이 확대되고 있으며 이는 경제생활의 성장발전, 사회복지정책의 실현, 의료보험제도의 보편화를 통해 더욱 활발해질 전망이다. 결과적으로 보다 많은 사람들이 수적, 재정적으로 병원과 관계를 갖게 된다.

(1) 병원의 기능

오늘날 병원의 바람직한 기능은 환자를 위한 가능한 모든 분야가 연결되어야 하며 예방을 위시하여 진단, 치료, 재활, 교육 및 연구조사 등의 모든 활동이 환자를 중심으로 이루어져야 한다. 따라서 이와 같은 기능을 수행하기 위해서는 의사, 간호사, 의료기사 및 행정관리직 등이 상호 유기적인 관계를 맺어야 한다. 따라서 현대의 병원은 지역의 종합적인 건강관리사업의 실현을 위한 조정의 역할을 해야 하며 나아가 의학의 과학기술적 발전을 위한 실습교육장으로서의 소임도 아울러 가져야 할 것이다. 앞으로 우리나라의 의료 및 병원의 합리적인 운영은 의료부문과 병원행정부문에 유능한 의료인과 전문요원이나 행정지도층을

양성하여 보다 나은 환자들의 관리를 위한 의료행정을 능률적으로 수행할 수 있으며 이를 위하여 의료인과 의료행정요원의 이해와 협조가 무엇보다도 크게 요청된다.

병원운영은 직접 인간의 생명을 다루는 다른 어느 곳에서도 찾아볼 수 없는 영역을 다루고 있으므로 성공적인 병원운영이란 일반적으로 인정되는 경영의 합리화를 위한 기술적인 능숙함, 즉 기계적인 관리만으로는 이루어 질 수 없다. 즉, 한 사람의 입원환자가 치료받기 위해서는 의사, 수련의, 간호사, 검사요원, 기사, 약제사, 조리사, 청소부, 각계의 행정요원 등 각 직종의 수없이 많은 사람들이 관련되게 되며 그 중 단 한 사람에게서도 착오가 생기지 않아야 한다. 따라서 연결되어지는 각 과정마다 의사전달이 정확히 이루어져야 함은 물론 각자가 주어진 상황에서 최선을 다하여 한 순간도 마음을 놓거나 적당히 처리되어서는 안 되는 것이다.

(2) 현대사회에서 병원의 추세

1) 수요의 고급화

소득수준이 향상됨에 따라 의료서비스에의 수요도 고급화하여 종래 생명유지를 위한 최소한의 치료위주에서 보다 여유 있는 문화생활을 유지하기 위한 의료수요가 증대되고, 병원 내에서의 물리적 서비스에 대하여도 호텔급과 같은 병실운영을 요구하는 등 우수한 서비스를 요구하게 됨에 따라 전문화된 인력의 질적, 양적 확보가 요청되고 있다.

2) 자본의 고정화

의료기술의 발달에 따라 고가의 첨단 의료장비들이 출현하고 이러한 장비를 갖추고 있는 병원에 대한 환자들의 수요가 증대됨에 따라 시설의 고급화를 위한 고정시설에의 투자가 계속적으로 증가하여 고정비의 지출을 증가시켜 의료 원가의 상승요인이 되며 전문적 경영이 필요하게 되었다.

3) 다양한 전문직종의 집합

종래 의사와 간호사 중심의 의료행위가 점차 전문화되고 분리되어 약제, 방사선(진단방사선, 치료방사선으로 분리), 병리검사 등으로 세분되는 등 조직적이고 전문적으로 병원을 유지・관리하기 위하여 그 외에 수없이 많은 직종이 필요하게 되었다.

4) 복지정책의 수행

국가의 시책에 따라 국민의 의료보험, 의료보호 등 복지정책의 실시로 의료수가의 통제가 강화되고 있고 공익기관으로서의 병원의 개념이 강조되고 있다.

5) 의료 정보화

다른 업종에서와 같이 의료부문에도 정보화가 도입되고 있다. 그 중에서도 가장 대표적인 것은 환자의 예약에서부터 접수, 진료, 약의 조제, 진료비 청구지시, 식단관리, 입・퇴원 등 의료서비스 및 원무일체와 인사, 구매-조달, 회계, 의료보험 등 병원운영 및 경영과 관련된 모든 업무를 포괄하는 의료정보시스템(MIS : Medical Information System)을 운영하기에 이르렀고 거기에다 최신의 의학정보 및 연구결과를 담은 의료정보망(Med-line)을 별도로 구축하여 MIS와 연계시켜 운영하고 있다. 더욱이 X-레이, CT, MRI 등 각종 영상기기로 찍은 사진들을 컴퓨터로 저장, 관리하는 첨단장치(의료영상 저장전송 시스템, PACS)까지도 운영함으로써 간호사들이 환자의 각종 영상기록들을 찾으러 이방저방 다니지 않아도 되고, 각종 의료지시 및 처방전 등도 전산망을 통해 전달됨에 따라 환자들도 필요 이상의 시간낭비를 줄일 수 있게 되었다. 또한 환자와 의사가 멀리 떨어져 있더라도 첨단의료-통신장비를 이용하여 병을 진찰하고 처방을 내리는 원격의료 시스템이 실용화되고 있다. 이것은 진료뿐만 아니라 의사와 간호사에 대한 교육에도 활용이 가능하며 새로운 의학정보의 교류가 촉진되고 의료장비와 의약품 등의 효율적인 관리에 큰 도움이 될 것이다.

또한 환자의 병력, 진료기록 등을 카드 1장에 담을 수 있는 「광카드 시스템」이 도입됨으로써 환자들이 병원을 옮길 때마다 중복하여 처음부터 다시 실시하는 각종 검사, 사진촬영 등을 생략할 수 있게 되었다.

(3) 병원조직의 특성 및 구분

1) 병원조직의 개념

어떠한 조직을 막론하고 그 조직의 가장 중요한 요소는 인간의 존재일 것이다. 병원은 전문적 인력과 시설을 가진 복잡한 조직으로서 진료서비스를 제공하기 위하여 의료인력과 그 보조인력들이 모여 각기 일정한 행동규범에 따라 업무를 분담하여 수행함으로써 환자를 진료하는 가장 다양하고 복잡한 전문인력들로 구성된 조직이다. 이러한 병원조직은 거의 모든 사람들에게 직접, 간접으로 편익을 주는 의료・연구 및 교육기관으로 발전해 왔으며[17] 지역체와 분리시켜 생각하던 종래의 의미와는 달리 이제는 지역체의 보건위생의 중심적 역할을 담당하게 된 정도로 오늘날 병원조직은 사회조직 중에서 현대 생활의 중요한 영역을 차지하고 있다.

2) 병원조직의 특성

병원조직이 각기 다른 전문성으로 인하여 복잡한 구체적 이유는 다음과 같은 문제들로 살펴볼 수 있다[18].

① 병원조직이 추구해야 하는 목적에 상위성이 내포되어 있어 명확한 조직목적의 설정이 어렵고 목적기능인 진료의 특성 때문에 계량적인 목표설정이 곤란하다.

② 조직 내의 구성원 개인과 하부조직단위의 목적이 다양하다. 즉, 병원 구성원은 환자진료교육, 호텔과 같은 서비스, 어려운 진료행위 과정에 각기 다른 양태로 참여하거나 책임을 지고 있다.

병원조직은 【표 18-1】에서와 같이 횡적인 층(Stratum)형식의 기능조직(Matrix)의 형태를 갖추고 있다.

---

17) Wolf V. Heydebrand, Hospital Bureaucracy (NY : Dunellen, 1973), p 21.

18) 정두채,「병원조직과 시스템개념」, 대한병원협회지 (1982, 4), pp 23~24.

표 18-1 병원 진료부문 조직

		진료부장		
		외과과장	내과과장	소아과과장
	의국장	의사	의사	의사
		병동	병동	병동
관리부장	의국장	의사	의사	의사
	간호과장	간호원	간호원	간호원
	마취의	수술실		
	X 선의	X선	X선	X선
	임상병리의	검사실	검사실	검사실
	의무기록사	의무기록	의무기록	의무기록
	영양사	급식	급식	급식
	약국장	약국	약국	약국
	사무장	사무	사무	사무

③ 구성인력이 다양하다. 즉, 병원조직에는 고도의 숙련기술 지식 인력으로부터 교육을 받지 못한 단순노무를 하는 인력에 이르기까지 수준이 각기 다른 인력들이 협동하여 일하는 조직체이다.

④ 병원조직의 대부분 업무과정에서 구성원은 두 가지 이상의 계층에서 지휘를 동시에 받는다. 즉, 관리자로부터 관리적 통제를 받으면서 동시에 의료에 관한 책임을 지고 있다.

⑤ 병원조직이 산출해 내는 서비스의 진정한 척도를 표출하기 어렵다.

이러한 현상들은 의료와 그 보조적 기술이 더욱 발전되고 복잡해짐에 따라 해결되기 어려운 난점으로 부각되어 병원조직의 운영이 어려워진다.

특히 병원구성인력의 전문성은 협동적인 경향보다는 자기 지향적인 태도로 나타난다. 더욱이 전문 인력과 일반 관리실무 인력간의 괴리는 의사소통의 단절의 우려를 내포하고 있다. 따라서 쉽게 융합되기 어려운 이질적인 측면을 지니고 있는 것이 병원조직의 구조적 특성이라 하겠다.

3) 병원조직의 구분

병원조직을 전문화된 기능별 구조에 따라 구분한다면 대체로 진료부문(협의의 진료부문 ; 진료 각과), 진료보조부문, 간호부문 및 행정 관리부문의 네 가지 부문으로 구성된다고 볼 수 있으며, 이들은 원활한 병원업무의 달성을 위하여 상호협조관계 내지 상호의존관계에 있다고 볼 수 있다. 따라서 현대의 병원은 많은 전문적인 요원을 필요로 하며 그들의 서비스가 병원기능의 주요한 부문을 이루고 있다. 이와 같이 각 전문직업인들은 자기 분야에 대해서는 고도의 지식과 기술을 가지고 있지만, 병원운영의 전반 분야에 대하여는 충분한 이해를 하지 못하는 실정이며 복잡한 명령, 지휘계통으로 인해 스트레스를 받게 되어 갈등이 생기게 된다.

표 18-2 **병원조직 기구도**

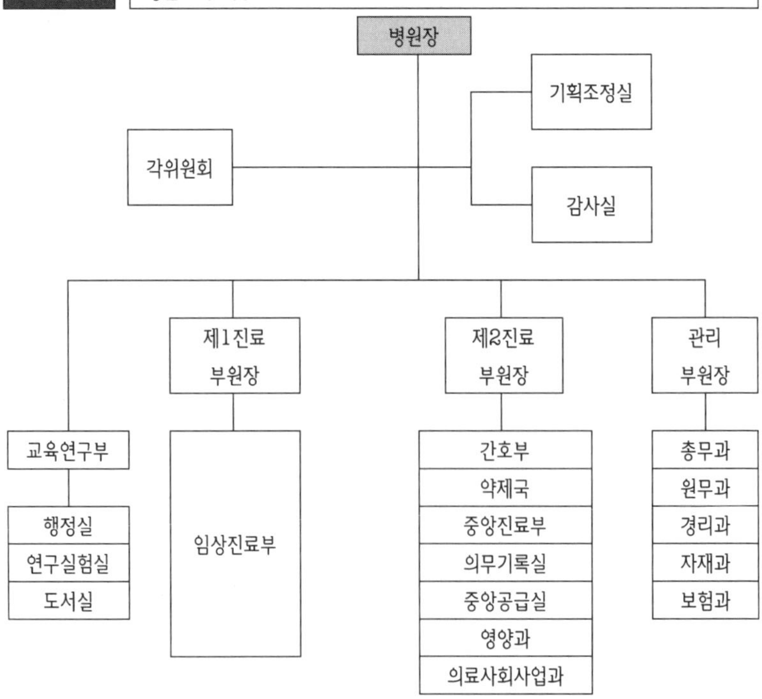

어떠한 조직에서도 불화와 갈등은 정도의 차이는 있으나 존재하기 마련이며, 극단적으로 갈등은 조직을 파멸시킬 수 있는 비 유지기능을 지니고 있는 경우도 있다. 병원조직이 내포하고 있는 갈등은 병원조직이 다른 어느 조직보다 광범위한 전문직으로 구성된 노동집약 형태의 조직으로서 기술적, 전문적 개별성이 항상 존재하고 있기 때문이다. 불화·갈등의 원인으로서 가장 심한 요인으로 지적되는 점은 인간적 대우의 결여와 권위의식의 팽배라는 점이다.

이상과 같은 갈등은 병원조직의 목적을 원활히 달성하기 위하여 조속히 해결되어야 하는데 그 해결 방법으로서 병원관리자의 리더십과 조정의 역할이 대단히 중요한 것이다.

(4) 병원관리자의 역할

병원관리는 일반 경영관리에 공통적으로 존재하는 문제의 이해에 바탕을 두고 각 병원 관계분야의 고유한 특수전문지식 및 기술의 이해를 필수조건으로 한다.

1) 갈등치유자의 역할

병원관리자는 합의된 목표달성을 위하여 민주적 리더십을 발휘함으로써 갈등당사자들을 회유·설득함으로써 자발적 협조를 유발시켜야 한다. 조직목표 달성에 장해요인이 되는 것을 파악하고 참모와 일선의 병원인들의 의견을 모두 수렴할 수 있어야 한다.

2) 의사소통을 개선·촉진한다

각 부문간의 원활한 업무협조를 위해 당사자간의 이해부족이나 오해에 따른 갈등을 해소하는 방법과 병원조직구성원에 대하여 사명감을 깊이 인식시키거나 동기부여, 호소하는 방법 등이 있다.

3) 경영자로서의 역할

병원조직이 대형화, 다양화됨에 따라 병원조직도 운영의 효율화, 체계화가 필요하게 되었다. 의료서비스의 질적 향상은 물론이거니와 병원의 재무, 회계 관리 원칙 하에 의료비 구성 시 과학적 근거에 의해 산출하는 등 체계적인 전문경영관리가 필요하게 되었다. 궁극적으로 양질의 의료서비스를 가능한 저렴한 수가로 계속적으로 제공하는 것이 목표라 할 수 있겠다.

4) 교육관리자로서의 역할

병원의 주요기능 중의 하나가 교육기능이다. 인명을 다루는 의료계에서 끊임없는 학문탐구 및 의료정보의 입수·관리는 빼놓을 수 없는 중요한 영역이다. 각 부문별로 이루어지는 교육기능을 총괄하고 계획하며 여건을 조성해 주는 역할이 병원관리자의 중요한 임무의 하나라 하겠다.

18.2 의료기관의 비서

(1) 비서의 역할

의료기관에서의 비서직은 크게 세 가지로 분류할 수 있다. 주로 조직 내의 조정, 통제 등 관리와 대외적 업무를 주로 담당하는 관리자의 비서와 각 의사들을 보좌하는 비서, 진료과에서 주로 행정관리업무를 담당하는 진료과 비서이다.

1) 진료과 비서

임상 각과에서는 외래 및 입원환자와 관련된 모든 진료업무를 담당하며 의학에 관련된 모든 연구업무 및 의사, 간호사 또는 진료업무에 관련된 인원에 대한 교육기능을 수행하고 이러한 기능들을 유지하기 위한 관리업무(예산 및 서류관리, 문서수발, 공문초안, 손님·전화응대 등)를 담당한다. 이러한 모든 기능이 원활히 수행되기 위해 비서의 행정관리능력이 뒷받침되어야 하고 임상 각과에서 근무하는 비서는 의료보조인(Physician Extender)으로서 의사의 업무영역을 넓힐 수 있으며 능률을 높일 수 있는 보조자로서 기능을 갖는다.

◈ 비서의 주요역할

① 진료과 스텝진의 스케줄 관리에 있어서 비서의 능동적 참여가 요망된다.

· 현장중심의 스케줄 관리 : 합리적이고 실제상황에 적합한 스케줄을 작성하도

록 노력한다.

- 시간관리 : 철저한 시간관리로 스텝진의 업무영역 확대와 수행의 효율성을 제고해야 한다.
- Picture Memory : 과의 일상 업무와 스텝의 동정을 항상 머리 속에 그리며 추적하고 있음으로써 언제라도 연락이 될 수 있어야 한다.

② 서류관리와 데이터베이스 관리

- 컴퓨터의 각종 프로그램의 사용에 관하여 숙달하도록 한다.
- 각종 공문서 등 서류의 작성 및 관리에 정확을 기한다.

③ 이미지 관리

- 소속기관과 해당과의 이미지 관리자로서 역할을 인식해야 한다.
- 바람직한 대인관계를 통해 자신의 이미지와 업무효율을 높이도록 노력한다.

④ 업무진행 결과추적

- 모든 업무는 진행상황 및 결과를 항상 추적관리 하여야 한다.
- 상사의 업무지시를 정확하게 이해했는지를 확인해야 한다.
- 의문사항에 대하여 무엇이든지 상의하도록 한다.
- 중간보고를 하여 업무진행이 올바르게, 신속하게 진행되고 있는지를 점검해야 한다.

2) 의사를 보좌하는 비서

의사에게 소속되어 그들의 업무수행에 차질이 없도록 뒷받침하는 비서로서 의사는 환자진료, 교육, 연구의 업무를 수행하게 된다.

◈ 비서의 주요역할

① 학문교류(communication)의 보조 : 국내·외 서신이나 팩스의 작성 및 송부, 의뢰환자에 대한 회신서(consult report), 녹음된 정보의 문서화(transcription) 등 의사의 학문적 연구교류활동을 돕는다.

② 학회지, 논문출판(publication)의 보조

- 문헌조사 및 복사
- Medline Search (의학정보센터)의 숙지
- 슬라이드, OHP 등 시청각교재의 제작

· 논문제출 계통의 숙지

· 기타 : 시청각 교육 · 출판자료 준비

③ 교육자료의 준비, 회의준비: 수련의 및 의료 보조인들을 교육하기 위한 자료를 준비한다.

④ 컴퓨터 취급능력과 소프트웨어의 숙지 : 워드프로세서는 물론 슬라이드 제작에 필요한 Power Point, Persuasion , Graphic 프로그램인 Cricket graph, 스프레드시트 작성용 MS Excel 등을 능숙하게 사용할 수 있어야 한다.

⑤ 기본적 의학용어와 자주 실시되는 검사종목에 대한 이해 및 파악이 필요하다.

⑥ 행정능력보강

· 입원환자 및 외래예약환자의 기록을 출력하고 배부하는 등 관리한다.

· 업무흐름에 대해 숙달하도록 한다.

· 의료비 등 재무관리활동을 보좌한다.

· 타부서와의 연락이 원활하게 될 수 있도록 배려한다.

⑦ 환자의뢰서(Consult Sheet)의 접수 및 그 회신의 적절한 전달

⑧ 일정관리 : 시간약속 등 일정관련 업무를 처리함에 있어서 우선순위를 원내, 원외, 공무, 사무, 친지의 순으로 처리한다.

⑨ 메모의 접수 및 전달

⑩ 개인비품, 사무실용품점검

3) 병원관리자의 비서

병원에서 관리자를 보좌하는 비서에게는 이상 언급한 비서의 역할 이외에 병원의 최고 관리자의 역할에 따라 부여되는 임무가 몇 가지 있다. 즉, 병원에는 원장과 그 산하에 의료부문을 담당하는 부원장, 관리부문을 담당하는 부원장으로 구성되며 각기 부원장들은 소관부문의 업무를 관장하게 된다. 앞서 언급하였듯이 대내적으로 각계각층의 의견을 수렴하고 통합하여 갈등요인을 제거하고 동기부여 하여 원활한 조직운영을 도모하는 것이 그들의 가장 중요한 역할임을 고려할 때, 이러한 최고관리자의 비서는 조직구성원들과 관리자간의 가교역할을 훌륭히 수행해야 한다. 소외된 계층이 없는지, 불만사항이 무엇인지, 격려를 해야 할 사람들이 누구인지, 또 개별적으로 중요한 일이 있는 사람이 있는지, 항

상 조직 내에서 귀를 열고 다님으로써 그러한 사항을 파악하여 건의하고 제안함으로써 모든 조직구성원들이 항상 소속감을 느낄 수 있도록 하고 문제점을 개선할 수 있도록 한다.

병원관리자의 비서는 대외적으로 이미지 관리자여야 한다. hospitality를 몸소 실천함으로써 조직과 외부환경과의 관계에 있어 일조를 하여야 할 것이다. 외부로부터의 문의에 항상 친절하게 최선을 다하여야 함은 물론이고 실제로 도움을 줄 수 있어야 한다. 병원 내에 입원하고 있는 환자들 중 원장이 돌보아야 할 환자들의 근황에 대하여 미리 알아보아 간략히 보고 드림으로써 시간을 절약해 드리고, 어려운 수술을 성공적으로 마쳤다던가, 기타 격려할 사항들에 관하여도 조사·보고함으로써 효율적 운영관리가 가능하게 할 수 있다.

(2) 비서에게 요구되는 자질

① 의료기관에서의 비서는 의료인의 한 사람이어야 한다 : 비록 의학적 전문지식은 갖추지 못하였지만 조직 내에서 각 부문간의 의사소통, 연결을 원활하게 처리하고, 환자의 상담(counseling) 역할도 어느 정도 수행할 수 있어야 하겠다. 즉, 어떤 환자가 자기의 아픔, 고통을 이야기할 경우 어느 과에 가서 어떤 절차를 밟으면 된다는 것을 안내할 수 있는 정도는 필수적으로 요청되는 것이다.

② 투철한 사명감이 있어야 한다 : 의료기관은 사람의 생명을 다루는 기관이므로 병원에서의 맡은 바 책임완수는 그 어느 것에도 우선시 되어야 하며 원칙은 반드시 준수되어야 한다.

③ 비밀 준수에 관한 사항이다 : 공적, 사적으로 환자의 신상에 관한 사항을 다루게 되는 데에서 비롯되는 것으로 어떠한 경우에도 환자의 신상에 관한 사항을 누설해서는 안 된다.

보다 효율적인 업무수행을 위하여 끊임없이 의학 관련 정보를 입수하여 공부하며 기본적으로 알아야 할 각과의 의료영역 등에 대해서, 각종 검사용어, 처방전, 약품이름 등에 대하여는 그 용도나 어떤 병에 요구되는 사항인지 정도는 분별할 수 있어야 하겠다. 또한 새로 나온 최첨단 의료기기가 어떤 질병을 치료하기 위한 것이며, 어느 병원에 설치되어 있는지 등에 대하여도 항상 주의를 기울일 필요가 있다.

☞ 사 례

신속·적절한 조치로 위급환자를 도운 병원장의 비서

2003년 봄 어느날 아침 Y박사님과 동기동창 관계로 평소 잘 알고 지내던 K교수께서 아침 출근시간에 전화를 하셔서 Y박사님을 찾으셨다. Y박사께서 출장중이라고 말씀드리자 급히 K교수께서는 "그럼 Mrs. Kim에게 의논을 좀 하자" 하시면서 새벽부터 가슴에 통증이 심하게 온다면서 어떻게 해야할지 하소연 하셨다.

비서인 Mrs. Kim은 먼저 대강의 증세를 확인하고는 (증세 : 가슴이 조이는 듯한 통증, 기운이 빠지고 숨이차고 속이 메스껍고 식은땀이 남) 빨리 응급실로 오시도록 말씀드렸다. "아무 걱정 마시고 일단 병원으로 오십시오. 병원까지 오시는데 얼마나 시간이 소요되실까요?" 하고 여쭈어 본 후 출발을 서두르도록 하고 전화를 끊었다.

Mrs. Kim은 K교수의 증세가 심장병의 일종인 협심증인 듯싶어서 우선 순환기내과 전문의께 연락하여 환자의 지금 상태를 간단히 설명드리고, 둘째로는 응급실 간호사실에 환자의 상태를 설명 드리고 환자가 도착하면 즉시 순환기내과 OOO의사에게 연락드리도록 부탁을 했다. 셋째로는 입원할 수 있도록 병실준비를 하고, 넷째로는 호흡장애가 심할 경우를 대비하여 심장환자가 입원하는 중환자실 병상도 준비되는지를 확인하고 기다렸다.

약 30분 후 응급실에 도착한 K교수는 심장전문 의사와 빠른 시간 내에 만나 몇 가지 기본검사 확인후 심장환자가 입원하는 중환자실로 입원, 정밀검사를 받은 후 흉부외과에서 수술을 받았다. 그 후 K교수는 빠른 속도로 회복하여 퇴원을 했고, 지금은 사회인으로서 정상적인 활동을 하고 있다. 생사가 위급한 상황에서 비서의 올바른 판단과 신속한 대응책이 얼마나 중요한지를 실감하게 하는 사례이다.

연습문제

1. 의료기관에 종사하는 사람들의 직업윤리는 어떠한 것인지 조사해 보자.

2. 종합병원의 비서들을 방문하여 그들의 실제경험에 관하여 들어 보자.

3. 종합병원에서 비서들을 교육하기 위해 마련해 놓은 자료를 구하여 좀더 깊이 공부해 보자.

19 정치기관의 비서

'국회의원비서'라 하면 우리 귀에 매우 친숙한 단어라 생각된다.

동시에 여비서보다는 남자비서를 떠올리게 되는 것도 사실이다. 즉, 국회의원에게는 필히 의원의 임무 중 커다란 비중을 대행하는 남자비서가 있다는 것이 타 직종과 가장 크게 다른 점이라 할 수 있다. 가장 대표적인 정치기관으로 입법기관인 의회의 의원비서를 중심으로 살펴보기로 한다. 지방자치제의 실시로 인하여 지방의회가 구성됨에 따라 이에 종사하게 되는 비서의 수도 점차 증가될 전망이다.

19.1 개요

우리나라에서 입법보조기관의 발전상황을 살펴보면 제12대 국회에 들어서면서부터 의원 개인비서진에 대한 관심이 고조되어 확대 개편되어 왔다고 할 수 있다. 이제 우리나라는 전국적으로 지방자치제의 실시를 계기로 이러한 입법기관의 비서진의 위상에 대한 이론 및 실무적 차원에서의 체계적 검토가 절실히 요청된다고 본다.

국회의원 비서진들이 담당하는 막중한 역할에 비하여 선진국과는 비교할 수 없을 정도로 연구가 미미한 편이나 그래도 기업을 제외하고는 다른 분야에 있어서는 거의 연구가 수행된 것이 없는 것에 비하여 비교적 의원 비서진에 관하여는 소수이나마 연구가 수행되기도 하였다. 이는 국회의원 개인비서진의 기관으로서의 역사도 짧을 뿐 아니라 기능상의 전문화나 고도의 기술화가 이루어질 시간적 여유가 없었고 연구조사상의 기술적 차원에서 보면 의원 개인 비서진을 비롯한 입법관료제는 일반적으로 자신들에 대한 연구조사 활동에 극히 민감할 뿐만 아니라 공개된 자료도 적고, 대개의 활동이 비공식 통로를 통하여 이루어지기 때문에 추적하기도 어려우며, 문서보다는 구두로 행해지는 의사소통양식 때문에 이들에 대한 정보의 수집이 손쉽지 않았기 때문이라 할 수 있다.

표 19-1 국회기구표

(2006년 5월 현재)

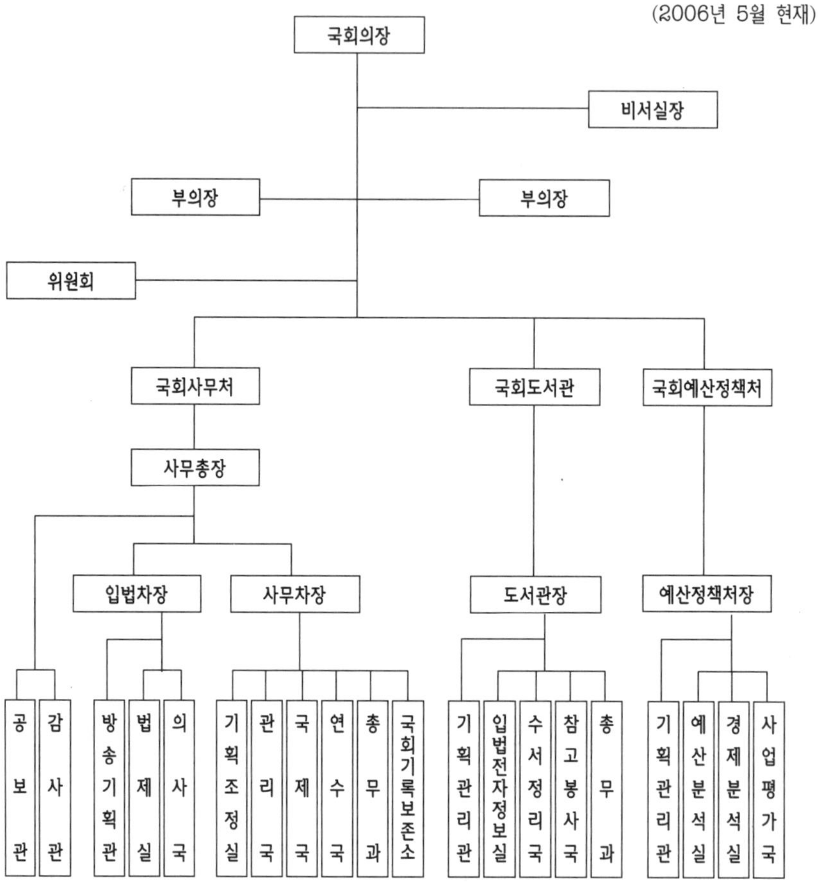

입법과정에서 어떤 역할이 이루어졌을 때 어디까지가 의원에 의한 역할이며, 어디까지가 의원 개인 비서진에 의한 역할인지를 구분해 내기가 사실상 어렵다는 점도 의원비서에 대한 연구의 어려운 점으로 지적될 수 있다.

(1) 입법보조기관의 필요성 및 역할

삼권분립의 원칙하에 정부기관 간에 견제와 균형관계가 유지되며 입법과정에서 사려 깊고 정확한 정책심의가 이루어지기 위해서는 사실(fact)이나 계수(data) 등에 대한 정교하고 신빙성 있는 입법정보의 투입이 적정하게 이루어져야 한다.[19)]

모든 입법보조기관은 입법정보의 수집, 분석, 정리, 제공에 직접·간접으로 기여하게 되어 있으며 입법보조기관에는 위원회 소속직원, 입법조사국 소속직원, 법제관 등과 같이 제도적으로 의회전체를 상대로 하는 기관과 의원의 개인비서진과 같이 정책과제의 선정이나 다른 의원에 의하여 제안된 법안의 정치적 파급효과에 대한 예측 등을 의원 각자에 대한 개별적 차원에서 보좌하는 기관으로 대별된다.

의회의 독립성을 확립하기 위해서도 입법보조기관은 질적·양적으로 확대되어야 하며 계속 증가하는 의원의 업무를 분담하여 줌으로써 의원으로 하여금 선거구민이나 이익단체 대표들과 접촉할 수 있는 시간적 여유를 확대시켜 줄 수 있다. 의원이 해결해야 할 여러 과제에 대한 효율적인 처리 순위를 정해줌으로써 의원으로 하여금 효과적으로 시간을 활용할 수 있게 한다.

19.2 국회의원의 비서

(1) 국회의원 비서진의 구조

국회의원 비서진은 의원 산하에 비서관 1명, 보좌관 1명, 비서 3명의 총 5명으로 구성되어 있고 이 5명의 비서들은 국가에서 별정직 공무원으로 취급하고 있으며 이들은 4년 동안만 법적으로 직위가 보장된다. 즉, 의원의 임기와 비서의 임기가 같다고 할 수 있다. 또한 국회가 열려 있는 동안 가장 바쁘고 그 외의 기간에는 비교적 덜 바쁜 편이다. 구조적 특성상 대외적 업무는 주로 비서관, 보좌관들이 수행하게 되고 여비서는 상대적으로 대내적인 보좌업무를 위주로 진행하게 된다.

19) William J. Siffin, The Legislative Council in the American States(Indiana, Indiana Univ. Press, 1959), pp 218~223.

표 19-2 국회의원 비서진의 구조

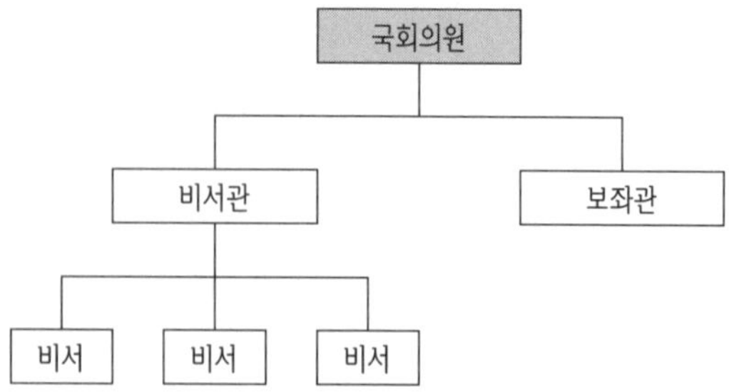

(2) 국회의원 개인비서진의 역할

국회의원 개인비서진은 "투표행위를 제외한 의원의 거의 모든 종류의 활동에 관여하는 현역의원보"[20]라고 일컬을 만큼 실로 다양한 활동에 관계한다. 즉, 의원 개인비서진은 의원의「수족」으로서,「분신」으로서, 또는「동료」로서 다양한 활동을 펴 나가는 것이다.

국회의원 개인비서진은 개인적 · 환경적 여건에 따라서 무척 다양한 역할을 담당하게 된다. 일반적으로 의원 개인비서진의 활동으로서, 의원과 위원회나 본회의에의 참석, 선거구민의 진정 · 고정 · 청탁 사항의 처리, 선거구민이 의회방문시 접대 및 안내, 로비스트나 이익단체와의 접촉, 대언론기관 접촉 및 대응, 본회의 및 위원회용 연설문 내지 질의내용작성, 법률안의 초안작성 및 내용분석 · 검토, 여론의 조사 · 취합 및 정리, 문의사항에 대한 답변 및 대응, 선거구민의 전화 · 서신 등 취합 · 정리, 정부간행물 배포, 경조편지의 발송 등을 분별해내고 이를 토대로 입법보조(legislative support), 대선거구민 봉사(constituency service), 교육 및 선전(education & publicity), 선거구민 봉사와 교육의 효과가 혼합된 활동(mixed constituency service & education) 및 기타[21] 등을 들 수 있다.

여기에 사실조사 및 행정통제, 선거구 정책사업의 유치, 이익단체나 여론조사기관의 질의에 대한 응답, 선거준비 및 운동, 의정활동에 직접적으로 관련되지

20) Susan Webb Hammond, "Personal Staffs of Members of the U. S. House of Representatives," Ph. D. dissertation, Johns Hopkins University, 1973, p278.

21) John S. Saloma III, Congress and the New Politics(Mass., Little Brown, 1969)

않는 연설문, 신문, 잡지 기고문 등의 대필, 단순 친교행위 등을 의원 개인비서진의 활동으로 추가하게 된다.

1) 대표 역할

대표역할이란 대선거구민 봉사활동과 의사소통의 연계활동, 홍보활동 등을 말하며 지역구민의 청탁, 고충, 진정 사항을 처리하거나 지역구의 주요 민원사항, 즉 공약사업의 실현이나 정부정책사업의 유치와 같은 대선거구민 봉사활동을 전개하는 일 등이다. 의원 개인비서진은 지역구민의 전화, 서신 등을 취합・정리하거나 일반적인 문의사항에 대하여 답변하고 대응하는 가운데, 그리고 여론을 조사하고, 취합・정리하는 작업을 통하여 기관으로서의 의원과 의원주변의 환경을 구성하는 제 세력집단 사이에서 쌍방향적 의사소통을 매개시켜 주는 중개자역할을 한다.

또한 국회의원 개인비서진은 지역구민의 서울 방문시 접대하거나 안내하는 가운데, 선거활동에 관련된 업무를 수행하면서, 또 의원의 의정활동을 홍보해 나가는 과정에서 의원의 대선거구민 이미지 관리와 이에 따른 상징화 작업을 수행하게 된다. 이러한 상징화 작업은 양자간의 '정보 격차'(imformation gap)를 감소시켜 줌으로써 의원 개인비서진의 대표성을 진작시킨다. 따라서 의원 개인비서진은 대표역할을 최우선적 과제로 여기는 셈이다.

2) 정책결정 역할

개인비서진은 의원과 의원의 주변 환경과의 경계연결구조(boundary- spanning)로서 의원에게 도달되는 입법정보를 수집, 정리, 분석, 평가하는 과정에서 이를 선별하게 되며, 자신이 가지고 있는 전문지식이나 분석능력을 토대로 조언하거나 충고함으로써 의원의 정책결정에 영향을 미치게 된다. 의원이 본회의나 위원회에서 행하는 연설문이나 발언내용을 작성하여 주거나 법률안의 초안을 작성하거나 평가・분석하여 주고, 의원과 위원회나 본회의 등에 참석하여 자문에 응하는 등 입법과정상의 의사결정에 직접적으로 영향을 미치고 있을 뿐만 아니라, 이러한 활동의 기초가 되는 사실조사나 현장답사를 통하여 입법정보를 수집, 정리함으로써 간접적으로도 정책결정에 영향을 미치게 된다.

3) 체제유지 역할

입법기관으로서의 의원을 실체적으로 또는 상징적으로 유지시켜 줄 뿐 아니라, 사적으로도 의원에 대해서 일신·종속적인 봉사를 함으로써 결과적으로 의원의 활동을 유지시켜 나가는데 기여한다. 하루의 일정을 작성하는 일에서부터 출타시 수행하는 행위, 경호 및 신변보호 등의 활동은 경우에 따라서 실체적으로 입법기관으로서의 의원의 활동을 제도화시켜 주는 효과를 가져 올 뿐만 아니라, 의원의 신분이나 지위 따위를 드러나게 함으로써 상징적으로도 입법기관으로서의 의원활동을 제도화시켜 주게 된다. 또한 의원의 사적 활동 유지에 필요한 잔심부름이나 신변잡사의 처리, 집안일이나 친척일을 거들어 주는 등의 활동도 사적 개체로서의 의원신분을 실질적으로 유지시켜 줄뿐만 아니라, 간접적으로는 이러한 업무의 대행을 통하여 의원으로 하여금 한정된 자신의 시간을 보다 더 유용하게 사용할 수 있도록 하는 등 의원 신분의 유지에 기여하는 것이다.

4) 비서진의 처리업무 빈도

【표 19-3】은 우리나라 12대 국회의원 개인비서진들의 활동을 그 빈도수에 따라 정리한 것이다.[22] 즉, 국회의원 개인비서진은 문의사항에 대한 답변 및 대응(3.279), 의원의 하루 일정 작성(3.260), 지역구민의 전화, 서신 등의 취합정리(3.157), 의정활동에 직접적으로 관련되지 않는 연설문, 신문, 잡지, 기고문 등의 대필(2.744), 의원의 잔심부름 수행(2.642), 여론의 조사, 취합 정리(2.611), 지역구민의 서울 방문시 접대 및 안내(2.599), 지역구민의 청탁, 고충, 진정사항처리(2.387), 선거활동에 관련된 업무의 수행(2.323), 경조사 등에 의원 대신 참석(2.244), 의원의 의정활동홍보(2.180), 대언론기관 접촉 및 대응(2.061), 의원의 출타시 수행(1.974), 의원과 위원회나, 본회의에 참석(1.855), 의원의 경호 및 신변 보호(1.833), 사실조사와 현장답사(1.690), 이익집단이나 압력단체와 접촉(1.632), 의원의 집안일이나 친척 및 신변잡사의 처리(1.583), 본회의나 위원회를 위한 연설문, 질의내용 등의 작성(1.552), 법률안의 초안작성, 내용분석 및 평가검토(1.530), 지역구를 위한 정부사업의 추진(공약사업의 추진)(1.482)등의 순으로 입법보조 활동을 펴나간다는 사실을 알 수 있다.

22) 박재창, 「한국의회 행정론」, 법문사, 1995, pp 225~227.

표 19-3 국회의원 개인비서진의 역할

	활 동 내 역	활동빈도[주)]
대표역할	·지역구민의 서울 방문시 접대 및 안내	2.559
	·지역구민의 청탁, 고정, 진정 사항의 처리	2.387
	·지역구민의 전화, 서신 등을 취합정리	3.197
	·선거활동에 관련된 업무	2.323
	·지역구를 위한 정부사업의 추진(공약사업의 추진)	1.482
	·의원의 의정활동 홍보	2.180
	·여론의 조사, 취합 정리	2.611
	·문의사항에 대한 답변, 대응	3.279
	·대 언론기관 접촉, 대응	2.061
	·경조사 등에 의원 대신 참석	2.244
	·이익집단, 압력단체와의 접촉	1.632
	평 균	2.359
정책결정역할	·본회의, 위원회를 위한 연설문, 질의내용 등의 작성	1.552
	·법률안의 초안작성, 내용분석, 평가, 검토	1.530
	·의원과 위원회나 본회의 참석	1.855
	·사실조사와 현장답사	1.690
	·의정활동에 직접적으로 관련되지 않는 연설문, 신문, 잡지, 기고문 등의 대필	1.482
	평 균	1.622
체제유지역할	·의원의 잔심부름 수행	2.642
	·의원의 출타시 수행	1.974
	·의원의 집안일이나 친척, 신변잡사의 처리	1.583
	·의원의 하루 일정 작성	3.260
	·의원의 경호, 신변보호	1.833
	·경조사 등에 의원 대신 참석	2.244
	평 균	2.256

주) "한시간에 한번"에 대하여는 5, "하루에 한번"에 대하여는 4, "일주일에 한번"에 대하여는 3, "한달에 한번"에 대하여는 2, "일년에 한번"에 대하여는 1, "전혀 하는 경우 없음"에 대하여는 0의 가중치를 두어 산출한 평균값을 의미한다.

〈표 19-3〉에 의하면 국회의원 개인비서진은 대표역할을 가장 활발하게 수행하고 있으며, 그 다음이 체제유지역할이고, 가장 자주 행하지 않는 역할이 정책결정역할이라는 사실을 알 수 있다. 그런데 여기에서 정책결정역할이 가장 취약한 현상은 우리 국회가 법제상 정책결정권을 갖고 있으면서도, 국회 외부기관에 의하여 정책의 대강이 결정되기 때문에 실제로는 정책을 결정하는데 필요한 의원 개인비서진의 보조역할이 크게 요구되지 않는다는 현실을 반증한다. 반면에

체제유지역할이 활발한 이유는 우리사회의 치자와 피치자간의 간격이 유리되는 등 사회적 통합과 안정에 대한 요구가 크다는 현실을 보여주는 것이다. 그러나 무엇보다도 의원 개인비서진의 대표역할이 가장 활성화되어 있다는 사실은 우리의 대의구조에서는 입법기관의 제도화 내지는 의원의 상징적 지위확보문제가 보다 시급한 과제로 인식되고 있다는 것을 뜻한다고 볼 수 있다.

(3) 국회의원 비서진의 구조적 특성[23)]

국회의원 개인비서진의 역할 유형들은 의원에 의한 역할기대(role expectation)와 의원 개인비서진에 의한 역할수용(role acceptance)에 의하여 빚어진다고 할 수 있다. 의원에 의한 역할기대와 의원 개인비서진에 의한 역할수용의 양식은 다시 의원과 의원 개인비서진의 구조적 특성에 의하여 좌우된다.

1) 국회의원의 구조적 특성과 역할기대

연구조사에 따르면 국회의원이 소속되어 있는 정당별 특성이 그들 의원을 보좌하는 의원 개인비서진의 역할 형성에 미치는 영향은 대체적으로 미미한 편이나 의원이 소속되어 있는 정당이 야당일수록 의원 개인비서진의 역할은 대표, 정책결정, 체제유지의 모든 분야에서 보다 활성적이라고 밝혀졌다. 그 중에서도 정책결정역할 보다는 대표역할, 대표역할 보다는 체제유지역할을 보다 더 활발히 수행한다고 볼 수 있다. 이러한 현상은 야당이 여당보다 입법 활동 과정에서 동원할 수 있는 입법 활동 보조장치가 상대적으로 제한되어 있기 때문에 야당의원의 개인비서진에 대한 의존도가 여당의원 보다 높을 수밖에 없음을 보여 준다. 그런데 이와 같이 야당의원이 여당의원보다 체제유지역할에 대해 보다 더 큰 요구를 갖게 되는 이유는 체제유지역할이 주로 의원에 대한 일신 종속적 봉사활동에 의하여 형성되므로, 의원직에 대한 야당의원의 개념분화가 여당의원의 그것보다 덜 이루어져 있기 때문이라고 볼 수 있다.

지역구 출신 의원일수록 의원 개인비서진에 대한 활용정도가 높다고 할 수 있다. 특히 대표역할과 체제유지역할에 대한 요구가 크며, 정책결정역할에 대한 의원의 원내 진출 양식상의 차이에 따른 영향은 대체로 미미하다. 이는 지역구 출

23) 박재창,「전게서」, pp.238~247.

신의 경우가 전국구 출신의 경우보다 지역구 관리에 따르는 업무의 추가적 부담으로 인하여 의원의 의원 개인비서진에 대한 기대업무의 양이 클 수밖에 없다는 현실을 반영하는 것이다. 그렇기 때문에 지역구민과의 연계활동을 근간으로 하는 대표역할에 대한 지역구 출신 의원의 요구가 높은 것이라고도 말할 수 있다. 또한 지역구 출신 의원이 전국구 출신 의원보다 체제유지역할에 대한 기대가 높은 현상은 지역구 출신 의원의 경우 대 선거구민 접촉 등의 과정에서 의원 스스로의 이미지 신장 및 의원신분을 표출시키는 일에 대한 요구가 더욱 크고, 이에 따라 의원직의 제도화에 대한 필요성이 높아지게 되기 때문이다.

보좌하는 의원이 다선일수록 의원 개인비서진에 의한 대표역할은 보다 더 활발히 수행된다. 그리고 의원 개인비서진이 보좌하는 의원이 초선일수록 의원 개인비서진에 의한 정책결정역할은 보다 활성적으로 수행되고 있다고 볼 수 있다. 그러나 의원 개인비서진의 체제유지역할은, 보좌하고 있는 의원의 다선 여부와 크게 상관관계가 없는 것으로 나타나 있다. 이러한 현상은 초선의원이 원내에 진출하게 되면 비교적 의욕적으로 정책개발이나 법률안의 제안 및 타인 제출의 법률안 심사 등에 관심을 쏟다가 원내 생활에 대한 경험이 축적되면서부터는 점차 정책개발이나 법률안 심사 등에 관심을 덜 쏟게 된다는 것을 시사하는 것이다. 반면에 의원의 당선이 거듭되면서 의원들은 자신을 에워싸고 있는 환경과의 접촉이 일상화하게 되고, 이에 따라서 입법과정의 제 주변세력과의 연계 및 의사소통 양식이 정착됨으로써, 의원 개인비서진에 대한 대표역할수행의 요구가 더욱 증가하게 되는 것이라고 볼 수 있다.

2) 국회의원 비서진의 구조적 특성과 역할수용

비교적 의원 개인비서실 내부의 구조가 수평적일수록 체제유지역할에 대한 수용성이 높아지는 경향이 있다. 이러한 현상은 체제유지역할이 의원 개인비서진의 충성심과 봉사활동 등에 기초를 두는 것이므로 의원 개인비서진의 내부구조가 보다 수평적이어서 의원과 의원 개인비서진 사이의 의사소통 양식이 원활하고 긴밀할수록 의원과 의원 개인비서진은 더욱 가까워지고 격의 없이 대하는 관계를 구성하게 됨으로써, 의원 개인비서진에 의한 체제유지역할의 수용성이 높아지게 된다고 볼 수 있겠다.

지역적 기반 측면에서 보면, 의원과 그의 개인비서진이 지역적 기반을 같이

하면 할수록 개인비서진에 의한 대표역할의 비중이 매우 높고 체제유지역할에 대한 수용정도도 상당히 큰 편이다. 의원 개인비서진의 대표역할이 지역구민과 의원의 연계활동, 지역구민에 대한 봉사활동에 의하여 형성되는 것이라는 점을 상기해 볼 때, 의원과 의원 개인비서진이 지역기반이 같으면 같을수록 이러한 활동이 용이하리라는 점에서 쉽게 이해되는 현상이다.

체제유지역할의 경우에도 체제유지역할이 주로 의원의 사적 생활영역에 대한 의원 개인비서진의 봉사활동에 의하여 비롯되는 것이라는 점을 고려하고, 그렇기 때문에 의원과 의원 개인비서진 사이의 인간적 유대나 개인적 연결을 토대로 운용되는 경우가 대부분이므로 의원과 의원 개인비서진의 지역적 기반이 같으면 같을수록 의원과 의원 개인비서진 사이의 인간적 유대나 혈연, 지연, 학연 등의 연결 가능성이 높아질 것이며 그로인하여 의원 개인비서진의 체제유지역할에 대한 수용성의 정도가 비교적 높아지는 경향이 있다.

그러나 정책결정역할의 경우에는 그것이 의원 개인비서진의 전문적 지식이나 객관적 사실에 대한 분석능력 등을 토대로 하는 것이기 때문에 의원과 의원 개인비서진 사이의 지역적 기반의 동일성 여부와는 큰 관련이 없는 편이다.

여러 의원을 보좌해 본 경험이 있는 의원 개인비서진 일수록 정책결정역할에 대한 수용도가 높아지는 경향이 있으며, 처음으로 의원 개인비서진의 업무를 담당한 경우일수록 체제유지역할에 대한 수용성이 높은 경향이 있다. 그리고 대표역할은 그러한 경험들과 별 상관없이 형성되는 경향이 있다. 처음 의원 보조기관으로 근무를 시작하면 의원의 사적 개체성과 입법기관으로서의 의원에 대해 개념적 구분이 잘 안될 뿐 아니라 의원 일신 종속적인 충성심의 발휘에 대하여서도 수용성이 높아 체제유지역할을 잘 수용하다가 의원 개인비서진으로서의 경험이 축적되면서부터는 의원을 사적 개체보다는 입법기관으로 다루려는 시각이 점점 정착하게 되고, 그에 따라서 의원 일신 종속적인 충성심에 대하여서도 회의를 품게 되는 것이라고 생각해 볼 수 있다.

(4) 국회의원 비서진 역할의 발전방향

정책결정역할은 대체로 의원 개인비서진이 지니고 있는 특정분야에 대한 전문지식(subject matter expertise)이나 분석능력(analytical capability)의 활용 등에 의존하는 역할유형이며, 특정분야에 대한 전문지식이나 분석능력을 토대로 해서 업무를 수행해 나가는 전문성의 견지에서 볼 때, 국회의 의원 개인비서진은 정책결정역할의 비중이 가장 낮은 현상은 아직까지도 개선의 여지가 많음을 보여준다. 이러한 현상은 이들이 보좌하는 국회의원이 여당이냐 또는 야당이냐의 차이에 관계없이 공통적으로 나타나는 현상이며, 국회의원의 원내 진출양식이 지역구를 통하거나 또는 전국구를 통하거나에 관계없이 나타나는 보편적 역할기대의 결과이기도 하다.

주로 대표역할 및 체제유지 역할에 비중이 두어지고 있는 비서진들의 역할이 정책결정 역할에 있어서 보다 더 일익을 담당하게 될 때에 전문직으로서 비서직의 위상정립은 물론 국회의 전문성과 자율성 확보를 통해 궁극적으로 우리나라 정치발전에도 보다 더 기여하게 되리라 본다. 그렇게 되기 위해서는 비서진 자신들은 더욱 깊이 있는 전문적 지식 및 자료의 수집·분석·판단 능력을 갖추고 전문가로서 의원을 보좌할 수 있도록 하여야 할 것이며, 그에 앞서 제도적으로 그러한 역할수행이 가능한 여건이 조성되어야 할 것이다.

또한 구조적 특성상 상대적으로 체제유지역할 중 미미한 주변 업무수행과 워드프로세싱에 그치는 여비서들의 역할정립과 동기부여를 위하여도 의원의 정책결정역할이 활성적으로 이루어져야 하겠다. 정책결정을 위한 자료조사, 정리, 분석 및 준비작업 등에 있어서 여비서의 기여도를 높임으로써 비서진의 일원으로서 참여의식과 충성심을 더욱 고취시켜 보다 효과적으로 보좌할 수 있게 될 것이다.

(5) 국회의원 비서진이 갖추어야 할 지식 및 자질

이상과 같은 의원 비서진으로서 역할을 수행하기에 요청되는 지식 및 자질로는 비서로서 갖추어야 할 기본적 자질을 바탕으로 다음과 같은 것들을 들 수 있다.

① 지식 : 정치학, 외교학, 지역사회학, 법학, 행정학, 사회학, 심리학, 문헌정보학, 논리학, 연구조사방법론, 통계학, 국제관계론, 인간관계론, 정보처리 등.

② 자질 : 섭외력, 친화력, 설득력, 문장력, 활동적성격 등.

③ 기능 및 기술 : 국문속기, 워드프로세싱, 데이터베이스 관리.

④ 그 외에 보좌하는 의원의 정치철학, 윤리관, 타의원과의 관계, 소속정당의 상황, 선거구의 사정, 현안문제, 의원의 인간적인 요소 등에 관하여 정

확히 파악하고 항상 변화하는 정치추세에 시기적절하게 대응하여야 한다. 특히 의원 개인비서진은 그들의 행위규범, 조직구조적 특성, 인구사회학적 특징, 의사소통 양식, 처해있는 환경적 여건에 따라 그 역할이 매우 다양해지게 된다. 궁극적으로 의원과 의원비서진은 어느 직종보다 더 상호의존적인 권력관계를 형성하고 유지시키면서 국가발전에 기여하게 되는 것이다.

연습문제

1. 국회의원 여비서들의 역할정립을 위한 방안을 연구해 보자.

2. 지방자치의 실시에 따라 각 지방의회에서 비서들이 처리하는 주요 업무에는 어떠한 것들이 있나 알아보자.

20 비서로서의 취업

20.1 비서로서의 취업

(1) 취업준비

대부분의 학생들이 졸업할 때가 되어서야 취업에 대하여 생각하게 되는 경우가 많은데 그것은 이미 때가 늦어 그때부터 준비하기 시작해서는 만족할 만한 결과를 얻기가 힘들 것이다. 학업을 마치고 자신이 원하는 분야, 원하는 직종의 직장을 구하여 능력을 최대한 발휘하여 일할 수 있다는 것은 모든 이들이 바라는 바이기도 하다. 그러나 그렇게 되기 위해서는 미리부터 장기간 철저히 계획하여 준비하여야 하며 끊임없는 노력이 요구된다. 또한 직장에서 일함으로써 얻는 보상이 봉급 등의 경제적 측면의 보상이 전부이어서는 안 될 것이다. 일하면서 경력(career)을 쌓아 가며 계속적으로 공부하여 미래에의 비전을 달성하도록 미리부터 단계적으로 준비하는 것이 바람직하겠다.

(2) 직장의 선택

1) 직장생활의 목표

취업하기에 앞서 가장 먼저 생각해야 할 사항이 자기가 왜 취직하고자 하는가이다. 이것은 사람에 따라, 형편에 따라, 학벌에 따라, 개성에 따라 각기 달라질 수 있겠다. 경제적 보상보다는 일을 배워 자신의 개발에 더 큰 목적이 있다면 거기에 적합한 직장, 즉 예를 들면 소수정예주의로 운영되는 비교적 작은 조직에 입사함으로써 단기간에 많은, 다양한 업무를 취급해 볼 수 있고 상당부분을 자기책임 하에 수행할 수 있을 것이다. 경제적 보상이 목표인 사람은 일의 성격보다 급여 수준이 높은 곳을 택할 것이고, 공부를 계속하고 싶은데 잠정적으로 취업하고자 원하는 사람은 학교 같은 교육기관에서 일함으로써 보다 수월하게 지향하는 바를 이룰 수 있을 것이다. 따라서 가장 먼저 분명히 해야 할 사항은 취업하는 목표를 분명히 하는 것이다.

2) 자신의 적성, 성격 및 능력

자신이 외국어 실력이 뛰어나고, 성격도 비교적 외향적이라면 외국기관에 근무하면서 능력을 발휘해 보고 상사에게 건의도 하는 등 적극적인 태도로 일할 수 있겠고, 예의 바르고 얌전하고 내성적인 사람이라면 한국기관의 상층부 임원의 비서로 적합할 것이다. 논리적 사고력, 표현력이 뛰어난 사람은 법률사무소 등도 권해 볼 만 하다. 이렇듯 본인의 적성과 능력상의 강점과 약점을 냉정히 평가하여 직장을 선택하는 것이 성공률을 높일 수 있는 방법이다.

3) 취업정보

자신이 희망하는 직장에 취업하기 위해서는 다양한 채널로부터 취업정보를 입수해야 한다.

취업정보를 얻을 수 있는 경로로는 다음과 같은 것들이 있다.

① 신문광고, 취업 정보 전문지 : 보통 기업에서는 일간지에 구인 광고를 내어 모집하기도 하며 최근에는 우리나라 기업들이 남자 사원 뿐 아니라 여비서의 경우도 신문에 모집공고를 내는 일이 많아졌다. 외국기업의 경우는 주로 영자신문에 'Secretary Wanted'라는 제목으로 공고를 내어 충원하고자 하는 자리에서 주로 처리하게 될 업무에 관한 설명에서부터 그 자리에서 요구되는 자격요건, 즉 학력, 경력, 전공분야, 기능자격요건 등을 명시하고 때로는 급여 및 복지후생제도 등에 관하여서까지도 상세히 언급해 줌으로써 독자 측에서도 자기에게 적합한 자리인지를 사전에 어느 정도 판별할 수 있게 하여 효율적으로 관리하는 경우도 많다.

② 전문 취업알선기관 : 영어로 recruiting firm 혹은 head hunter라고 불리는데 이들은 전문직에 취업하고자 하는 자와 전문직 인력을 채용하고자 하는 기관 양측에 관한 많은 정보를 확보해 데이터베이스에 저장해 두고 원하는 측의 요구에 따라 주선하는 역할을 한다. 이러한 곳에서는 우선 우수한 지원자들에 관한 자료를 많이 확보하는 것이 관건이며, 일단 지원자에 대해 그들 나름의 시험과 인터뷰를 거쳐 평가를 해두었다가 채용 추천 의뢰기관으로부

터의 요구조건에 비교적 부합하는 사람을 복수 추천한다. 그렇게 함으로써 채용하는 회사로써는 광고비를 절감하며 일단 소정의 시험을 거쳤기 때문에 어느 정도 적합한 범위내의 인재들 중에서 최종선발만 하면 되므로 시간과 경비면에서 절약되며 번거로움을 덜 수 있게 된다. 취업알선기관에서는 알선에 대한 사례로 보통 채용기관으로부터 피고용자의 연봉의 일정비율의 수수료를 받게 되며, 지원자는 1년 혹은 그 이상 정해진 일정기간은 의무적으로 근무하여야 하며 그것을 어겼을 경우에는 해당 수수료를 회사에 변상해야 한다. 취업알선기관을 통해서 취업할 경우 업무내용, 근무조건, 급여, 기타 복지후생 등에 관하여는 채용기관과 직접 확인해 명확히 알아두는 것이 좋다. 알선하는 사람의 말만 듣고 직접 확인하지 않았을 경우 전달과정에서의 착오로 간혹 조건이 일치하지 않는 경우도 있을 수 있기 때문이다.

표 20-1 비서구인 광고

세계를 가깝게 미래를 가깝게

2006년 상반기 신입사원 모집안내

데이콤

1. 모집부문 및 응시자격

■ 신입사원

<table>
<tr><th>모집부문</th><th>학력</th><th>모집학과</th><th>모집인원</th><th>응시자격</th><th>근무지</th></tr>
<tr><td>관리영업</td><td rowspan="3">대졸</td><td>법정,상경,어문,
인문,사회계열</td><td>00명</td><td rowspan="4">■ 대졸
· 학(석)사 학위소지자 및 2006년도 2월 학위취득 예정자
■ 전문대졸
· 정규전문대학 졸업자 2006년도 2월 졸업예정자로서 여자에 한함
■ 공통사항
· 병역필 또는 면제자로서 해외여행에 결격사유가 없는 자
· 전공관련 기술자격증 소지자 우대</td><td>서울/경인,부산/경남
광주/전남,대구/경북
대전/충청,전주/전북
원주/강원</td></tr>
<tr><td>통신기술</td><td>전자,통신, 전기
공학등 관련학과</td><td>000명</td><td rowspan="3">서울/경인</td></tr>
<tr><td>전산기술</td><td>전자계산,전산학등
관련학과</td><td>00명</td></tr>
<tr><td>비 서</td><td>전문
대졸</td><td>비서학,비서행정학</td><td>0명</td></tr>
</table>

■ 전형방법

구 분	1 차	2 차	3 차	기 타 사 항
대졸	서류전형	TOEIC · 적성	면접전형	· TOEIC시험일자 및 장소는 서류전형합격자에 한하여 추후 개별통보
전문대졸	서류전형	면접 · 적성	-	· 면접일시 : 서류합격자에 한하여 개별통보
경력사원	서류전형	면접 · 적성	-	· 면접일시 : 서류합격자에 한하여 개별통보

■ 제출서류

가. 신입사원

(1) 입사지원서 2부(지원용 및 OCR 입력용 각 1부 : 당사 소정양식)
(2) 대학(원) 전학년 성적증명서 및 졸업(예정)증명서
-대학원 졸업(예정)자는 대학 성적증명서 및 졸업(예정)증명서 첨부
-성적증명서는 학교장의 날인 · 확인한 전학년 평균평점이 기재된 것
(3) 자격증(전공관련분야)사본 1부

사 원 모 집

대원산업(주)

제 3 기 공채모집

대원의 주역이 될 분을 모십니다.

■ 공채의 요강 : 레저시설 계획 또는 INTERIOR설계업무 관련종사자

1. 모집부문 및 응시자격

<table>
<tr><th>모집대상</th><th colspan="3">모집부문</th><th>인원</th><th>응시자격</th><th>전형방법 및 기타사항</th></tr>
<tr><td rowspan="10">신입
및
경력</td><td rowspan="2">기술부</td><td colspan="2">과장</td><td>○</td><td rowspan="5">실무경력 3년이상
자격증 소지자
(철물, 의장)</td><td rowspan="10">▷전형방법 : 서류전형후 면접
▷기타사항
· 전문대졸이상
(경리사무직은 상고졸이상)
· 해외 전문교육 이수자 우대)
· 자격증 소지자 우대
(기능직, 기사직)
· 이력서 우측상단에 희망부문, 연락 가능한 전화번호를 기재요
· 병역의무 필 또는 면제된 분
· 해외여행에 결격사유가 없는 분
· 제출된 서류는 일체 반환하지 않음</td></tr>
<tr><td colspan="2">대리</td><td>○</td></tr>
<tr><td rowspan="3">설계부</td><td colspan="2">실장</td><td>○</td></tr>
<tr><td colspan="2">과장</td><td>○</td></tr>
<tr><td colspan="2">대리</td><td>○</td></tr>
<tr><td rowspan="5">관리부</td><td rowspan="2">전산과</td><td>CAD</td><td>○</td><td rowspan="2">실무경력 2년이상</td></tr>
<tr><td>C·G</td><td>○</td></tr>
<tr><td>경리과</td><td>경리
사무직</td><td>○</td><td>국민연금, 의료보험外 경리관련 업무 경험자 우대</td></tr>
<tr><td>총무과</td><td>일반
사무직</td><td>○</td><td>스프레드시트
(LOTUS, EXCEL),
W/P 가능자 우대</td></tr>
<tr><td>대표이사
비서실</td><td>비서직</td><td>○</td><td>외국어 회화가능자,
관련학과 출신자 우대</td></tr>
</table>

2..제출서류

- 자필이력서 ………………………………………………………… 1통
- 자기소개서(A4용지 2매이내, 경력자는 경력중심으로 작성 ………………… 1통
- 주민등록등본 ……………………………………………………… 1통
- 경력증명서(경력자에 한하여 제출) ………………………………… 1통
- 포트폴리오(CAD, C·G 응시자는 면접시 지참요) ……………………… 1통

3. 서류접수 및 기간

- 접수처 ▸서울시 강남구 도곡2동 413-4 동운B/D 5층 대원산업(주)
- 문의처 ▸577-6800
- 기 간 ▸2006년 8월 12일까지(마감일 소인 유효함)

D 대원I.D (주)
DAE WON I.D. CO.LTD

JOB OPPORTUNITY

Executive Secretary

A leading U.S. investment bank is looking for an executive secretary position.

Ideal candidates must have at least 2 or 3 years of experience as well as excellent command of English.

Interested candidates are required to send resumes via fax by October 28, Saturday, 12 : 00 p.m. to :

Attn : Operation Manager
Fax No : (02)753-0276

표 20-2 채용의뢰서의 예

직원채용 의뢰서

회사현황 NO. Date :

회 사 명		주소(본사)	
의 뢰 인		전 화 번 호	
주요사업내용			
창 립 연 도		종 업 원 수	
매 출 액		기 타	

근무환경/조건

근무시간	평일 : 토요일 :		
토요근무	유( ) 무( ) 격주( ) 기타( )		
급 여	월급여 본봉( ) Bonus (본봉/Gross의 %) 교통비/월 ( ) 중식비/월 ( ) Incentive ( ) 기타수당 ( ) 중식비 대신 중식제공 ( ) 모든 수당포함 연봉 ( )		
근무지		기 타	

직무내용/자격요건

직무내용		자격요건			
직 종		성 별			
직 책		연 령			
부서명		학 력			
담당업무		전 공			
		경 력			
		Skill	영 어	writing speaking TOEFL TOEIC	
			기타언어		
			PC		
			기타		

③ 학교 인력개발원 : 기업들이 학교의 인력개발원이나 어느 특정 해당 학과로 직접 취업추천을 요청한다. 따라서 아르바이트나 졸업 후 취업을 대비하여 미리 자신에 대한 자료를 상세히 작성하여 제출해 두고 자주 들러

확인 또는 점검해 둘 필요가 있다. 인력개발원 측으로서는 수많은 학생들을 대상으로 하고 있으므로 어느 한 개인에게만 각별히 배려하기 어려우므로 자주 접촉하는 것이 좋은 기회를 포착하기 쉬운 방법이다. 그 외에 이미 직장에서 일하고 있는 친지나 선배, 친구들과도 긴밀히 연락하고 지냄으로써 보다 많은 기회를 가질 수 있도록 하는 것이 바람직하다. 실제로 자리는 있는데 적임자와의 연결이 안 되어서 아까운 자리를 놓치고, 채용하는 측에서도 애태우는 경우도 얼마든지 있기 때문이다.

(3) 취업에 필요한 서류

취업하고자 하는 사람은 기본적으로 준비해 두어야 하는 서류가 몇 가지 있다. 가장 기본적으로 이력서와 자기소개서 등이 있고 경우에 따라 추천서도 준비해야 할 경우가 있다. 그 외에 이력서 상의 기재사항을 증명할 수 있는 졸업증명서, 학위증명서, 성적증명서, 재직증명서(이미 직장에서 근무하고 있으면서 이직하고자 할 때) 등이 있다.

1) 이력서

이력서는 개인의 신상에 관한 가장 기본적인 서류로서 출신도를 비롯하여 생년월일, 주민등록번호, 본적, 현주소, 호적 관련 사항, 학력 및 경력, 상벌, 자격증 유무 등을 기재하게 된다. 인쇄된 서식에 자필로 기재하고 날인하는 것이 원칙이나 최근에는 워드프로세서로 프린트 한 것에 본인의 인장을 날인한 것이 사용되기도 한다. 이력서에는 최근 촬영한 사진을 부착하는 것이 일반적으로 요구되고 있다. 따라서 취업을 앞두고는 미리 자신의 건강상태가 좋을 때 사진을 넉넉히 준비해 두는 것도 갑자기 취업기회가 생겼을 때를 대비할 수 있는 방법이 된다.

2) 자기소개서

이력서만으로는 가장 기본적인 사항밖에 파악할 수 없으므로 면접을 실시하기 전에 우선 서류상으로 좀더 상세하고 개인적인 정보를 파악하기 위하여 요구하는 서류이다. 가족사항, 성장배경, 성격, 활동상황, 취업하고자 하는 동기나 포부, 장래의 희망, 기본자세의 파악은 물론이고 아울러 논리적 사고력, 문장표현력, 가치관 등에 대하여 파악하는 근거가 되므로 자신에 대한 홍보차원에서 상대방에게 자신의 강점을 적극 부각시킬 수 있도록 작성하며 논리적 구성과 표현에도 각별히 주의가 요망된다. 사원을 대규모로 채용하곤 하는 대그룹이나 기업 등은 인쇄된 소정양식이 준비되어 있어 그것을 작성하여 제출하기도 한다.

표 20-3 이력서의 예

이 력 서

성　　　명 : 김 성 혜

주민등록번호 : 850127-2******

전 화 번 호 : (02) 733-0089

본　　　적 : 서울시 용산구 청파동1가 118-656호

현　주　소 : 서울시 용산구 원효로3가 15-7호

학 력 및 경 력

1999년 2월　서울 청파초등학교 졸업

2002년 2월　서울 용강중학교 졸업

2005년 2월　서울 상명여자고등학교 졸업

2005년 3월　경기 전문대학 비서행정과 입학

2005년 7월　상공회의소 시행 비서자격시험 필기 2급 합격

상　벌

1998년　서울특별시 교육감상 수상

위에 기재한 사항은 사실과 틀림없음.

2006년 8월 30일

김 성 혜　(인)

표 20-4 자기소개서의 예

자 기 소 개 서

저는 복사골로 유명한 부천에서 가내공업을 하시는 부모님 슬하에 2남 2녀 중 차녀로 태어났습니다. 기독교 가정에서 자란 저는 항상 정직하고 성실하게 살라는 아버지의 말씀대로 생활하려고 노력해 왔으며, 어머니를 통해 사랑과 기쁨을 배웠습니다. 언니와 동생과도 사이가 좋아 사랑으로 이해하고 아껴주며 서로에게 많은 관심을 가져 줍니다.

항상 활동적이고 적극적인 성격으로 학교의 친구들과도 원만한 인간관계를 형성하고 있으며, 고등학교 때에는 전산반에서 활동하고 대학에 들어와서는 과대표로 과의 일을 맡았습니다. 과대표 일을 맡고 보니 생각했던 것 보다 세심한 계획과 많은 부분까지 신경을 써야 한다는 것을 배워 일을 할 때는 체계적이고 효율적으로 해야 한다는 것을 깨달았습니다.

사회생활을 하는데 관심이 많았던 저는 여성으로서 좀더 전문인이 될 수 있는 비서행정과를 전공으로 선택하게 되었습니다. 비서학 개론, 실무, 영어, 회계, 경영학, 문서관리, 컴퓨터, 인간관계론 등의 과목을 통해 사회에 나아가 적응하는데 불편함이 없게 자질을 길렀으며, 학교에서 경호술로 배우는 검도를 통해 비서라면 상사의 신변도 보호할 수 있어야 한다는 것을 느꼈습니다.

학교에서 배운 것을 바탕으로 G7종합평가기획단이라는 곳에서 아르바이트를 4개월 동안 하여 실무의 경험을 쌓았으며 혼글, 윈도우, 마이크로소프트 워드, 파워포인트 등의 프로그램을 사용할 수 있습니다. 또한 사무기기도 잘 다룹니다.

진정한 비서란 상사를 보좌하는데 부족함이 없이 성실하고 자기 일에 최선을 다하는 것이라 생각합니다. 그렇게 할 때 더 많은 결실을 맺어 더 높은 성취감과 자신감을 가질 것이라 봅니다.

사회생활을 통해 더 많은 것을 배우고 성숙한 전문인이 되어 원만하게 생활하려는 마음가짐을 가지고 있습니다. 무슨 일을 하든지 제가 맡으면 확실하고 정확하다는 말을 들을 수 있도록 할 것입니다.

제가 귀사에서 유능한 비서가 되어 기여하고자 지원하였습니다. 귀사에서 없어서는 안 될 중요한 사람으로서 일하고 싶습니다. 감사합니다.

귀사의 발전을 기원합니다.

작성자 박 기 정

3) 추천서

반드시 요구되는 서류는 아니나 회사에 따라 요구하는 곳이 있다. 따라서 평소에 자신의 이미지관리를 잘 해 둠으로써 학교 교수님이나 은사, 직장 상사, 동료, 친지 등 분야에 따라 적어도 두 세분의 추천 받을 수 있는 분을 확보해 두는 것이 도움이 될 것이다.

(4) 면접

비서로서의 취업에 가장 큰 비중을 차지하는 관문이 면접이라고 볼 수 있다. 외국어 실력이나 워드프로세싱, 속기 등은 필요로 하는 기업에서만 시험을 치르게 되지만 면접은 모든 기업에서 거쳐야 하며, 실력이나 기능 못지않게 비서에게는 성격이나 자세, 가치관 등이 중요하기 때문에 면접에 주어지는 비중이 매우 높아서 때로는 시험 성적보다 면접에 의해 결정되는 경우도 많다. 따라서 취업을 앞둔 사람들은 면접요령에 대하여도 상세히 알아둘 필요가 있겠다.

1) 면접에 대한 준비

면접이 중요한 것은 단 몇 분 동안 채용자측에서는 지원자가 자기회사와 상사가 될 경영진이 기대하는 역할을 수행하기에 적합한 인물인지를 판단하게 되는 기회이기 때문이다.

따라서 짧은 시간 동안 이러한 관점에서 좋은 성과를 거두기 위하여 유의하고 준비해야 할 사항은 다음과 같다.

- 예의 바른 사람이라는 인상을 줄 것.
- 건전한 사고방식의 소유자임을 보일 것.
- 적극적이고 능동적인 조직의 일원이 될 것이라는 확신을 줄 것.
- 협동심을 보일 것.
- 논리적인 사고력을 지녔음을 보일 것.
- 항상 최선을 다해 노력한다는 자세를 보일 것.

그 외에 채용기관의 업무분야, 경영이념, 주요관심사 등에 대하여 사전예비지식을 갖추고 관심을 표명하여 예상 가능한 질문과 그에 대한 대답을 준비하여 대처한다면 좋은 결과를 얻으리라 생각한다.

자신이 알고 있는 바에 대하여는 자신 있고 분명하게 답변하며 모르는 사항에 대하여는 솔직히 시인하는 것이 적당히 얼버무리는 것보다 좋은 인상을 줄 것이다.

(5) 입사시험

비서직에 취업하기 위한 입사시험은 회사의 종류나 주어지는 역할, 상사의 보좌형태에 따라 달라지겠으나 보통 외국어실력을 평가하는 필기나 회화시험과 속기, 워드프로세싱 등 기능적인 시험을 들 수 있다. 부여되는 업무가 전문적일수록 시험에 주어지는 비중이 높아짐은 당연한 논리이므로 본인이 지원하고자 하는 회사의 전형방식에 맞추어 미리부터 계획적으로 준비하는 것이 현명하다고 본다. 전문 인력을 요구하는 외국기관들은 대부분이 여러 종류의 입사시험을 치르고 있으며 그에 대한 비중도 높다. 경우에 따라 적성검사 등도 시행하는 기관이 있다.

(6) 첫 직장에서의 적응

처음 출근하게 되면 누구나 생소한 분위기로 인하여 당황하고 어쩔 줄을 모르게 된다. 좁은 사무실에서 아침 일찍부터 저녁까지 공간적으로나 시간적으로 꽉 짜여진 가운데 학교와는 전혀 다른 조직의 분위기에 놓이게 된다. 매시간시간 어떻게 보내야 할 지, 전화에는 어떻게 응대해야 할 지 바쁘게 움직이는 사람들로 인하여 정신을 차리기 힘들고 안절부절못하는 경우가 대부분일 것이다. 그러는 가운데 하나하나 사무실 분위기와 업무를 익혀 나가도록 하여야 하겠다. 가능한 한 빠른 시일 안에 적응하기 위하여 다음과 같은 방법으로 시작하면 도움이 될 것이다.

1) 일반적인 사항

① 인사를 잘한다 : 직장생활을 성공적으로 하려면 인간관계를 잘 유지하여야 한다. 인사는 모든 인간관계의 시작이고 기본이다. 더욱이 모든 사람으로부터 도움을 받아야 하는 신입사원의 입장에서 예의바르고 겸손한 사람이라는 인상을 심어 주고 하루빨리 친숙해지고 주위의 협조를 받는 데에도 인사를 잘 하는 것은 매우 중요하다.

② 다른 사람보다 일찍 출근하고 늦게 퇴근한다 : 직장생활도 처음이고 업무

도 아직 서투르기 때문에 여러 가지 면에서 적응하자면 남들과 같이 근무 시간 내에서 만으로는 불가능하다. 업무가 어느 정도 파악될 때까지 한동안은 남들보다 적어도 1시간 정도는 일찍 출근하고 1시간 정도는 늦게 퇴근하면서 회사의 업무에 관하여나 조직의 전반적인 사항을 속히 파악하도록 하여야 한다. 미리 출근하여 준비하고 있음으로써 심리적으로 덜 당황하게 되어 실수를 줄일 수도 있다.

③ 사람의 얼굴과 이름을 기억하도록 노력한다 : 가장 기본적으로 회사 내의 조직구조 및 사람들의 이름과 소속, 각기 하는 일등을 속히 파악하고 얼굴과도 연관시켜 기억하도록 한다. 이 때에는 사내의 구내전화번호부 등을 활용하는 방법도 도움이 되며 어떤 형태로든 전직원의 기념사진 등을 구할 수 있으면 이름과 얼굴을 계속 대조해 보면 얼굴을 빨리 익히는 데 많은 도움이 될 것이다.

회사 내의 사람들뿐만 아니라 외부인사들에 관하여도 관심을 가지고 어느 기관의 누구이며 자기회사 혹은 상사와 어떤 관계가 있는지 반드시 알아두고 얼굴과 이름을 기억해 두어 다음에 다시 만났을 때 반갑게 응대할 수 있어야 하겠다.

2) 비서업무와 관련된 사항

① 우선 전임자로부터 인수를 잘 받도록 한다 : 자신이 비서직의 경험이 없으므로 이 점을 다시 한번 전임자에게 주지시키고 상세히 가르쳐 줄 것을 각별히 부탁한다. 인수하는 업무내용에 관하여는 가급적 항목별로 체계적으로 정리하여 적어 두어야 한다. 말로 설명들을 때는 알 수 있을 것 같던 것들이 막상 자신이 혼자 하려고 하면 막막해지는 경우가 많이 있다. 그러므로 하나하나 단계별로 상세히 기록해 두어야 실수를 줄일 수 있다. 인수하면서 가급적 질문을 많이 하도록 한다. 그것은 전임자는 자기가 익숙하게 처리하던 업무라서 설명이 필요 없을 것이라고 생략한 부분들이 신입비서에게는 절실히 필요한 것들이 무척 많기 때문이다. 일단 전임자로부터 설명을 듣고 나면 반드시 틈을 내어 혼자 다시 한번 차분히 읽어보고 자기 나름대로 업무의 진행과정을 상상해 보면서 의문점이 없는지 검토해 보아야 한다. 검토하여 의문사항이 있을 경우는 조금도 주저하지

말고 다시 질문하여 전임자와 같이 근무하는 동안 확인해 두는 것이 나중에 실수하는 것보다는 훨씬 현명한 방법이기 때문이다.

② 상사와 관련된 인사와 연락처의 목록을 확인한다 : 어느 상사나 주로 많이 연락하고 지내는 연락처목록(contact list)이 있게 마련이다. 이것을 평소에도 자꾸 읽어 두어 회사와 사람이름을 눈에 익혀 둠으로써 상사가 지시했을 때 지체 없이 필요한 사항을 찾을 수 있게 된다. 상사의 명함첩을 전체적으로 반복하여 검토해 보는 것도 도움이 된다.

③ 파일을 전반적으로 검토해 본다 : 업무를 파악하는데 가장 필수적이며 빠른 방법이 파일을 검토해 보는 것이다. 그렇게 함으로써 말로만 인수한 내용에 관하여 사무가 실제로 어떻게 진행되고 있는 지를 스스로 확인해 볼 수 있는 것이다. 어떤 사업이 진행 중이고 과거에 어떤 일들이 있었는지 각기 그 과정이 모두 서류를 검토함으로써 알 수 있게 되며 앞으로 처리해야 할 문제에 있어서도 참고가 된다. 그 외에 질문사항은 상사나 다른 사람들에게 문의해서 알아두면 된다. 서류를 읽다가 모르는 전문용어 등을 따로 기록해 두었다가 가르쳐 줄 수 있을 만한 사람에게 물어 보아 정확히 알아두면 업무파악은 물론 나중에 상사가 서류작성이나 다른 업무를 지시했을 때 비교적 정확히 자신 있게 처리할 수 있게 된다.

④ 주로 많이 사용하는 사무기기 및 소프트웨어에 대하여 사용방법 등을 잘 익혀 둔다 : 회사마다, 사무실마다 컴퓨터나 사무기기들의 종류가 다를 수 있다. 따라서 출근하면서부터 그 사무실에서 사용되는 기기에 능숙하게 연습해 두어 일이 발생했을 때 당황하지 않고 신속히 처리할 수 있도록 해야 하겠다.

⑤ 그 회사의 업종, 조직적 특성, 조직문화 등에 관하여 가급적 많은 자료를 구하여 공부한다 : 회사도 업종에 따라 그 처한 입장이 달라진다. 경쟁이 치열하며 급진전되는 산업이 있는가 하면 비교적 변화가 적고 안정적인 산업도 있다. 그러한 성격에 따라 일하는 방식도 달라지므로 우선적으로 산업적 특성을 파악하고 주위환경과 견주어 그 조직의 특성과 내부적 문화 등을 파악하기 위하여 노력한다. 이러한 사항에 관하여는 자기상사 산하의 중견 간부나 사원들에게 도움을 받는 것도 한 방법이다. 사보 등도 회사 전체의 분위기를 파악하는데 도움이 될 것이다.

⑥ 어느 정도 업무가 파악되면 상사와의 업무관계를 정립하도록 한다 : 전임자의 인계사항에만 전적으로 의지하기보다는 그것을 기본으로 하여 자신 나름대로 상사의 기대를 파악하도록 한다. 전임자가 미처 파악하지 못한 기대사항도 있을 수 있기 때문이다. 자신의 눈으로 새로이 업무를 조직화 하면서 보완할 점이 없는지, 개선할 점이 없는지 연구함으로써 상사가 보다 더 개선된 환경에서 일할 수 있도록 역할정립을 모색하여야 할 것이다.

20.2 비서직의 전문화와 비서자격시험제도

우리나라에서 비서직의 전문성에 대한 인식은 1970년대에 들어서면서부터이며 특히 날로 전문화되어 가는 급격한 변화를 경험하면서 전문비서에 대한 수요가 증대함에 따라 최근 외국기업뿐만 아니라 삼성그룹, 포항제철, 데이콤 등 우리나라 대기업에서도 전문비서를 공채하고 있을 만큼 비서에 대한 인식이 전환되어 가고 있는 실정이다.

그러나 우리나라에서 비서직의 위상은 아직 전체적으로 전문화가 이루어졌다고는 할 수 없다. 소수의 전문비서들을 중심으로 역할정립을 하려고 노력함으로써 전문화시켜 가는 과도기에 처해 있다고 볼 수 있다. 대학의 비서학과가 중심이 되어 학문적 체계를 수립하며 한국비서학회를 창설하여 이론과 실무를 연결한 연구가 활발히 진행되고 있다. 사회에서나 기업들에서도 비서학 교육의 필요성을 인식하고 비서학과 졸업자들을 선호하고 있다. 이러한 추세를 반영하여 최근에는 40여개의 전문대학에서도 비서과 혹은 비서행정과라는 이름으로 비서교육을 수행하고 있다. 이로써 우리나라에도 전문비서의 양적 확산이 이루어져 전문비서를 필요로 하는 많은 기관에 진출시킬 수 있게 되어 인적 자원의 효율적 관리를 통하여 국가경제발전에 기여하게 되었다.

이러한 시대적 상황에 부응하여 정부에서 다각적인 검토결과 '국가기술자격법'을 개정하여 비서자격시험제도가 도입되어 최초로 1992년 8월 제1회로부터 시험이 실시되기에 이르렀다.

이러한 변화는 전문직으로서의 비서직에 대한 정부의 공식적 인정이라 할 수 있으며 전문직으로서의 비서직에 대한 인식을 확고히 구축하는 계기가 되었다고 볼 수 있다. 일찍부터 비서자격시험제도를 실시해 온 여러 선진국에서도 전문비서자격증은 경영자들로부터 높은 인정을 받고 있을 뿐만 아니라 크게 장려되고 있다. J. L. Larkin[24]의 말을 빌리자면 '전문직의 개발은 끊임없이 새로운 기술을 배우고 전에 취득한 것이라도 갈고 닦는 것을 포함해야 한다. 이것만이 오늘날의 비즈니스 세계의 고도의 기술을 발전시키며 살아남기 위한 방법이다. 전문직의 위상을 높이는 방법 중의 하나가 전문비서들을 위하여 관리되는 몇몇 시험 등을 통해 자격증을 취득하는 것이다.'고 하였다.

비서자격시험제도의 도입에 따른 효과로는 첫째, 개인적인 측면에서 비서의 자격등급에 따라 상위자격을 취득할수록 개인적 만족감의 고취·신분상의 지위향상, 급여상의 우대를 기대할 수 있으므로 개개인의 능력향상을 위한 자기계발을 유도할 수 있다. 둘째, 기업의 측면에서 자격제도의 활용으로 비서인력을 적재적소에 효율적으로 배치·활용함으로써 인력수급의 합리성과 효율성을 제고하며, 셋째, 사회적으로 전문비서직의 확대를 통해 고급여성인력의 활용을 촉진하고 여성들에게 평생직장의 기회를 제공해 줌으로써 개인의 능력을 최대로 발휘하게 하여 업무의 능률을 기대할 수 있다.

(1) 미국의 비서자격시험제도

미국에서는 1951년부터 공인된 비서자격시험제도가 실시되어 오고 있다. 1년에 2회에 걸쳐 시행되는 이 시험(Certified Professional Secretary-CPS)은 IAAP의 ICS(Institute for Certifying Secretaries)에서 주관하여 실시되고 있는데 모두 6개의 과목으로 구성되어 있다. 한 번에 다 합격하지 못했을 경우는 불합격한 과목에 대하여 6년 이내에 재시험응시가 가능하다.

이 시험은 행동과학이론, 기업법, 경제와 경영, 회계, 사무행정과 의사소통, 사무자동화 등으로 구성되어 있다. 이 시험에 합격하는 것 이외에 학사학위 이상의 소지자는 2년의, 2년제 대학을 졸업한 사람은 3년의, 학위가 없는 사람은 4년간의 비서실무경험을 가져야 한다. 이 모든 요건을 충족시켜야만 협회에서 전문비서자격이 주어지며 사회에서 인정받으며 중요한 보좌역할을 하게 된다.

---

24) Jacqueline L. Larkin, et al., The Professional Secretary's Handbook(Boston : Houghton Mifflin Company, 1984), p.35.

(2) 일본의 비서자격시험제도

일본에서는 단기대학(우리나라의 전문대학)의 비서교육과정을 마치면 전국대학・단기대학 실무교육협회에서 '비서사' 자격을 부여하고 자격증을 준다. 이는 우리나라와 다소 차이가 있다. 비서기능 검정시험은 1941년부터 시행하고 있고 해마다 응시자가 늘고 있다.

주로 비서학을 전공하지 않은 사람들이 응시하는 비서기능 검정시험은 비서기술을 1급, 2급, 3급의 3단계로 나누어 매년 2회의 시험을 실시하는데 수험자격으로는 2, 3급에는 제한이 없으나 1급의 경우 실용영어 검정 2급 이상의 실력이 있어야 한다. 2, 3 급은 필기시험만 보며 1급은 특별히 전 주관식문제의 합격자에 대하여 면접시험이 실시된다. 시험과목으로는 비서로서의 자질, 비서직무에 대한 지식, 일반상식, 매너, 손님응대, 비서기능 등이다.

(3) 우리나라의 비서자격시험

우리나라에서는 상공부 주관으로 1992년부터 노동부 인정 비서자격시험이 실시되고 있다. 1급, 2급, 3급으로 구분되어 3급은 주로 고등학교 졸업자를 대상으로, 2급은 주로 전문대학 비서 관련과 졸업자를 대상으로, 1급은 4년제 대학 졸업자들 또는 2급을 취득한 후 다시 1급을 취득하고자 하는 사람들을 대상으로 하고 있으나 응시자격에 제한은 없다.

표 20-5 비서자격시험 과목

등 급	필 기 시 험	실 기 시 험
1급	비 서 실 무 경 영 일 반 사 무 영 어 사무정보관리	1. 컴퓨터활용 능력 2. 한글속기 3. 워드프로세서 中 택 1
2급	비 서 실 무 경 영 일 반 사 무 영 어 사무정보관리	
3급	비 서 실 무 경 영 일 반 사 무 영 어	

시험과목은 〈표 20-5〉와 같으며 필기시험은 급수에 따라 과목과 난이도가 다르고 필기시험 합격자에 한하여 실기시험에 응시할 수 있다. 만약 상공부 산하 상공회의소에서 실시하는 실기 검증시험 중 한 종목에서 3급 이상을 취득하였으면 이를 인정하여 실기시험을 면제해 준다. 비서자격시험 필기고사를 치른 후 합격하면 실기고사를 치러야 하는데 실기고사에서 합격하지 못했을 경우 2회까지 필기고사를 면제받을 수 있다.

연습문제

1. 자신이 취업하기 원하는 기관의 비서채용 경로에 대하여 알아보자.

2. 그 기관에 대하여 조직의 규모, 사훈, 경영방침, 경영상태, 업계에서의 위치 등에 관한 정보를 수집해 보자.

21 비서의 평생교육(Continuing Education)

21.1 평생교육의 의의

평생교육이란 변화하는 환경에서 새롭게 요청되는 정보 및 지식을 습득하기 위한 교육이 체계적으로 제도화된 것으로서 개인에게는 '자기계발'의 기회를 부여하는 것이고 조직이나 사회에는 개인의 끊임없는 자기계발로 인한 향상이 곧 조직의 발전으로 이어지는 것을 기대하는 것이다. 따라서 평생교육은 개개인이나 그가 속한 조직사회 모두를 위해 요구되는 것이다.

(1) 조직 차원에서의 필요성

현대사회에서 평생교육의 중요성이 대두되는 것은 첫째, 날로 국제화, 정보화, 전문화되어 가는 경쟁 환경과 지식 및 기술의 발전 속도가 놀라우리만큼 빨라지고 있어서 이와 같은 주위의 조건변화에 적응하고 대처할 능력을 갖추어야 하기 때문이며 둘째, 사회적 의식의 성숙으로 종업원 개인의식 속에는 자기의 능력을 최대한으로 신장시키고 발휘하고 싶다는 자아실현에 대한 욕망이 있어 이를 성취시키지 않고는 종업원을 기업 활동에 적극적으로 참여시킬 수 없기 때문이고 셋째, 오늘날과 같이 극심한 기업경쟁에서 선도기업이 되기 위해서는 우수한 몇 사람의 경영층만으로는 그것이 보장되지 않기 때문에 종래의 상하관계가 아닌 협력자로서 자기기업에 종사하는 모든 종업원의 능력을 배양하여 기업의 전력을 강화할 필요성이 있기 때문이다.

즉, 기업 내 교육은 일면으로 종업원의 지식 및 기능의 향상과 태도의 양호화에 의해 업무의 원활한 운영과 보다 향상된 능률을 기르도록 하고 더 나아가 기업이 필요로 하는 인재를 확보하도록 육성・강화하는 것이며, 다른 한편으로는 종업원 개인에게 고차원적 욕구를 충족시켜 사기를 진작시키고 생산성 향상을 기하는데 그 목적이 있다. 특히 기업의 장래를 좌우할 전략적 의사결정과 주요 업무를 총괄 수행하는 위치에 있는 최고경영층을 보좌하는 비서는 기업의 경쟁력 확보에 기여할 수 있는 충분한 능력과 자질을 갖춘 인력이 적정하게 공급·활용되어야 할 것이다. 급변하는 추세에 맞추어 새로운 정보와 기술을 필요한 때에 적시에 공급받아 활용할 수 있는 능력이 필요하므로 전문교육을 받은 비서라 할지라도 일정기간이 경과하면 새로운 흐름을 속히 파악하고 사회변화에 능동적이고 다각적으로 적응할 수 있는 능력을 갖추도록 끊임없는 재교육이 필요하게 된다. 더욱이 외국기관과 비교할 때 우리나라 기관들은 비서직에 관한 인적자원관리 측면에서 상대적으로 낙후되어 있는 것이 사실이다. 비서의 채용 시부터 전문성에 차이가 있으며 주어지는 역할 및 활용도에 있어서 비교할 수 없을 정도로 비효율적인 측면을 내포하고 있다. 갓 입사한 비서나 경력이 많은 비서나 수행하는 역할에 별 차이가 없으며 직급상의 구분도 되어있지 않은 것이 보통이다. 일정기간 근무하여 어느 정도 업무에 익숙해 질 만하면 결혼하여 퇴직한다던가, 상사가 바뀌면 비서도 재배치된다던가 하는 것도 그 한 단면이다. 따라서 전문 비서교육을 받은 비서의 경우 우리나라 기관에 취업하였다가 이러한 관행과 자신의 능력이나 경력을 개발할 기회가 없음으로 인해 외국기관으로 전직하는 경우도 많다. 이는 곧 인력관리의 효율성 저하를 초래하고 나아가 경쟁력의 상실로 이어지게 될 것이다. 따라서 조직차원에서의 체계적이고 정책적인 배려가 절실히 필요한 시점이라 할 수 있다.

표 21-1 국내기관과 외국기관의 비서 현황

(단위 : 명)

구 분	입사시험 실시여부	학력					결혼여부	
		인문 고졸	실업 고졸	전문 대졸	대학 졸업	대학 원졸	미혼	기혼
국내기관	20.0%	12	38	10	16	1	72	5
외국기관	54.2%	0	0	2	53	3	31	27

실제로 현직 비서들을 대상으로 조사한 바에 따르면 대부분의(84.0%) 비서들이 취업 후에도 전문적 재교육이 필요하고 기회가 있으면 기꺼이 교육을 받겠다고 응답함으로써 그 필요성을 인식하고 있는 반면 제도적으로 기회가 주어지지 않고 있음을 나타냈다.

표 21-2 회사에서 전문비서교육을 실시할 경우 수용의사

(단위 : 명)

전문비서 교육 수용의사	전체	국내기관	외국기관
기꺼이 받겠다.	125(88.7%)	71(85.5%)	54(93.1%)
남들이 받는 경우 받겠다.	6(4.3%)	6(7.2%)	0(0%)
내키지는 않지만 강제라면 받겠다.	5(3.5%)	4(4.8%)	1(1.7%)
가급적이면 안받겠다.	5(3.5%)	2(2.4%)	3(5.2%)
계	141	83	58

(2) 비서 개인차원에서의 필요성

비서의 입장에서 평생교육이란 비서로서 근무하면서 달성가능한 장·단기 목표를 설정하여 보다 나은 내일을 계획적으로, 체계적으로 설계하는 것을 말한다. 변화가 심하지 않았던 과거에는 학교에서 배운 지식만으로도 오랫동안 사회에 나아가 활용하며 직장생활을 지속할 수 있었던 데 비해 현대사회에서는 그와 같이 하여서는 절대로 성공적 결과를 기대할 수 없게 되었다. 학교에서 배운 지식은 사회에 첫 발을 내딛기 위한 초보적인 지식에 불과하다. 취업하여 직장에서 업무를 수행해 가면서 다양한 지식과 기능을 습득하게 된다. 따라서 경력이 쌓임에 따라 보다 가치 있는 자기성장을 도모할 수 있어야 하겠다.

비서는 수없이 많은 종류의 업무를 다루게 된다. 그러한 업무를 수행해 가는 가운데 자신의 적성과 능력에 적합하고 개발가능성이 높은 분야를 찾아야 한다. 비서로 근무하면서 끊임없이 출현하는 첨단 사무기기나 소프트웨어 등을 익힘은 물론 자신이 속해 있는 업무분야, 관심이 있는 분야에 대하여 보다 깊이 있는 공부를 계속할 수도 있으며 야간대학이나 대학원, 기타 여러 방면의 정규교육과정을 이수하여 보다 상급교육기관의 학위를 취득할 수도 있다. 자신의 입장과 능력 등 여러 가지를 고려하여 계획적으로 추진하도록 한다.

표 21-3 비서들의 교육이 필요한 이유

	국내기관	외국기관
1순위	회사의 업무생산성 향상을 위해	자기계발을 위해
2순위	자기계발을 위해	회사의 업무생산성 향상을 위해
3순위	좀더 비중 있는 업무를 담당하기 위해서	좀더 비중 있는 업무를 담당하기 위해서
4순위	승진·봉급인상에 도움이 되어서	승진·봉급인상에 도움이 되어서
5순위	남들이 받는데 안 받으면 불리하므로	남들이 받는데 안 받으면 불리하므로

교육이 필요한 이유에 대하여 현직 비서들은 〈표 21-3〉과 같이 응답하였다. 이에 따르면 외국기관의 비서들보다 국내기관의 비서들이 더 회사를 위해 기여하고자 하는 의도를 가지고 있는 것으로 나타났다.

21.2 평생교육의 추진방향

비서에 대한 평생교육은 크게 직장에서의 재교육(OJT: On the Job Training)과 상급교육기관에의 진학으로 구별될 수 있다. 현실적으로 가장 필요하고 단기적으로 그 교육효과를 볼 수 있으며 비교적 쉽게 실시되는 것이 직장에서의 재교육이라 할 수 있다. 재교육은 주로 업무와 직결되는 지식, 기술, 기능 등을 습득하는 것으로 인적자원 관리의 중요성을 인식하여 회사차원에서 실시하는 것이다.

(1) 직장에서의 재교육(On the Job Training)

1) 효과적인 재교육의 전제조건

비서에 대한 재교육이 체계적이며 효과적으로 수행되기 위해서는 몇 가지 전제되어야 할 사항이 있다. 우선 비서직에 있어서 학력이나 경력 등을 고려한 적절한 직급구분이 이루어져야 하며 각 직급별로 부여되는 직무내용이나 역할기대(role expectation)가 명확해야 한다. 따라서 채용 시부터 그에 적합한 자격을 갖춘 인재를 채용하는 것이 우선시 되어야 한다. 그 후 피교육자의 능력 및 요구되어지는 업무영역을 고려하여 단계별로 교육 프로그램이 준비되는 것이 바람직하다. 또한 교육이 실시된 후에는 그에 대한 평가를 실시하여 이를 인사고과 및 봉급인상, 나아가 직급조정(승진)에 연계시켜 비서 본인들로서는 기술축적이 이루어지는 동시에 장기근속의지를 고양시키며 채용자의 입장에서는 애사심을 유발시키고 이직률을 최소화시킴으로써 경력개발을 통한 인적자원관리의 효율성을 제고시킬 수 있어야 하겠다. 이러한 사내 교육 프로그램에 관한 경비는 보통 회사에서 부담하는 경우가 대부분이며 덧붙여 비서교육에 대한 상사들의 적극적인 이해와 지원은 교육의 효과를 증대시킬 수 있는 방안이라 여겨진다.

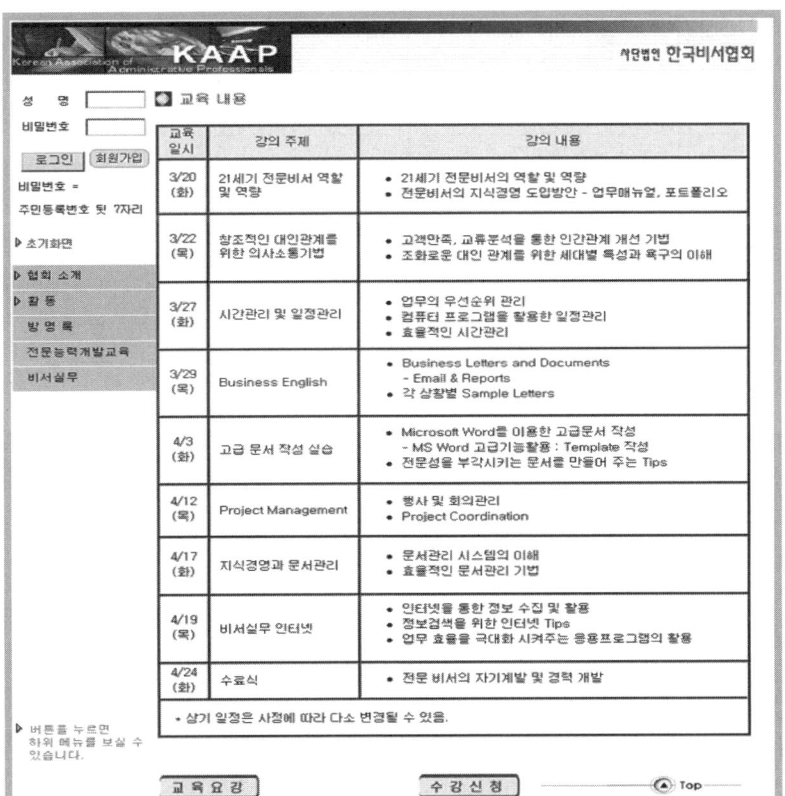

교육 일시	강의 주제	강의 내용
3/20 (화)	21세기 전문비서 역할 및 역량	• 21세기 전문비서의 역할 및 역량 • 전문비서의 지식경영 도입방안 - 업무매뉴얼, 포트폴리오
3/22 (목)	창조적인 대인관계를 위한 의사소통기법	• 고객만족, 교류분석을 통한 인간관계 개선 기법 • 조화로운 대인 관계를 위한 세대별 특성과 욕구의 이해
3/27 (화)	시간관리 및 일정관리	• 업무의 우선순위 관리 • 컴퓨터 프로그램을 활용한 일정관리 • 효율적인 시간관리
3/29 (목)	Business English	• Business Letters and Documents - Email & Reports • 각 상황별 Sample Letters
4/3 (화)	고급 문서 작성 실습	• Microsoft Word를 이용한 고급문서 작성 - MS Word 고급기능활용 : Template 작성 • 전문성을 부각시키는 문서를 만들어 주는 Tips
4/12 (목)	Project Management	• 행사 및 회의관리 • Project Coordination
4/17 (화)	지식경영과 문서관리	• 문서관리 시스템의 이해 • 효율적인 문서관리 기법
4/19 (목)	비서실무 인터넷	• 인터넷을 통한 정보 수집 및 활용 • 정보검색을 위한 인터넷 Tips • 업무 효율을 극대화 시켜주는 응용프로그램의 활용
4/24 (화)	수료식	• 전문 비서의 자기계발 및 경력 개발

* 상기 일정은 사정에 따라 다소 변경될 수 있음.

2) 재교육의 교육 분야

직장 내에서의 비서 재교육 과정의 교육 분야로는 기본적으로 비서실무, 외국어, 시사상식, 문서관리 등 일반사무처리, 워드프로세서로 문서작성하기, 회사의 고유 업무 및 운영, 교양 및 예절, 경영, 경제, 회계, 무역, 새로운 소프트웨어 및 첨단기기사용법 등이 중심이 되는 것이 바람직하며 그 외에 조직이나 상사의 업무분야나 특성에 따라 필요한 분야가 추가되어야 할 것이며 시대적 변화에 따라 필요하다고 예견되어지는 분야를 감안하여 지속적인 재조정이 필요하다. 교육필요 분야에 대하여 아래 표에서와 같이 상사와 비서 간에 견해차이가 있는 것을 알 수 있다.

표 21-4 교육이 필요한 분야에 관한 비서와 상사의 견해 비교

		국내기관	외국기관
비서의 의견	1순위	비서실무	외국어
	2순위	시사, 상식	비서실무
	3순위	외국어	회사의 고유 업무 및 운영
	4순위	문서관리 등 일반사무처리	새로운 소프트웨어 및 첨단기기사용법
	5순위	회사의 고유 업무 및 운영	경영, 경제, 회계, 무역 등 이론
상사의 의견	1순위	교양 및 예절교육	외국어
	2순위	비서실무	워드프로세서 문서작성
	3순위	워드프로세서 문서작성	문서관리 등 일반사무처리
	4순위	시사, 상식	프레젠테이션 자료작성
	5순위	문서관리 등 일반사무처리	비서실무

(2) 상급교육기관에의 진학

비서가 진학할 수 있는 정규교육기관으로는 학사학위를 취득하기 위하여 통신대학, 개방대학, 야간대학 등을 들 수 있고 야간대학원, 경영대학원, 행정대학원, 정보대학원 등의 특수대학원을 통하여 석사학위도 취득할 수 있다. 그 외에 각 대학에서 평생교육원, 전문비서교육과정 등 각종 프로그램에서 경영관리, 비서영어, 법률, 컴퓨터 관련 지식 및 기술, 정보관계의 교육을 받을 수 있다. 회사에 따라서는 이러한 상급교육기관에의 진학 시에도 교육비를 부분적으로 부담해줌으로써 동기부여 하는 경우도 있으므로 이러한 제도적 이점을 적극 활용

하는 것이 바람직하다. 비서들 중 어느 정도 경력을 쌓아 회사 내의 업무는 이미 충분히 익히고 하급비서들을 교육시키거나 관리자로 승진하고자 하는 비서들은 상급교육기관에서 학위를 취득하는 것이 바람직할 것이다.

21.3 비서의 자기계발

(1) 자기계발 계획의 수립

자기발전을 위한 계획을 수립함에 있어서는 무엇보다 먼저 자신의 강점과 약점을 냉철하게 분석하여 개발 가능성과 그 효율성을 고려하여야 한다. 즉, 우선 자신의 능력에 적합한 달성 가능한 목표를 설정하여야 한다는 것이다. 둘째로 목표는 도전할만한 가치가 있는 것이어야 하며 구체적으로 설정해야 한다. 막연히 '~을 잘한다' 등의 목표보다는 그 성취도를 측정 가능한 구체적인 척도를 세워놓고 그의 달성을 위해 꾸준히 노력한다. 셋째로 목표는 일정기간 경과 후 평가할 수 있어야 한다. 일정기간 경과 후 그 성취상황을 점검하여 목표와 비교평가한 후 문제점을 분석하여 개선함으로써 보다 효율적인 목표관리가 가능해질 것이다.

(2) 자기계발 현황 및 성공사례

최근에는 비서로 출발하여 계속적인 자기계발을 통하여 기업이나 은행에서 부장이나 이사 등 주요부서의 책임자로 승진한 경우도 많이 있고 남자들도 하기 힘들다는 외환딜러로 성공하여 외국 금융기관에서 활약한 후 국제 금융연수원을 설립한 사람, 대학원에 진학하여 학위를 취득하여 교수가 되는 등 강단에 서기도 하며 때로는 그동안 쌓은 지식과 경험을 바탕으로 자신의 사업체를 설립하여 경영자가 된 경우도 있다. 어느 분야를 막론하고 자신의 강점과 약점을 잘 파악하며 끊임없이 노력하여 이룩한 성과라 할 수 있다. 현대사회에서 자신의 위치는 궁극적으로 실력과 노력에 의해 결정되기 때문이다. 특히 비서직은 상부층 인사들과 접촉이 많으므로 기본적으로 그들이 추구하는 바나 중요시하는 바와 성공한 사람들의 특징이나 업무추진 방식을 곁에서 보고 배울 수 있으므로 이를 발판으로 자신의 노력여하에 따라 얼마든지 발전할 수 있는 것이다.

이 때 유의해야 할 사항은 진학으로 인하여 업무에 지장을 주거나 업무를 소홀히 해서는 안 되며 학교에 가는 시간이외에는 다른 사람보다 더욱 열심히 근무해야 하며 더욱 더 회사에 기여하고자 다른 직원들의 모범이 되어야 할 것이다.

연습문제

1. 자신이 직장생활을 수행해 나가는데 있어서 장·단기 목표를 설정하고 그것을 실현하기 위한 방안을 모색해 보자.

2. 자신의 외국어 실력을 향상시키기 위한 구체적인 대책을 마련해 보자.

5 부 록

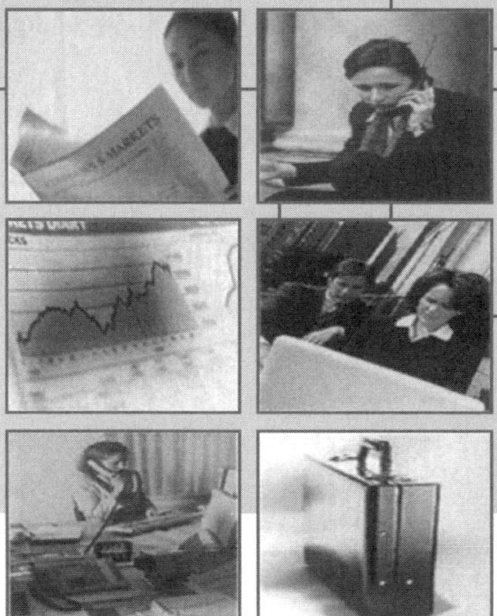

경영 · 경제 · 정보 · 시사 용어

감가상각(depreciation)

고정자산 취득에 투입된 자본을 그 내용기간 중의 각 영업연도에 할당하여 비용으로서 회수하는 절차를 감가상각이라고 한다. 이는 편향된 또는 자의적인 비용배분을 배제하고 정확한 기간손익계산을 가능하게 하는 것을 목적으로 한다. 고정자산에 투하된 자금의 일부는 감가상각절차에 따라 기업으로 회수되지만 감가상각비 그 자체는 현금지출을 수반하지 않으므로 자금의 체류가 발생하여 이것을 설비확장으로 전향시킬 수가 있다.

감사(監査, audit)

감사에는 기업경영에 관해서 작성된 회계기록이 적정한가 또는 그것이 일반적으로 인정된 회계원칙에 준해서 작성되었는가를 분석 · 검토 · 비판하는 회계감사와 조직이나 제도의 정비상태 및 운용상황을 비판적으로 검토하는 제도감사, 구매 · 제조 · 판매 등 업무활동의 경제성이나 능률을 판정하려는 업무감사가 있다.

감사보고서(audit report)

공인회계사 또는 감사법인이 감사사무가 완료된 후 감사자료를 정리하여 감사결과를 기재한 보고서를 말한다. 감사보고서는 감사인이 행한 감사의 내용 및 감사결과로서 발견된 문제점에 대한 의견을 제시하고 최종적으로 의뢰인이 제시한 재무제표가 회계원칙에 준거하여 재정상태와 경영성과를 적정하게 표시하였는가에 대한 판단을 표명한다. 증권거래법에서는 투자자보호를 위하여 상장회사가 작성 · 제출한 사업보고서에 공인회계사의 감사보고서를 첨부하도록 규정하고 있다.

게임이론(game theory)

경제행위에서 상대방의 행위가 자신의 이익에 영향을 미치는 경우 이익을 극대화하는 방법에 관한 이론. 노이먼과 모르겐스테른에 의해 대표된다. 게임이론은 1960년대 초 미국 핵전략론의 도구로 군사·안보 분야에서 주로 사용되다가 1980년대부터 사회학과 국제정치학, 국제경제학의 주요한 방법론으로 쓰이고 있지만 비판적인 시각도 만만치 않다. 각 행위자를 이기적 존재로만 규정하는 가치론적 전제와 복잡한 경제관계를 이론에 꿰맞추려 한다는 비판을 받기도 한다.

결산(closing the books)

회계 연도 말에 계산을 종결하고 장부정리를 하여 재무제표를 작성하는 절차로 회계기간 중의 손익을 산정하며 기말의 재무상태를 명확하게 하는데 그 목적이 있다. 결산은 시산표의 작성, 잔액조사표의 작성, 정산표작성과 같은 결산예비절차와 계정정리, 손익계정의 설정과 손익제계정의 마감, 재산제계정의 마감, 각종 보조장부의 마감, 재무제표작성과 같은 결산 본 절차로 이루어지는데 주식회사는 이렇게 하여 작성된 결산서를 주주총회에 제출하여 승인을 받아야 한다.

경상수지(balance of current account)

한 국가의 대외거래상태를 나타내는 지표 중의 하나로서 무역수지, 무역외수지, 이전수지를 합한 것으로 보통 국제수지적자 또는 흑자를 말할 때 대개 경상수지를 기준으로 하고 있다. 경상수지에 자본수지를 합한 것이 종합수지이며 자본수지 중의 장기자본수지와 경상수지를 합하면 기초수지가 된다.

경영다각화(diversification of management)

경영다각화란 기업이 종래 운영하고 있던 경영활동 이외의 다른 활동분야에 진출하는 것을 말한다. 경영다각화는 그 방향에 따라 수직적 다각화, 수평적 다각화, 콩글로머리트형 다각화로 분류할 수 있으며, 기업의 경영다각화는 환경변화나 경쟁격화에 대응하여 기업 활동을 수행하는데 따르는 기업위험의 부담을 분산시킴으로써 기업의 안정성을 확보함과 아울러 경영합리화를 도모함으로써 기업의 성장을 촉진하고 나아가 시장지배력을 강화하고 이익을 증대하기 위하여 수행된다.

경영분석(business analysis)

재무제표나 기타 경영 자료를 분석·검토하여 기업의 재정상태와 경영성과를 파악하는 방법을 말한다. 경영분석은 경영관리를 위해 기업내부에 있는 사람들이 실시하는 내부분석과 금융기관, 투자자, 정부 등 기업외부에서 각자의 목적에 따라 기업을 분석하는 외부경영분석이 있다. 경영분석은 신용분석을 목적으로 시작되었으나 오늘날에는 경영관리를 위해 더욱 중요시되고 있다. 따라서 경영분석의 주체도 외부자로부터 점차 내부자로 옮겨져 왔으며 그 목적도 신용분석, 즉 단기성부채에 대한 지급능력의 측정지표인 유동성분석에서 점차적으로 경영활동의 측정지표인 수익성분석에 중점을 두게 되었다.

경영정보시스템(management information system : MIS)

기업 활동에 필요한 사내·외 자료를 수집·처리·가공·분석·보관함으로써 경영층이나 관리층이 필요한 때에 정보를 제공할 수 있도록 컴퓨터를 사용하는 시스템으로 경영층에게 의사결정이나 경영전략 결정에 참고가 되는 정보를 제공한다.

경쟁전략

경영혁신기법으로서 경쟁 또는 경쟁자를 효과적으로 이용해서 기업이 추구하는 목표를 달성하는 것을 의미한다. 따라서 경쟁자를 분석할 경우 경쟁자의 자금능력, 인적구성, 사업성격등과 자기 기업의 강점과 약점을 입체적이고 체계적으로 분석해야 하며 동시에 계량적, 비계량적인 기업요소의 분석이 필요하다. 또한 전략과 목표, 기업의 강·약점과 전략 간의 차이를 분석함과 동시에 상대의 약점과 문제점을 파악하고, 단기적으로 제한된 자원을 이용하여 경쟁에서의 기선을 제압하는 것을 말한다.

경제성장률(economic growth rate)

국민이 일정기간에 경제성장을 이룩하는 비율을 말하는 것으로 국민총생산 또는 실질국민소득의 연간 또는 연도간 증가율로 나타낸다. 이것을 공식으로 나타내면 다음과 같다.

$$\frac{G_1 - G_0}{G_0} \times 100 = r\ (\%)$$

G_1 : 어느 해의 국민총생산

G_0 : 전년의 실질국민총생산

r : 어느 해의 경제성장률

경제지표(economic indicator)

경제활동이 이루어지고 있는 각 부문에 있어서의 동향을 나타내는 경제통계를 말한다. 경제지표의 대표적인 것으로는 국민소득통계, 생산지수, 재고지수 등의 생산 활동 지표, 무역수지나 외국환의 상태를 나타내는 대외지표, 중앙은행의 화폐발행고, 대출 잔고와 시중은행의 예금 잔고, 고용량, 임금지급액 등의 노동관계지표, 주가의 변동을 나타내는 주가지표 등이 있다.

공인회계사(certified public accountant : CPA)

공인회계사법에 따라 국가로부터 공인된 자격을 취득하고 타인의 위탁에 의하여 회계에 관한 감사, 감정, 증명, 계산, 입안 또는 법인설립에 관한 세무와 회계대리를 직무로 하는 사람을 말한다.

공정거래법

「독점규제 및 공정거래에 관한 법률」을 간단히 줄여서 공정거래법이라 한다. 1981년부터 시행되어 온 이 법은 시장의 독과점화를 억제하고 경쟁 제한적이거나 불공정한 거래행위를 규제하여 공정하고 자유로운 경쟁 질서를 확립하는 것이 목적이다. 주요내용은 시장 지배적 지위의 남용금지, 기업결합금지, 경제력집중억제, 부당한 공동행위제한, 불공정거래행위금지 등이다.

관리회계(managerial accounting)

기업회계 한 분야로 경영자가 경영관리활동에 도움을 주는 목적으로 한 내부보고회계를 가리킨다. 이에 비해 재무회계는 기업의 경영성적과 재정상태를 외부의 이해관계자(주주, 채권자, 투자가 등)에게 보고하기 위한 것이다. 관리회계는 경영자가 경영계획을 책정, 의사결정을 하는 데 도움이 되는 '의사결정회계'와 경영관리를 위한 '업적관리회계'의 두 가지로 나누어진다.

광통신(optical communication)

영상, 음성, 데이터 등의 전기신호를 레이저 광선의 강약으로 전환시켜 전송하는 통신방식. 레이저광을 머리카락 굵기 정도의 유리섬유 속을 통해 보내므로 광섬유통신이라고도 한다. 빛은 주파수가 높아 넓은 대역을 얻을 수 있으므로 전송정보량이 많다는 특징이 있다.

국내총생산(gross domestic product : GDP)

국내생산활동에서 발생한 부가가치 또는 최종생산물의 총계를 말한다. 국민총생산(GNP)에서 대외 순수치 요소소득을 뺀 수치이다. 영국, 독일 등과 같이 해외에서의 순소득이 많은 국가에서 국내경제활동의 동향을 조사하려면 GNP보다도 GDP를 사용하는 것이 적당할 때가 많다.

국민소득(national income : NI)

한 나라 안에 있는 가계, 기업, 정부 등의 모든 경제주체가 일정기간에 새로이 생산한 재화와 용역의 가치를 금액으로 평가하여 합산한 것으로 한 나라의 경제수준을 종합적으로 나타내는 대표적인 지표라고 할 수 있다. 국민소득은 생산의 범위 및 평가방법에 따라 국민총생산(GNP), 국내총생산(GDP), 국민순생산(NNP), 국민가처분소득(NDI), 국민소득(NI), 개인가처분소득(PDI) 등으로 나누어진다.

국민순생산(net national product : NNP)

국민총생산(GNP)에서 고정자본소모를 뺀 순부가 가치를 말한다. 고정자본소모란 기계 등이 마모되어 나중에 못쓰게 될 경우 새 기계로 바꾸는 데 필요한 금액을 말하는데 공장의 입장에서 보면 총생산보다는 본래의 기계가치를 그대로 유지하면서 새로이 생산해낸 부가가치, 즉 순생산이 더욱 의미가 있을 것이다. 장기적으로는 기술혁신 등으로 생산구조가 변하여 고정자본소모가 크게 변동할 가능성이 높기 때문에 장기간의 시계열 분석에는 순생산개념이 필요하게 된다.

국민주(people' s stock, national stock)

다수 국민에게 주식을 분산시켜 기업에 참여케 함으로써 기업의식을 고취하고 기업소득의 분배를 통한 대중의 소득향상을 도모하여 국민경제발전에 기여할 목적으로 정책적으로 널리 보급한 주식을 말한다. 일반적으로 국민주는 공익성과 수익성이 있는 대기업의 주식이 대상이 되는데 우리나라는 그 대상기업을 국가 기간산업이나 공공성이 높은 국민적 기업 중 경영내용이 건실하고 자본금 규모가 일정수준 이상인 기업으로 그 주식을 국민에게 널리 분산시킬 수 있는 기업으로 하고 있다. 현재 우리나라에서는 포항제철과 한국전력공사주식이 국민주로서 상장되어 있다.

국민총생산(gross national product : GNP)

한 나라의 가계, 기업, 정부 등 모든 경제주체가 일정기간에 새로이 생산한 재화와 용역의 가치를 시장가격으로 평가하여 합산한 것이다. 일정기간은 보통 1년을 말하며, 생산액은 산출액에서 중간투입액을 공제한 부가가치를 뜻한다. 한 나라의 경제력이나 그 국민들의 생활수준 등 파악하는데 가장 자주 쓰이는 경제지표이다.

국제수지(balance of international payments)

일정기간(보통 1년) 동안에 한 나라가 외국과 행한 국제경제거래에 수반되는 모든 지불과 수취를 말하는 것으로, 즉 일정기간에 대해서 국내에서 국외로 향하는 지급의 흐름과 국외에서 국내로 향하는 지급의 흐름을 사후적으로 대조시킨 것이다. 국제수지는 상품의 수출입을 나타내는 무역외수지 및 증여의 수수를 나타내는 이전수지로 구성되는 경상계정과 자본의 수출입을 기록하는 자본계정으로 구분되는데 자본계정은 다시 상환기간 1년을 기준으로 한 단기자본수지와 1년 이상을 기준으로 한 장기자본수지로 나누어진다.

규모의 경제(economy of scale)

각종 생산요소의 투입량을 증가시킴으로써 이익이 증가되는 현상. 대량생산에 의해 1단위당 비용을 줄이고 이익을 늘리는 방법이 일반적인데, 최근에는 특히 설비의 증강으로써 생산비를 낮추는 데 주안점을 두고 있다. 이 경우에는 기술혁신을 수반하는 것이 보통이며 이에 따른 이익을 '규모의 이익'이라고 한다.

그룹웨어(groupware)

여러 집단의 사람들이 같은 서류 작업을 하거나 스케줄에 맞춰 공동작업을 할 수 있도록 도와주는 네트워크 소프트웨어를 말한다. 협동성을 높여 생산성을 증가시키는 것이 목적이며, 기업 내 컴퓨터 사용자들은 LAN 등의 네트워크로 연결된 퍼스널컴퓨터를 통해 업무용 소프트웨어와 전자결재 등의 통신기능을 이용할 수 있다. 최근 기업의 컴퓨터 사용 환경이 네트워크화됨에 따라 정보를 공유하는 통합 환경으로 바뀌면서 그룹웨어는 기업 생산성 향상의 핵심요소로 떠오르고 있다.

글로벌리제이션(globalization)

세계화를 말하는 것으로 internalization에 비해 전세계적인 시야로의 경영 전개라는 전략적인 의미가 강하다.

글로컬리제이션(glocalization)

세계화(globalization)와 지방화(localization)의 합성어. 세계화가 국경 개념이 허물어지는 오늘날의 세계적 현상을 지칭하는 말이라면, 지방화는 지방이 경제활동의 중심이 되는 추세를 반영하고 있다. 즉, 세계화를 추구하되 현지의 기업풍토를 존중하는 경영을 해나가는 것을 뜻한다.

금리자유화(liberalization of interest rates)

금리가 자금의 수급에 따라 변동할 수 있도록 금리에 대한 규제를 없애는 일련의 조치를 말한다. 우리나라에서도 이자제한법(1962년 제정)과 한국은행법에 의하여 모든 금융기관의 금리가 사실상 당국의 통제 하에 놓여 있다. 그러나 우리나라도 자금배분의 효율화나 금융정책의 유효성 확보 등의 관점에서 금리자유화를 지향하고 있다.

금융시장(money market)

자금의 수요자와 공급자간의 거래가 행하여지는 시장으로 물리적인 시장이 아닌 개념적 시장이다. 자금의 성격에 따라 단기금융시장, 장기금융시장, 국내금융시장, 국제금융시장 등으로 분류된다.

금융실명제(金融實名制)

금융거래의 정상화와 합리적 과세기반을 마련하기 위해 도입된 제도. 은행예금이나 증권투자 등 금융거래를 할 때는 실제 명의로 해야 하며 가명이나 무기명거래를 인정하지 않는다는 것이 주요 골자이다. 이 제도는 사금융 등 음성적인 금융거래를 막는 데 그 목적이 있다. 1982년 말 정부는 '금융실명거래에 관한 법률'을 제정하여 전면적인 실명제 실시에 앞서 차등과세제를 도입, 무기명이나 가명으로 예금을 했을 경우 과세상 불이익을 받게 한 일이 있는데, 1993년 8월 12일을 기해 '금융실명거래 및 비밀보장에 관한 대통령 긴급명령'을 공표, 전면적으로 실시했다. 1997년 12월 31일 긴급재정경제명령이 폐지되고 '금융실명 거래 및 비밀보장에 관한 법률'이 공포되었다.

금융통화운영위원회(Monetary Board)

한국은행법에 의해 한국은행 안에 설치되어 통화신용에 관한 정책수립과 한국은행의 업무, 운영, 관리를 지시·감독하는 기관. 금융통화위원회의 구성원은 한국은행 총재, 재정경제부 장관, 금융기관, 농수산부 장관, 통상산업부 장관 추천 각각 2인씩으로 되어 있으며 임기는 3년이다.

기간산업(key industry)

한 나라의 산업 활동 중 없어서는 안 되는 측면을 갖고 있으며 산업구조상 상당한 비중을 차지하고 있는 산업을 말한다. 전력, 석유 등의 에너지산업, 철강 등 범용재료 공급 산업, 산업기계를 중심으로 한 조립산업이 이에 해당한다. 자동차산업, 참단 기술에 있어 '산업의 쌀'이라고도 할 수 있는 반도체산업, IC를 공급하는 전자공업 등도 기간산업이라고 할 수 있다.

기관투자가(institutional investor)

저축 또는 기타의 방법으로 조성된 개인 또는 법인들의 여유자금을 전문지식을 활용하여 주로 유가증권에 투자함으로써 수익이 극대화되도록 관리하는 법인형태의 투자가를 말한다. 우리나라에서는 투자신탁은행, 증권회사, 보험회사, 단자사, 종금사, 상호신용금고 등이 여기에 속하는데 기관투자가는 매매주문시 위탁증거금의 징수가 면제되며 상장법인으로부터 받은 배당금은 과세대상에서 제외된다. 기관투자가는 대부분이 투자자금량이 많고 정보의 수집, 분석능력이 뛰어나 철저한 분산투자를 도모할 수 있기 때문에 개인투자자에 비해 우위에 있어 시장에 있어서 지배적 영향력을 행사하기도 한다.

기업내용공시(disclosure)

주주, 채권자, 소비자 등 기업의 이해관계자에게 기업에 관련된 정보를 전달함으로써 이들이 기업 가치를 평가하고 판단하는 자료를 제공하게 하는 것을 말한다. 즉, 유가증권의 발행 및 유통에 있어서 기업의 재무사항, 영업실적 등의 내용을 공개함으로써 일반투자자가 충분히 투자판단을 할 수 있도록 하는 일종의 투자자보호제도이다.

기업집중(concentration of enterprises)

기업집중이란 기업결합과 함께 2개 이상의 기업이 집중, 결합하여 보다 큰 기업, 자본이 되어가는 것을 말한다. 기업집중에는 타기업과의 경쟁에 이기기 위해서 새로운 분야에의 진출을 도모하고 새로운 기술을 도입하는 등 기술진보를 촉진하여 합리화를 추진할 목적으로 이루어지는 전진적 · 발전적인 형태와 타기업과의 경쟁을 배제하고 시장독점을 실현하여 독점이윤을 획득하려는 현상유지적인 독점 추구형이 있다.

기업합병(merger)

독립된 2개 이상의 기업이 완전히 하나의 기업을 형성하는 것으로 기업합동이라고도 한다. 합병에는 생산 공정이 연결되어 있는 기업이 합병하는 것, 유사산업에 속하는 기업 상호간의 결합, 생산기술면에서 서로 연관이 없는 기업간의 결합 등 여러 형태가 있다.

기업회계기준(business accounting standards)

기업회계와 심사의 통일성과 객관성을 부여할 목적에서 제정한 회계원칙. 기업회계기준 1조에 규정된 바와 같이 주식회사의 외부감사에 관한 법률(외감법) 제13조에 의거 제정되어 법률의 성격을 띠고 있다. 이것은 다른 나라의 경우 민간기구에 의해 회계규정이 제정되어 자율적인 규제의 성격을 지니는 것과 대조가 된다. 이 같은 통일된 기업회계기준이 제정된 것은 본래 회계가 재무제표라는 거래기록을 기초로 실무상 관습화된 회계처리 방식에 따라 작성되기 때문에 경영자의 주관적 판단에 의존하는 경향이 강하므로, 이와 같은 개인의 주관적인 요구가 개입된 기업회계를 가능한 한 객관화하여 재무제표가 통일적으로 보고될 수 있도록 하는 회계처리기분의 필요성에 부응하기 위한 것이다.

기초수지(basic balance)

경상수지에 장기자본수지를 합산한 것으로 한 나라의 장기적인 대외결제 능력을 나타낸다. 원래 단기자본이동은 금리의 변동 등에 따라 가변적인 성격을 갖고 있고 특히 핫머니(hot money)와 같은 투기성자금은 변칙적으로 이동하는 특성을 갖고 있어 이들을 제외한 장기자본만을 경상수지와 통합한 기초수지를 보면 국제수지의 장기적인 기본추세를 파악할 수 있다는 점에서 이것이 국제수지의 주요분석지표로 이용되고 있다.

내부감사(internal audit)

경영 조직 내에 있는 감사담당자가 자기기업의 내부통제조직을 조사평가하고 조직내부의 각 단위의 효율성을 측정하는 한편 회계기록 및 기타 경영에 관한 모든 기록을 감사하는 것을 말한다. 내부감사는 주로 경영관리의 적극적인 수행을 도모하는 것을 제일의 목적으로 하여 행해지며 회계기록의 정확성을 보증하고 기업의 자산 및 자본을 유지하며 현금 및 기타 재산의 수지에 관한 이익을 목적으로 하는 동시에 외부감사에 협력하고 외부감사인에게 감사 자료를 제공한다.

내부자거래(內部者去來, insider's trading)

상장회사의 임직원 또는 주주가 그 직무나 직위에서 얻은 내부정보를 이용하여 자기회사의 주식을 매매, 부당이득을 얻는 거래를 말한다. 영국이나 미국 등에서는 내부자거래를 방지하기 위해 엄격한 처벌규정을 두고 있는데, 우리나라도 1988년 증권사에서 내부자거래가 발생, 규제를 대폭 강화하였다.

넛크래커(nutcracker)

우리나라가 미국, 일본 등 선진국에는 기술과 품질 경쟁에서 밀리고 중국, 동남아 등 후발 개도국에는 가격경쟁에서 밀리는 현상을 말한다. 미국의 컨설팅회사 부즈앨런&해밀턴사가 IMF 외환위기 직후 지적했다. 넛크래커는 원래 호두를 눌러 까는 도구를 말한다. 그러나 외환위기 이후에는 우리나라 수출산업이 처한 상황을 설명하는 데 많이 쓰이고 있다.

노블리스오블리제(noblesse oblige)

사회적 지위에 상응하는 도덕적 의무. 초기 로마시대에 왕과 귀족들이 보여준 투철한 도덕의식과 솔선수범하는 공공정신에서 비롯되었다. 근대화 현대에 이르러서도 이러한 도덕의식은 계층간 대립을 해결할 수 있는 최고의 수단으로 여겨져 왔다. 특히 전쟁과 같은 총체적 국난시 국민을 통합하고 역량을 극대화하기 위해서는 무엇보다 기득권층의 솔선하는 자세가 필요하다.

누진세(progressive tax)

과세대상이 클수록 단계적으로 세율이 높은 다른 세율을 적용하는 조세로서 소득의 재분배 효과가 있다. 소득세, 상속세 등의 직접세가 이에 속한다.

니치마케팅(niche marketing)

마치 틈새를 비집고 들어가는 것과 같다는 뜻에서 붙여진 이름이다. 니치마케팅은 특정한 성격을 지닌 소규모의 소비자를 대상으로 판매목표를 선정하는 것으로, 매스마케팅(대량생산-대량유통-대량판매)에 대립되는 개념으로 최근 시대상황의 변화를 반영하고 있다.

다국적기업(multinational firm)

일반적으로 2개국 이상에 걸쳐 생산을 행하고 마케팅을 행하며 기업의 경영자가 범세계적 안목에 입각하여 기본적 의사결정을 내리고 있는 기업이다.

다운사이징(downsizing)

다운사이징은 조직을 야위게 만드는 기법을 말하는 것으로, 슬림화를 통해 능률의 증진을 추구한다. 일반적으로 비즈니스 다운사이징과 정보시스템 다운사이징으로 나뉜다.

다이렉트 마케팅(direct marketing)

종래의 판촉, 광고활동 이상으로 보다 직접적인 형태로 소비자 정보를 수집해 시장을 개발하려는 것. 구체적으로는 우편발송이나 카탈로그 판매 등을 말하는 것으로, 소비자행동의 다양화, 세분화가 그 배경이 되고 있다.

당좌대월(overdraft)

은행이 당좌예금 거래선에 대하여 미리 일정한 한도액을 정하여 한도액이내에서 언제든지 당좌예금의 잔고 이상의 수표를 발행하여도 지불에 응하는 대여를 말한다.

대리인 이론(agency theory)

Jensen과 Meckling에 의해 1976년에 제기된 이론으로 기업과 관련된 이해관계자들의 문제는 기업 내의 계약관계에 의하여 이루어진다는 이론이다. 즉, 대리인 관계는 한 사람 이상의 사람들이 정해진 범위 내에서 의사결정권을 자신들을 대신하는 다른 사람에게 의뢰함으로써 이루어지는데, 이들 간에는 정보의 불균형, 감시의 불완전성 등으로 도덕 위험이나 무임승차 문제, 역선택의 문제가 발생할 소지가 있어, 이러한 제반 문제점을 극소화하기 위해서는 대리인 비용이 수반된다는 것이다. 이러한 대리인문제는 현대 사회의 거의 모든 계약관계에서 나타나는 것으로 그 응용범위가 매우 방대하다.

대손상각(bad debts expense)

대차대조표에 계상하는 외상매출금이나 받을어음 등 수취채권의 기말잔액은 회수될 금액을 정확히 나타내는 것이 아니므로 그 회수가능성을 검토하여 거래처의 파산, 행방불명, 사망 및 재해 등으로 인하여 회수가 불가능한 채권을 대손이라고 하는데 대손으로 인한 손실을 대손상각이라고 한다.

덤핑관세

한 국가가 어떠한 상품을 대폭적으로 가격 인하하여 수출함으로써 이것을 수입한 국가의 해당산업이 큰 타격을 입을 경우 수입국은 자국의 산업을 보호하기 위해 해당품목의 관세율을 인상하는 것을 말한다. 이 때 덤핑한 상품에 대하여 자국 상품과의 가격차액 이상의 높은 세금을 부과함으로써 그 상품이 가격 경쟁에서 이기지 못하도록 제재한다.

데이터베이스(database)

여러 가지 용도로 사용될 것을 전제로 한 대규모의 기억장치에 내장된 데이터의 집합체이다. 데이터를 자기테이프 등의 형태로 컴퓨터에 대량으로 기억시켜 필요한 때에 알고 싶은 정보를 꺼내 볼 수 있게 한 것이다. 데이터의 중복이나 장황성이 적도록 구조가 되어 있다.

● 데이터베이스 마케팅(database marketing)

고객에 관한 데이터베이스를 구축, 필요한 고객에게 필요한 제품을 직접 판매하는 것으로, 원투원(one-to-one) 마케팅이라고도 한다. 즉, 어느 고객이 무엇을 얼마나 자주 구매했는지, 어느 매장에서 어떤 유형의 제품을 구매했는지, 언제 재구매, 대체구매를 할 것인지 등과 같은 데이터를 가지고 고객의 성향을 분석, 향후 필요한 마케팅 전략을 수립하는 것이다.

● 등록법인(registered corporation)

증권거래법상 일정한 요건을 충족하는 법인으로서 유가증권발행의 공정과 기업의 공시를 위하여 기업 스스로 또는 증권관리위원회의 지정에 따라서 위원회에 등록된 비공개법인을 말한다.

● 디마케팅(demarketing)

수익에 도움이 안 되는 고객을 밀어내는 마케팅으로, 판촉비용 부담을 덜고 특정 고객들의 충성도를 강화시키는 '선택과 집중' 판매 방식이다. 매출보다는 확실한 수익성 확보를 통해 위기를 돌파하겠다는 업계의 전략이다. 고의로 고객수를 늘리지 않음으로써 제품에 대한 이미지와 브랜드 가치를 높여 오히려 장기적으로는 꾸준히 고객을 확보할 수 있는 것이다.

● 디지털위성방송

소형 접시안테나와 수신기로 수백 개의 TV 화면을 고화질 고음질로 즐길 수 있는 새로운 형태의 TV 영상서비스.

● 디지털카메라(digital camera)

필름에 영상을 담은 일반 카메라와는 달리 영상을 1과 0이라는 디지털 데이터로 메모리에 저장하는 카메라. 이를 통해 얻어진 사진들을 정보통신망을 이용해 전송할 수 있는 등 정보화시대에 각광받는 첨단기록전송매체로 떠오르고 있다.

● 리스크 매니지먼트(risk management)

기업경영이나 조직운영에 따르는 위험으로부터 자산, 사업수행력을 최소 비용으로 보호하는 경영수법. 1950년대 중반 미국에서 보험이론의 한 분야로 전개된 것이 그 시초이다. 일반적으로는 위험의 발견·확인에서부터 위험의 빈도와 기업재무의 안전성에 미치는 영향을 측정, 리스크 매트릭스를 만들고 여기에 따라 처리의 우선순위가 밝혀진다. 한편으로는 여러가지 위험의 처리방법을 다면적으로 검토해 놓고 비용과 효과를 감안해 가장 적절한 처리법을 선택한다. 기름 유출사고나 제품에의 불순물 혼입 등 위험에 따라서는 파멸적 타격을 줄 염려가 있으므로 리스크 매니지먼트를 도입하는 기업이 늘고 있다.

마케팅 믹스(marketing mix)

기업이 기대하는 마케팅 목표를 달성하기 위해 마케팅에 관한 각종 전략·전술을 종합적으로 실시하는 것. 현대 마케팅의 중심이론은 경영자가 통제 가능한 마케팅 요소인 제품(product), 유통경로(place), 판매가격(price), 판매촉진(promotion) 등 이른바 4P를 합리적으로 결합시켜 의사 결정하는 것을 말한다.

머천트 뱅크(merchant bank)

영국에서 어음인수 또는 증권발행을 주요업무로 하는 금융기관을 가리키며, 그 기능여하에 따라 어음인수 등의 인수신용업무에 종사하는 인수회사(accepting house)와 주식 및 사채의 발행 등을 지원하는 발행회사(issuing house)로 크게 구분된다. 머천트 뱅크는 전통적인 어음인수 및 주식발행업무와 관련하여 보험, 은행, 해운업무 등을 취급하고 리스, 팩토링 및 상거래업무 등도 맡는 등 종합적 금융기관의 성격을 띠고 있다.

메카트로닉스(mechatronics)

기계공학과 전자공학을 통합한 학문분야. 기계의 제어 등에 전자 기술을 응용하여 고성능화·자동화를 꾀한다. 반도체 집적회로(IC), 고밀도 집적회로(LSI), 마이크로컴퓨터 등의 전자기술과 기계를 결합시킨 전자식 탁상형 계산기, 전자식 재봉틀, 수치 제어 기계, 산업용 로봇 등이 이를 응용한 대표적인 제품에 속한다.

명목이자율(nominal interest rate)

채권, 예금 등 금융상품의 액면금액에 대한 이자율, 즉 유가증권 권면에 표시된 이자율을 일컫는 말로 실효이자율(effective interest rate)과 대조되는 개념이다.

명의개서

주권에 주주의 이름이 기재되어 있는 기명주식은 주권의 배서 또는 주권에 양도증서를 첨부함으로써 양도되어 실질적 권리를 이전할 수 있을 뿐만 아니라 이를 시장에서 유통시킬 수도 있다.

모기지론(mortgage loan)

주택자금을 대출해준 은행이 해당 주택을 담보로 주택저당증권(MBS)를 발행, 이를 중개기고나에 팔아 대출자금을 회수하는 제도. 중개기관은 주택저당증권을 다시 투자자에게 판매하고 그 대금을 금융기관에 지급하게 된다. 주택구입자금대출과 주택담보대출의 두 가지 종류가 있고 대출한도에는 제한이 없으며 기간이 최장 30년에 이른다는 점이 기존의 주택담보대출과의 차이점이다.

모라토리엄(moratorium)

한 국가가 경제·정치적인 이유로 외국에서 빌려온 차관에 대해 일시적으로 상환을 연기하는 것을 말한다. 모라토리엄은 상환할 의사가 있다는 점에서 지급거절과 다르다. 그러나 외채를 유예 받는다고 하더라도 국제적으로 신용이 하락하여 대외거래에 갖가지 장애가 뒤따른다.

목표관리(management by objectives : MBO)

목표에 의한 관리로서 조직의 구성원은 조직의 목표를 달성하는데 도움이 되는 여러 목표들을 자신의 목표로 설정하여 이를 추구하고 평가함으로써 궁극적으로는 조직의 목표를 이룰 수 있도록 하는 일종의 경영관리방식. 조직의 하급자들은 상급자로부터 무엇을 하도록 구체적인 지시를 받기보다 자신의 목표를 성취하고자 하는 노력을 하게 됨으로써 자발적이고도 적극적인 참여를 유도할 수 있다.

반기보고서(semi-annual report)

사업 연도가 1년인 상장법인의 경우 그 사업 연도 개시일로부터 6개월간의 사업내용 및 재무상태를 기재한 것으로서, 사업보고서와 함께 유통시장의 주요 공시자료가 되고 있다.

배타적 경제수역(exclusive economic zone; EEZ)

바다를 끼고 있는 나라에서 배타적으로 경제적 주권을 행사하겠다고 선포한 곳. 1995년 말 발표된 유엔해양법 협약은 연안국이 영해기선(영해가 시작되는 선)으로부터 200해리 범위 안에서 배타적 경제수역을 선포할 수 있도록 규정하고 있다. 어업자원에 대해서만 관할권이 인정되는 어업수역에 비해 포괄적인 경제주권이 인정되는 것으로, 다른 나라 배나 비행기가 지나가는 것을 막을 수 없다는 점만을 제외하고는 영해와 다름없는 권리가 미치는 곳이다. 일본이 독도에 대한 영유권을 주장하면서 독도를 포함하는 EEZ선포를 강행하고 있는 것도 한국어선의 일본연해 조업을 차단하고 자신들의 EEZ를 넓히려는 데 목적이 있다. 사실상 한국과 일본 사이에는 거리가 400해리가 되는 곳이 없어 200해리 EEZ는 서로 중복될 수밖에 없다.

버블현상(bubble phenomenon)

실체가 없는데도 불구하고 가격이 상승하기 시작하면 그것이 많은 사람들의 투기를 유발하여 가격상승이 지속되게 되지만 이윽고 거품(bubble)이 터지는 것처럼 급격히 원래의 상태로 되돌아가는 현상을 말한다. 이 현상은 외환거래 및 주식 등 여러 분야에서 나타나고 있는데 대부분의 경우 거품이 사라진 뒤에는 공황상태가 출현한다.

법인세(corporate income tax)

법인이 각 사업 연도 동안 취득한 소득에 대하여 부과되는 세금이다.

벤처 캐피털(venture capital)

고도의 기술력을 갖고 있어 장래성은 있지만 아직 경영기반이 약해 일반 금융기간에서 융자받기 어려운 벤처 비즈니스에 대해 주식취득 등의 형식으로 투자하는 기업, 혹은 이러한 기업의 자본 그 자체를 가리킨다. 대개는 당해 기업이 성장한 후 자신이 취득한 주식의 공개, 자본이익으로 수익을 올리는 것이 일반적이다.

벤처 비즈니스(venture business)

신기술이나 노하우 등을 개발하고 이를 기업화함으로써 사업을 하는 창조적인 기술 집약형 비즈니스. 벤처 비즈니스는 High Technology Business, New Technology Based Firm, Risky Business 등 다양한 용어들과 혼용되고 있다. 국제적으로 아직 벤처 기업에 대한 명확한 개념은 없으나 나라별로 신사업자, 기술집약형 기업 또는 특정 중소기업자라는 표현으로 일반 중소기업과 지원방법을 달리 적용하고 있다.

벤치마킹(benchmarking)

벤치마킹은 최근에 두드러진 경영혁신기법으로, 한 기업 내의 지역별, 부서별 장점을 대조 비교함으로써 능률의 향상을 추구하는 방법을 의미한다. 또한 동일한 고객을 갖는 경쟁기업을 대상으로 하는 경쟁적 벤치마킹과 경쟁기업은 아니지만 제품, 서비스, 생산 등 고유한 분야에서 두각을 나타내는 선두기업을 대상으로 하는 벤치마킹으로 분류된다.

변동환율제(floating exchange rate system)

환율의 변동이 전혀 인정되지 않거나 소폭의 범위 내에서 변동하는 고정환율제도(fixed exchange rate system)와는 달리 외환의 수급상태에 따라 자유로이 환율을 변동시켜 국제수지의 조정을 기하려는 제도를 말한다.

보증사채(guaranteed bond)

발행한 사채의 원금상환 및 이자의 지급을 발행회사 이외의 제3자가 보증하는 것으로, 투자의 위험성이 없다는 이점이 있고 투자자의 입장에서 볼 때 무보증사채보다 안전성이 있으므로 무보증사채에 비해 이자율이 낮은 편이다. 우리나라 사채발행의 대부분이 보증사채에 의존하고 있다.

본지점회계(branch accounting)

본점, 지점, 공장이 본점 혹은 본사로부터 독립된 회계단위를 유지할 때 발생하는 본지점간 내지는 지점상호간의 거래에서부터 시작하여 전사적 재무제표의 작성에 이르기까지의 제문제를 해결하기 위한 회계기법이다.

● **부가가치(added value)**

기업이 생산 활동을 함으로써 생산물에 새로이 부가한 가치를 말하며 보통 생산액에서 원재료비 등 다른 기업으로부터 구입한 중간생산물의 가치와 생산과정에 있어서의 자본설비의 소모 분을 차감한 잔액을 뜻한다.

● **부가가치세(value added tax : VAT)**

제품이나 그 부품이 팔릴 때마다 과세되는 소비세의 한 체계로 생산자, 도매업자, 소매업자, 소비자의 각 유통단계마다 부가된 가치의 부분이 과세대상이 된다.

● **부메랑 현상(boomerang 現像)**

선진국이 개발도상국에 경제원조나 자본투자를 하여 생산된 제품이 마침내 현지시장의 수요를 충족하고도 남아 선진국에 역수출되어 선진국의 해당산업과 경합을 벌이는 현상이다. 부메랑이란 본래 호주의 원주민이 사용하던 사냥기구로 던지면 다시 제자리로 돌아오게 되어 있다.

● **분식 회계(window dressing settlement)**

기업경영자가 결산재무제표상의 수치를 고의로 왜곡시키는 것으로 특히 이익액을 실제가치보다 크게 표시하는 경우를 말하는 때가 많다.

● **브레인 스토밍(brain storming)**

아이디어 창출방법의 하나. 한 가지 문제를 집단적으로 토의해 제각기 자유롭게 의견을 말하는 가운데 정상적인 사고방식으로는 도저히 생각할 수 없는 독창적인 아이디어가 튀어나온다는 것.

● **비공개법인(private corporation)**

기업의 주식이 일반대중에게 분산되지 않고 특정개인이나 소수주주에게 집중되어 있어 폐쇄성을 띄고 있는 법인을 말한다. 비공개법인은 공개법인과는 달리 세제상 혜택 및 제도적 특징이 없으며 일반대중으로부터의 자금조달이 어렵다.

● **비관세장벽(non-tariff barrier : NTB)**

관세 이외의 방법으로 정부가 수입을 억제하고자 하는 정책으로 수입수량제한, 국내산업보조정책, 수출입 금융 또는 세제상의 혜택 등을 의미한다. 통상마찰에 있어 비관세장벽이 논의의 쟁점이 되기도 한다.

사보타지(sabotage)

우리나라에서는 흔히 태업(怠業)이라고 번역되는데 실제로는 태업보다 범위가 넓다. 태업은 노동자가 고용주에 대해 형식적으로는 일을 하면서 몰래 작업능률을 저하시키는 것을 말하지만, 사보타지는 쟁의 중에 기계나 원료를 고의적으로 파손하는 행위도 포함된다.

사업설명서(prospectus)

신고의 효력이 발생한 유가증권을 매출할 경우에, 발행인이 공중(公衆)에게 교부하기 위하여 작성하는 공시서류로서, 당해 유가증권을 취득하고자 하는 자의 청구가 있을 때에는 이를 교부하여야 한다.

사채(corporate bond, debenture)

사채는 주식회사가 일반대중인 투자자로부터 비교적 장기에 걸치는 다액의 자금을 집단적으로 조달하기 위하여 채권발행의 형식으로 부담한 채무이다.

사회간접자본(social overhead capital : SOC)

기업이 생산 및 기타 활동을 영위하기 위한 토대가 되는 도로, 항만, 철도, 항공 등의 군수 및 전력을 비롯한 동력, 그리고 산업발전의 기반이 되는 공공시설을 말한다. 이들 시설은 대부분 지방단체의 통제 하에 있기 때문에 사회적 자본이라 하며, 많은 기업 활동에 공통적으로 또한 간접적으로 필요하므로 간접적 자본이라 한다.

상장(listing)

증권거래소가 유가증권을 증권시장에서 사고 팔 수 있는 종목으로 결정하는 것이다. 증권을 상장하고자 할 때에는 증권거래소에 등록을 하고 상장심사기준에 의거한 심사를 거친 후 증권관리위원회의 승인을 받아야 한다. 유가증권을 증권시장에 상장한 회사를 상장회사라고 한다.

◉ 상표권

상품을 생산・제조・가공 또는 판매하는 자가 자기의 상품을 다른 업자의 상품과 식별하고자 사용・표시하는 기호, 문자, 도형 등을 상공부 특허청에 출원하여 등록함으로써 부여받는 전용권을 말한다.

◉ 소비자물가지수(comsumer price index : CPI)

소비자가 구입하는 상품・서비스의 가격 변동을 표시하는 물가지수이다. 주로 가계지출 중에서 중요하고 구매빈도가 높고 영속성이 있는 상품・서비스를 선정하여 작성된 지수이다.

◉ 손익분기점(break-even point)

일정자본을 투자하여 상품을 생산하였을 때 손실과 이익이 엇갈리는 지점 혹은 매출액을 말한다. 상품의 생산량 또는 판매량으로 표시하기도 한다.

◉ 시너지 효과(synergy effect)

기업합병으로 얻어지는 경영상의 효과. 기업간의 합병으로 2+2→5와 같은 경영상의 효과를 나타내는 작용을 가리킨다.

◉ 시뮬레이션(simulation)

현재의 시스템이나 장차 구축하려는 시스템 모델을 만들어 갖가지 실험을 하고 그 결과를 검토함으로써 현실 또는 장래의 시스템에 대처하는 것으로 시스템 공학의 중요한 기법중의 하나이다. 시뮬레이션은 모의실험이라고도 하며 최근에는 '예측'이라는 범위까지 확대해석해서 사용하기도 한다.

◉ 신디케이트 론(syndicate loan)

수개의 은행이 그룹을 형성하여 외국의 정부나 공공기관, 민간회사 등에 대하여 거액의 자금을 공동으로 대출해 주는 것이다.

◉ 약속어음(promissory note)

발행자가 스스로 일정금액을 정한 기일에 지급한다는 것을 약속하는 형식의 어음으로 약속어음은 지급할 약속을 주요 목적으로 하고 있기 때문에 발행자는 어음의 발행인인 동시에 채무자가 된다. 실질거래에 있어서는 상품의 매입자가 약속어음을 발행하고 매도 자는 이것을 은행에서 할인받아 자금의 회수를 도모하는 것이 보통이다. 또 은행이 대출할 때에는 차용인을 발행인, 은행을 수취인으로 하는 약속어음을 차용증서 대신 받는 경우도 있다.

어음(bill, note)

일정한 시간에 일정한 장소에서 일정한 금액을 무조건 지급할 것을 위탁하거나 또는 발행인 스스로가 지급을 약속하는 유통성 신용증권을 말하는 것으로 전자를 환어음이라고 하고 후자를 약속어음이라고 한다.

엠바고(embargo)

한 국가가 다른 특정 국가에 대해 직간접 교역, 투자, 금융거래 등 모든 부문의 경제교류를 중단하는 조치. 우리말로는 금수조치(禁輸措置)라고 부른다. 원래 선박의 입출항을 금지한다는 뜻이었으나 국가간의 수출금지, 통상금지조치로 그 의미가 확대됐다. 또한 엠바고는 언론용어로 뉴스의 발표시간 제한을 뜻하기도 한다.

연결재무제표(consolidated financial statement)

2개 이상의 회사가 지배·종속관계에 있는 경우 이들 복수기업진단을 단일조직체로 간주하여 작성하는 재무제표를 말하는 것으로 연결손익계산서와 연결대차대조표 등으로 구성된다. 연결재무제표를 작성하는 목적은 기업집단을 구성하는 회사의 재무제표를 결합하여 개별회사의 재무제표만으로는 표시할 수 없는 기업집단 전체의 경영성적과 재정상태를 적절히 표시하자는 데 있다.

연대채무

어떤 사람이 돈을 빌리고 제3자가 그 지불을 담보하는 것과 같은 계약을 말하며 채무자가 지불을 하지 못할 경우 제3자가 대신 지불해야 한다.

외환시장(foreign exchange market)

외환의 매매거래가 이루어지는 특정의 장소나 공간을 지칭하기보다는 외환거래가 정기적 또는 지속적으로 이루어지는 총괄적인 거래메카니즘 및 거래양태를 말한다.

우량주(blue chip)

업적과 경영내용이 좋고 배당률도 높은 회사의 주식을 말한다. 우량주에 관한 정확한 기준이나 개념이 정립되어 있는 것은 아니지만 일반적으로 당해 회사의 재무내용이 좋고 사업의 안정성이 높고 안정배당 및 성장성이 있으며 유통성이 높은 주식을 말한다.

유로(Euro)

유럽단일통화의 명칭. 유럽연합(EU) 15개 회원국들이 스페인 마드리드 정상회의에서 합의, 1999년 1월에 출범한 경제통화연맹(EMU)에서 부르기로 한 단잉ㄹ통화의 명칭이다.

유로머니(Euro-money)

유럽 금융시장을 중심으로 각국의 금리 차나 환율변동에 의한 차익을 노려 세계에 부동하는 핫머니의 일종. 유럽각국의 은행, 회사가 단기자금의 형태로 보유하고 있으며, 그 대표적인 것이 유로달러이다.

유럽공동체(European Community : EC)

구주공동체라고도 하며 프랑스, 독일, 이탈리아, 벨기에, 네덜란드, 영국, 덴마아크, 아일랜드 등의 나라가 중심이 되며 경제, 정치, 통화의 통일뿐만 아니라 각종 관세의 철폐 등을 통하여 하나의 경제체제로 통합되어가고 있다.

유상증자(capital increase with consideration)

이미 설립된 주식회사가 실질적인 자본금을 증가시키기 위하여 증자하는 경우를 말하는 것으로 가장 일반적인 자기자본의 조달형태이다. 즉, 유상증자라 함은 주식을 발행함으로써 주식의 증가와 함께 회사의 자산이 실질적으로 증가하게 되는 것을 말하며 이를 실질적 증자라고 한다.

의결권(voting rights)

주주의 지위에 따른 권리로서 주주총회의 의안에 대해 의사표시를 하는 것을 말한다. 의결권은 1주당 하나로서 무의결권주식은 예외이다. 의결권은 대리인에 의해 행사될 수도 있으나 무기명주식에 대해서는 주권을 공탁하고 있지 않으면 의결권을 행사할 수 없다.

이모티콘(Emoticon)

컴퓨터를 통한 커뮤니케이션 과정에서 생겨난 신조어. 감정을 나타내는 이모션(emotion)과 아이콘(icon)의 합성어. 80년대 초 미국의 카네기멜론대학 학생이 컴퓨터 자판을 이용해 ':-)'이라는 부호를 사용하면서 보급되기 시작했다. 사이버 공간에서 자신의 감정이나 의사를 전달할 때 사용하는 특유한 언어로, 컴퓨터 자판의 문자, 기호, 숫자 등을 적절히 조합해 만든다.

이전소득(移轉所得 : transfer income)

생산에 직접 참여함으로써 얻어진 소득이 아니라, 정부로부터 받는 연금(年金) 및 공채이자(公債利子) 등을 말한다. 다른 사람 소득의 일부를 세금으로 징수하여 특정인에게 다시 이전한 것에 지나지 않는다. 따라서 정부에 들어갔던 것 중에서 그 일부가 또다시 지급되는 것이므로 국민순생산의 산출에는 넣지 않는다.

인베스트먼트 뱅킹(investment banking)

자본시장에서 기업이나 정부, 정부관계기관 등의 자금조달을 중개하는 인수업무를 주체로 하여 기업의 매수・합병의 중개, project finance 의 중개 등을 하는 미국 증권회사의 업무를 말한다.

인트라넷(intranet)

인터넷 속의 작은 인터넷. 지금까지 사내 정보전달을 위해 사용하던 전용선을 인터넷으로 대체한 사내정보전달시스템을 말한다. 인트라넷은 사회의 인프라로 정착해 가는 인터넷 기술을 기업, 공공기관, 연구소 등 단위조직에 적용해 통합된 네트워크 안에서 모든 업무를 수행할 수 있게 하는 차세대 그룹웨어 환경이다.

인포테인먼트(infotainment)

정보(information)와 오락(entertainment)을 합성해 만든 신조어. 정보혁명의 성과물을 실생활에 이용하면 인류의 삶을 혁신적으로 재미있고 풍요롭게 만들 수 있다는 것의 의미한다.

인플레이션(inflation)

인플레이션이란 물가가 지속적으로 상승하는 현상을 말하는데 여기에서 물가라는 것은 어느 특정상품의 가격을 말하는 것이 아니라 물가지수를 의미한다.

자기금융(self-financing)

내부금융이라고도 하며 경영활동의 결과로 얻은 기업이익을 각종의 형태로 기업의 내부에 유보함으로써 이루어지는 자금조달 형식이다. 즉, 각종 준비금, 전기이월금, 감가상각적립금 등이 이에 해당한다.

자기앞수표

은행이 자기를 지급인으로 하여 발행하는 수표이며 통상 보증수표라고도 한다. 자기앞수표를 발행 받고자 하는 자가 은행에 수표금액을 납입하면 은행은 자기가 지급인인 수표를 발행한다. 즉, 은행 자신이 발행인이며 지급인이 되어 발행하는 수표이다.

자본시장(capital market)

자본시장은 장기자금이 조달·공급되는 시장으로서 장기금융시장이라고도 한다. 자본시장은 자금의 공급방식에 따라 장기대출시장과 증권시장으로 구분되는데 장기대출시장은 간접금융방식이 행해지는 금융시장으로서 금융기관이 저축자로부터 조달한 자금을 장기자금수요자에게 대출하는 시장을 말하며 증권시장은 주식·채권 등의 증권을 통해 자금을 조달하는 직접금융시장을 말한다. 한편 직접금융시장인 증권시장은 새로운 주식·채권 등이 발행되는 발행시장과 이미 발행되어 있는 증권이 거래되는 유통시장으로 구분된다.

전자상거래(electronic commerce)

인터넷 등 전자매체를 이용해 상품을 거래하는 행위. 일반적인 상품거래와 함께 고객마케팅, 광고, 정부 제품조달, 서비스 등도 여기에 포함된다. 인터넷의 홈페이지나 가상 상점을 개설해 판매활동을 하는 사이버 비즈니스를 협의의 전자상거래라고도 한다.

전자서명(electronic signature)

전자문서의 작성자와 변조여부를 확인할 수 있도록 해당문서에 삽입하는 암호화된 정보. 우리나라의 '전자서명법'에 의하면 "전자서명이란 전자문서를 작성한 자의 신원과 전자문서의 변경 여부를 확인할 수 있도록 비대칭 암호화방식을 이용하여 전자서명 생성키로 생성한 정보로서 당해 전자문서에 고유한 것을 말한다."라고 정의하고 있다.

정관(article of incorporation)

사단법인이나 회사의 조직·활동에 대하여 규정한 근본규칙 또는 규칙을 기재한 서류로서 주식회사 설립 시에는 반드시 공증인의 검증을 받아야 효력이 발생한다. 정관에는 설립목적, 상호, 발행주식총수, 주당금액, 회사설립 시 발행하는 주식의 총수, 본점과 지점의 소재지, 발기인의 성명과 주소, 정관의 작성연월일 등이 기재된다.

정리해고제(整理解雇制)

경제적, 기술적 여건의 변화에 따른 경영여건을 개선하기 위해 기업이 근로자를 '정리'하는 것을 말한다. 1998년 2월 노사정 합의에 따라 '긴박한 경영상 이유가 있을 때' 할 수 있도록 명문화되었다.

종업원지주제도(employee stock ownership plan)

통상적으로 회사가 경영방침으로 특별한 편의를 제공하여 종업원으로 하여금 자사주를 취득 보유하게 하는 제도라고 정의되고 있다. 즉, 기업이 종업원에게 자기회사주식을 취득 보유하게 하여 기업이익배분에 참여하게 하는 제도이다. 그리하여 종업원이 기업에 대한 참여의식을 함양하고 노사협조의 원활화와 종업원의 이동억제를 통하여 기업의 생산성을 제고하고 나아가서 종업원의 재산형성을 촉진시키는 제도이다.

종합주가지수(Korean Composite Stock Price Index : KOSPI)

증권거래소에 상장된 주식의 시장가격을 토대로 작성되는 증권시장지표 중 전반적인 주식의 동향을 가장 잘 나타내 주는 대표적인 지수이다.

주주(shareholder)

주식의 소유권자를 말하며 주식의 소유지분에 따라 회사에 대하여 일정한 권리와 의무를 지닌다. 의결권 행사, 이익배당청구권, 잔여재산분배청구권 등의 권리가 있다.

지불준비제도

금융기관이 고객으로부터 받아들인 예금의 일부를 중앙은행에 예치하게 하는 제도로서 중앙은행은 지불준비율을 인상 또는 인하함으로써 시중의 유동성을 억제 또는 완화시키는 역할을 한다.

지식산업(knowledge industry)

두뇌산업 혹은 정보산업으로도 불리며 최근에 대두된 산업분야이다. 교육, 연구개발, 컨설팅, 정보서비스 등의 산업이 이에 속하며 최종 생산물이 지식이거나 지식을 매개로 하는 사업을 말한다.

지식정보처리(knowledge information processing)

지능적인 처리기능을 가지고 지식을 다룰 것을 목적으로 하는 정보처리 시스템으로, 지능정보처리 시스템이라고도 한다. 이것은 공학적인 목적으로 정보처리 시스템을 어떻게 인간이 활용하기 쉬운 것으로 만들어 나가는가, 인간과의 인터페이스(interface)가 자연스러운 컴퓨터는 어떠해야 하는가의 문제를 연구하는 입장에서 나온 것이다. 그리고 이러한 연구분야를 인공지능연구라고 한다. 지식정보처리에서는 지식을 데이터로써 다룰 필요가 있으며 이를 위해서는 기록처리의 기능이 필수적이다.

지적소유권(intellectual property)

독창적인 기술이나 지식 등 소프트한 지적 재산의 소유권을 인정하고 타인이 멋대로 사용하는 것을 금지할 수 있는 권리이다. 지적소유권의 국제적인 조정기관으로서 국제연합에 WIPO(World Intellectual Property Organization), 즉 세계지적소유권기구가 설치되어 있다. 지적소유권은 크게 나누어 특허나 상표, 의장을 중심으로 하는 산업재산권과 문학・미술작품 등의 예술적 소유권의 둘로 나뉜다. 최근 사업재산권에 대하여 첨단기술의 발전과 더불어 국제적 분쟁이 잇따르고 있으므로 우리나라로서도 이에 대한 대처가 시급하다.

채권(bond)

채권이란 국가, 공공단체, 회사 등이 널리 일반대중으로부터 일시에 대량의 자금을 조달하고, 그 반대급부로 조달원금의 상환과 이자지급 등의 조건을 명확히 표시하여 발행하는 일종의 차용증서이다.

캐시 카우(cash cow)

계속적으로 현금흐름을 발생시키는 사업부문. 보통 잘 알려진 상표명을 가지고 있어서 제품의 반복구매를 촉진하는 경우가 많으며 안정적인 배당을 기대할 수 있게 한다.

컨설턴트(consultant)

각종 기술상담에 응하여 조사, 진단, 설계, 시행감독 등을 행하는 업무로서 컴퓨터시스템 디자인부터 경영진단이나 교육훈련에 이르기까지 다양하다.

컨소시엄(consortium)

본래 다수의 국가가 공동으로 차관을 제공하는 형식을 의미하였으나 제2차 세계대전 이후 개발도상국의 경제계획에 대하여 선진공업국들이 협력하여 경제원조를 제공하는 방식이 되고 있다.

컨트리 리스크(country risk)

외국의 자산에 투자할 경우에는 국내투자의 경우에 존재하는 모든 투자위험 이외에 그 국가고유의 위험이 추가된다. 예를 들면 혁명, 쿠데타, 전쟁이 일어나 종래의 법률질서가 파산되든가 종래 사기업, 사유재산이었던 것이 몰수되어 국유화될 가능성 등도 있다. 이것을 컨트리 리스크라고 하는데 개발도상국에 있어서 특히 문제가 되고 있다.

컴퓨터리제이션(computerization)

컴퓨터가 산업 활동이나 가정생활, 문화활동 등 사회활동 전반에 보급돼 가는 일.

이것은 컴퓨터의 비치 대수와 설치 금액만으로 판단하는 것이 아니고, 인구당의 설치대수, 금액, 이용수준이나 일반적인 컴퓨터에 대한 인식의 정도 같은 질적인 면도 가미할 필요가 있다. 이 질적 차이를 포착하여 컴퓨터리제이션 갭이라고 부른다.

콜론·콜머니(Call Loan, Call Money)

주로 은행과 기타의 금융업자간에 이루어지는 거액의 단기간 대차(貸借)를 말한다. 수표나 어음 등을 교환할 경우 결재상 차질이 생길 때는 콜론을 빌려서 결재하게 되는데, 이 때 빌려 쓴 사람쪽에서는 콜머니라 한다.

콩글로메리트(conglomerate)

서로 다른 업종간의 기업이 합병한 복합기업을 말한다. 동일업종 간의 합병이 생산품목의 독과점을 획책한다는 이류로 독점금지법에 저촉되는 데 반해 이 방법은 합법적으로 자본이 거대화된다는 이점이 있다.

타임셰어링 시스템(time-sharing system)

다수의 이용자가 공동으로 대형 컴퓨터를 이용하는 시스템이다. 동시에 다수의 프로그램을 실행하지 않으면 안 될 때, 컴퓨터의 CPU(중앙처리장치)의 처리기간을 시간적으로 세세하게 분할하여 차례차례 처리해 나가는 방식이다. 이 시스템은 소수의 컴퓨터를 다수의 이용자가 동시에 사용하고 싶다는 요구에서 나온 것으로 프로그램 개발이나 교육용 시스템, 학술연구용 시스템에 사용된다.

통합문서처리 시스템(total text processing system)

문서처리에 필요한 모든 기능을 통합한 시스템으로 텍스트, 그래프, 이미지, 표 등을 자유자재로 작성하여 문서 속에 통합하고 이를 관리하는 것이다. 더 나아가 네트워크를 통해 이의 배포까지 자동화할 수 있다. 이들의 통합에는 텍스트와 그래픽이라는 상이한 성격의 데이터를 혼재 시키는 것과 문서로 편집하는 데 있어서의 레이아웃 수정의 자동화가 필요하다.

특허권(patent right)

특허법, 실용신안법, 의장법에 의하여 특허권자가 독점적으로 발명 또는 의장에 관하여 가지는 지배권으로 무형의 자산이다.

◉ 패킷 통신(packet telecommunication)

단말기로부터 입력했던 정보를 1000비트 정도의 패킷이라는 블록으로 분할해 패킷마다 수취인의 주소와 제어정보를 붙여 전송하는 것. 패킷을 수신한 측에서는 패킷으로부터 발신한 정보를 복원한 다음 이를 다시 상대편 단말기로 되돌려 보낸다.

◉ 퍼지 이론(fuzzy theory)

진위(眞僞), 즉 참과 거짓이 명확하게 구분되지 않는 개념을 다루는 시스템의 연구로, 퍼지란 원래 '애매모호한', '경계가 명확하지 않은'이라는 뜻이다. 퍼지 이론은 불확실한 양상을 수학적으로 다루는 이론이며, 캘리포니아 대학의 L.A. 저디가 제안한 퍼지 집합의 개념이 그 기초가 되고 있다. 모든 것을 참과 거짓으로 명확히 구분하는 이율배반의 논리에 따르는 현재의 컴퓨터로는 사람의 말인 자연언어의 의미를 올바르게 파악하여 인간과 마찬가지로 추론·영상을 한다는 것은 불가능하다. 그래서 진위를 명확하게 구분하기 힘든 개념을 다루는 시스템의 연구가 퍼지시스템 이론 또는 퍼지이론으로서 인공지능이나 지식처리의 연구와는 별도의 관점에서 계속되어 왔다. 퍼지이론의 응용은 주로 지식공학이나 프로세스제어 등의 분야에서 시도되고 있다.

◉ 페이퍼 컴퍼니(paper company)

물리적 실체가 없이 서류 형태로만 존재해 회사 기능을 수행하는 회사. 사업 활동에서 나오는 소득과 기타 합산소득에 대한 세금을 절감하는 한편, 기업 활동 유지를 위해 소요되는 제반경비를 절감하기 위해 설립되고 있다. 케이맨 군도, 버진아일랜드 등 국제적으로 널리 알려진 조세도피지에 주로 설립된다.

◉ 프라임레이트(Prime Rate)

미국의 시중 대출금리의 중심적인 것으로, 큰 은행이 우량 기업체에 대하여 무담보(無擔保)로 단기 사업자금을 대부함에 있어서 적용하는 최우대금리(金利)를 말한다.

◉ 프로토콜(protocol)

의정서, 협정 등 주로 외교상의 규약에 사용되는 용어였는데, 통신 또는 컴퓨터 시스템에 적용되는 통일규약(표준)을 가리키는 용어로도 쓰인다. 이제까지 구축되어 온 개개의 데이터통신망이나 각 메이커의 컴퓨터는 정보의 발신・수신방식에 관해서 서로 다른 프로토콜을 채용하고 있다. 이 때문에 상이한 데이터통신망의 상호접속이나 컴퓨터의 이종간 결합을 행하는 데는 소프트웨어 등에 의해서 이 협정을 상호 변환할 필요가 있다. 이것이 프로토콜변환이며 VAN의 일종이다.

핫머니(Hot Money)

국제정세 급변, 사회적 불안 또는 정치적 불안정, 환관리의 실시 등이 예상되는 경우 금리차를 따라 국제금융시장을 이동하는 단기부동자본이다.

헤지펀드(hedge fund)

개인모집 투자신탁. 100명 미만의 투자가들로부터 개별적으로 자금을 모아 파트너십을 결성한 뒤, 카리브 해의 버뮤다와 같은 조세회피지역에 위장 거점을 설치해 자금을 운영하는 투자신탁. 헤지펀드는 파생금융상품을 교묘히 조합해 도박성이 큰 신종상품을 개발, 국제금융시장을 교란시키는 하나의 요인으로 지적되어 관심을 끌고 있는데, 특히 전세계 헤지펀드 가운데 절반 이상을 차지하는 조지 소로스의 퀀텀 그룹이 유명하다. 최근 헤지펀드에 대한 규제의 필요성이 국제적인 공감대를 형성해 가고 있어 조만간 새로운 국제금융 질서의 정립과 함께 이들에 대한 규제가 이루어질 전망이다.

홈뱅킹(home banking)

가정에서 각종 은행 업무를 처리할 수 있는 컴퓨터 통신 서비스. 은행에 홈뱅킹 이용 신청절차를 밟고 인터넷을 통해 각 은행의 홈뱅킹용 컴퓨터에 접속하면 된다.

흑자도산

장부상으로는 흑자가 계상되어 건전한 경영처럼 보이면서도 자금의 융통이 여의치 않아 부도를 내고 도산하는 것이다.

6시그마(6 sigma)

제네럴일렉트릭사의 전설적인 인물 잭 웰치에 의해 유명해진 품질경영 혁신

기법. 6시그마란, 결함 없는 작업을 수행할 수 있는 프로세스 능력을 정량화한 값이라고 할 수 있다. 6시그마를 기업 환경에 적용하면 '일하는 철학'이 되는데, 무조건 열심히 일하는 것이 아니라 '효과적으로 일하는 것', '실수를 더욱 적게 하는 것'을 의미한다. 즉, 무결점 운동이라고 볼 수 있다.

CEO(chief executive officer)

기업의 최고 경영자가 갖는 직함이다. 미국에서는 회장이 그 기업의 제1인자이므로 회장이 CEO를 겸무하는 것이 보통이다. CEO는 이사회를 주재함과 동시에 기업의 경영 방침을 결정하거나 장기 계획을 책정하는 등의 책임을 진다. 우리나라의 일반 기업에 있어서는 사장이 CEO, 수석부사장이 COO(최고업무책임자, chief operating officer)의 역할을 맞는다.

CRM(customer relationship management)

고객관계관리. 기업이 고객을 관리해 나가기 위해 필요한 방법론이나 소프트웨어 등을 가리키는 용어.

ERP(enterprise resource planning)

전사적 자원관리 또는 기업자원관리. 한마디로 기업 내 통합정보시스템을 구축하는 것을 말한다. ERP는 인사, 재무,생 산 등 기업의 전 부문에 걸쳐 독립적으로 운영되던 시스템을 하나로 통합, 기업 내 인적·물적 자원의 활용도를 극대화 하고자 하는 경영혁신기법이다. 따라서 ERP를 구축한 기업의 경우, 한 부서에서 데이터를 입력하기만 하면 전 부서의 업무에 반영돼 즉시 처리할 수 있게 된다.

G5/G7(group of seven)

미국, 일본, 영국, 프랑스, 서독 등 5개국의 재무장관으로 구성된 비공식 비밀회합을 말한다. 국제경제, 금융에 중대한 문제가 발생할 때 개최한다. 1982년 12월 서독의 프랑크푸르트에서 GAB협정을 개정했으며 85년 9월 플라자회의에서는 환율에의 협조개입을 결의, 달러화 약세를 실현시켰다. 86년 5월 도쿄서미트에서 캐나다와 이탈리아가 추가되어 G5가 G7으로 확대되었다.

GATT(General Agreement on Tariffs and Trade : 가트)

"관세 및 무역에 관한 일반협정"이다. 미국의 제안으로 1947년 7월 1일 제네바에서 23개국이 서명함으로써 1948년 1월부터 발효되었다. 가맹국은 96개국이며, 우리나라는 1967년 3월에 가입하였다.

IBRD(International Bank for Reconstruction Development : 국제부흥개발은행)

전쟁으로 파괴된 가맹국의 경제부흥과 저개발국의 경제개발을 위한 장기투자를 목적으로 1944년 IMF(국제통화기금)와 함께 브레튼우즈 협정에 의하여 설립되었다.

IMF(International Monetary Fund)

국제통화기금. 가맹국의 출자로 공동의 기금을 만들어 이것을 각국이 이용토록 함으로써 외화자금조달을 원활히 하고 나아가서는 세계 각국의 경제적 번영을 가져오도록 하는 것을 목적으로 1947년 3월에 설립됐다. 1990년대 말, 아시아와 러시아를 중심으로 경제 위기가 심화되고 있던 가운데 IMF의 처방에 대한 신뢰성을 의심받기도 했다. 1998년에 열린 53차 IMF-IBRD 연차 총회에서는 이러한 시대적 변화를 감안하여 건전한 금융시스템 확보와 민간 부문 참여를 보장하는 등 IMF의 투명성 제고를 강조하였다.

IPO(initial public offering)

주식공개나 기업공개. 개인이나 소주주로 구성돼 소유구조가 폐쇄적인 기업이 일반에 주식을 공개하고 재무내용을 공시하는 것이다. 우리나라에서는 주로 코스닥에 등록한다는 의미로 많이 쓰인다.

OECD(Organization for Economic Cooperation and Development)

경제협력개발기구. 우리나라는 1996년 7월 6일 심사를 통과, 10월 19일 29번째 회원국이 되었다. 회원국 전체 인구가 전세계 인구의 18%에 불과하나 GNP는 전세계의 85%, 수출입액은 70% 이상을 차지하며, 1인당 GNP는 평균 2만 달러 정도이다.

OEM(original equipment manufacturing)

자기상표가 아니라 주문자가 요구하는 상표명으로 부품이나 완제품을 생산하는 방식. '주문자상표 부착생산'이라고 부른다.

POS(Point of Sales : 판매시점 정보관리)

전자식 금전등록기, 정찰판독장치, 크레디트 카드 자동판별장치의 3가지 기기를 컴퓨터에 연동시켜 상품 데이터를 관리하는 시스템이다.

QC(quality control)

과학적으로 품질을 관리하는 방법. 통계분석 등을 통해 품질을 숫자적으로 파악함으로써 품질의 안정, 조절, 보증이 가능하게 된다.

Reengineering

리엔지니어링은 비용절감을 추구하기 위해서 혁신적이며 획기적인 방법으로 기업 내의 프로세스 분야를 재조정하는 경영혁신 기법이다. 과거의 리엔지니어링은 비중이 다소 낮은 비 핵심 프로세스에 관심을 두었지만 기업 전체적인 관점에서 커다란 효과가 없자 최근에는 핵심프로세스에 초점을 두는 경영혁신기법으로 전개되고 있다.

SCM(supply chain management)

공급망 관리. 제조-물류-소매점에 이르는 공급망 관리를 통한 판매(마케팅), 생산, 물류의 종합 통합 연계 시스템을 기업 내외적으로 구축하는 것. '공급사슬관리' 또는 '유통총공급망관리'라고도 불린다.

Restructuring

본래 리스트럭처링은 자산구조를 최적화해서 기업 가치를 극대화하고 자기자본과 타인자본의 비율을 적정화하는 것을 의미한다. 그러나 1990년대에는 기업의 경쟁력을 강화하기 위해서 불필요한 사업을 제거하는 동시에 기업활동을 독립사업체제로 분리(spin off)하는 것 의미한다.

u커머스(u-commerce)

e커머스에 비해 무제한적(unlimited)이고, 포괄적(umbrella)이며, 장소에 구애받지 않는(ubiquitous) 전자상거래. 기존의 e커머스, m커머스(모바일 전자상거래) 등 모든 종류의 전자상거래를 포함하는 상위개념이다.

USB(universal serial bus)

범용직렬버스. 인텔, 컴팩, IBM, DEC, 마이크로소프트, NEC, 노던텔레콤 등 7개 기업이 합의한 PC 주변기기 포트 규격. 윈도우98의 출시와 함께 널리 퍼졌으며 조이스틱, 키보드, 전화, 스캐너 및 프린터 등과 같은 주변 장치와 컴퓨터를 직접 연결하는 플러그앤플레이 인터페이스다. 최근에는 핸드폰, 디지털 카메라와 PC가 데이터를 주고받을 때도 대부분 USB 포트를 사용한다.

저자 약력

홍순이 (洪淳伊)

- 이화여자대학교 법정대학 비서학과 졸업
- 경영학 석사(재무관리전공) – 한양대학교
- 경영학 박사(인사조직전공) – 이화여자대학교
- (주) 유공 근무
- Credit Agricole Indosuez 근무
- Lehman Brothers Inc. 근무
- 한양여자대학 영어과 강사
- 현재 대림대학 비서행정과 교수

【주요 연구】

- "비서의 재교육에 관한 연구" (1995)
- "전문분야별 비서의 역할 및 업무에 관한 연구" (1996)
- "한일 비서교육 수료자의 비교연구" (한일 국제공동연구)(1997)
- "21세기 대림대학의 비젼실현을 위한 비서행정과 기여도 제고방안" (1999)
- 원격근무와 조직효과성 관계에 있어서 상사신뢰와 공정성 지각의 조절효과에 관한 연구(2003)
- The Effect of Teleworking and Its Moderators in Korea(2004)
- 비정규직 고용확산에 따른 비서관련학과의 대응전략모색–졸업생들의 고용방식에 대한 인식조사를 중심으로–(2005)

【저서】

- 비서학개론, 한올출판사, 1996.
- 커뮤니케이션론–Business Communication–, 한올출판사, 1996.
- 비서실무실습, 학문사, 1996.
- Practical Business Writing, Donghyun Publishing Co., 1999.
- 비지니스커뮤니케이션 실무론, 대영문화사, 2001.
- 비서학 개론(개정판), 한올출판사, 2001.
- Business English Conversation, OK Press, 2002.
- 현장중심의 비서실무사례연구, 한올출판사, 2004.

비서학개론 <개정 2판>

2001년 8월 25일 초판1쇄 발행
2013년 2월 10일 개정4쇄 발행

저 자 홍 순 이
펴낸이 임 순 재
펴낸곳 **한올출판사**
등록 제11-403호
121-849
주 소 서울시 마포구 성산동 133-3 한올빌딩 3층
전 화 (02)376-4298(대표)
팩 스 (02)302-8073
홈페이지 www.hanol.co.kr
e-메 일 hanol@hanol.co.kr
정 가 **16,000원**